ULLSTEIN

Das Buch

Pendeln ist keine Geheimwissenschaft. Jeder Mensch kann es erlernen. Anton Stangl beschreibt ausführlich, was man mit Hilfe des Pendels über sich und andere Menschen erfahren kann und welche innere Einstellung dazu notwendig ist. Anhand der 33 bewährten Pendeltafeln kann der Leser selbst mehr über seine Kerneigenschaften, die Entwicklung seiner Chakren, mögliche Gesundheitsstörungen, geopathische Gefährdungen etc. herausfinden.

Der Autor

Dr. Anton Stangl ist erfolgreicher Psychologe, Seminarleiter und Buchautor. Es geht ihm in seiner Arbeit immer darum, mit dem Erkennen des Lebenssinns in der Tiefe der Persönlichkeit Ruhe und Kraft zu finden.

Anton Stangl

Pendeln

Persönlichkeit, Gesundheit
Lebensalltag, Geopathie

Mit 33 bewährten Pendeltafeln

Ullstein

Besuchen Sie uns im Internet:
www.ullstein-taschenbuch.de

Ullstein Esoterik
Herausgegeben von Michael Görden

Umwelthinweis:
Dieses Buch wurde auf chlor- und säurefreiem Papier gedruckt.

Ullstein ist ein Verlag der Ullstein Buchverlage GmbH, Berlin.
Neuausgabe
1. Auflage November 2004

Umschlaggestaltung: FranklDesign, München
Titelabbildung: www.vietmeier.com
Druck und Bindearbeiten: Ebner & Spiegel, Ulm
Printed in Germany
ISBN 3-548-74231-9

Inhalt

①–㉝ = Nummern der Pendeltafeln (Anhang)

Einführung

»Habe den Mut, von Deinem eigenen Verstand Gebrauch zu machen.«
Immanuel Kant (1724–1804)

»Sapere aude!« – »Wage zu denken!«
Horaz (65–8 v. Chr.)

Jeder kritische Beobachter konnte in den letzten Jahren feststellen, wie sehr das Unbehagen, ja das Mißtrauen steigender Bevölkerungskreise gebenüber der sogenannten Wissenschaft ständig vertiefte. Denn die Naturwissenschaft von gestern zeigt immer deutlicher ihre Schwächen, die gerade aus ihrer einseitigen Anerkennung nur der Materie und des Intellekts heraus erwachsen.

Im Gegensatz dazu baut sich die Naturwissenschaft von morgen im wesentlichen auf den Erkenntnissen der Kernphysik und des atomaren Geschehens im Inneren der vermeintlich »toten« Materie und der lebenden Zellen aller Organismen auf. Das wird schon heute immer deutlicher erkennbar. Sie beginnt ihre selbstgesetzten materiellen Grenzen von gestern im gleichen Maß zu überschreiten, wie sie sich der Welt der alles bewegenden, geheimnisvollen – weil unergründlichen – Energie öffnet, die als die Schöpfungs- und Erhaltungskraft des ganzen Universums zugleich Grundlage von Materie und Geist ist. So sind wir im Begriff, Natur- und Geisteswissenschaften wieder in Eins zusammenfließen zu sehen, so wie sie auch schon in früheren Zeiten eins gewesen waren. Ein Kronzeuge dieser Entwicklung war der große Naturwissenschaftler Max Planck, der unmißverständlich formulierte: »Materie an sich gibt es nicht. Es gibt nur den belebenden, unsichtbaren, unsterblichen Geist als Urgrund der Materie, den ich mich nicht scheue, Gott zu nennen.«

Im Zuge dieser Entwicklung sind in den letzten Jahrzehnten mehr und mehr menschheitsalte Erkenntnisse und Fähigkeiten wieder »modern« geworden. Immer mehr Menschen setzen sich heute mit ihnen auseinander, zum Beispiel mit dem Problem des Lebens nach dem Tod, dessen Auswirkung auf unsere diesseitige Existenz, mit Telepathie und mit allem, was man jetzt unter dem Namen der Parapsychologie im weitesten Sinn zusammenfaßt. Auch die sich viel zu langsam beschleunigende Entwicklung der Medizin von der nur den Körper und das rational Faßbare sehenden »Schulmedizin« – ein Begriff, der mehr und mehr negativen Gehalt bekommt – hin zur Ganzheitsmedizin ist ein deutliches Zeichen. Diese sieht den ganzen Menschen und erkennt immer eindringlicher die Rolle von Seele-Geist, die die rein körperlichen Vorgänge in hohem Maße beherrscht und steuert.

Im Hintergrund steht immer die Erkenntnis der uralten und jetzt wieder »modernen«, den engen Rahmen von gestern hinter sich lassenden Naturwissenschaft, daß alles und jedes, was existiert und geschieht, die Auswirkungen von schwingender, fließender Energie darstellt, ob rein materiell-körperlich, ob seelisch, geistig oder spirituell. Wer sein Auge dafür geöffnet hat, der findet heute vielfältige Veröffentlichungen darüber auf unserem Büchermarkt[1]. Für ihn erlischt jeder Zweifel daran, daß diese fundamentale Erkenntnis etwa nicht richtig sei. Freilich sind sich bei weitem nicht alle diese Menschen, die das erkennen, über die wahrhaft grenzenlose Auswirkung dieser Erkenntnis im klaren, die unser ganzes Weltbild wendet.

Jetzt sind wir schon mitten im Problem der Radiästhesie: Auch Rutengehen und Pendeln, mit dem sich dieses Buch vor allem beschäftigt, gehören in diesen Bereich. Denn das seit Jahrtausenden bekannte und genutzte Phänomen hat jetzt seine Erklärung gefunden. Ich bin mir sicher, daß sich nahezu alle erfahrenen Pendler und Rutengänger aller speziellen Richtungen über diesen besonderen Hintergrund ihrer »Kunst« mehr oder weniger im klaren sind und es auch in früherer Zeit in ihrem Unbewußten immer waren. Wenn in den zahlreicher werdenden Pendelbüchern der letzten Jahrzehnte dieser Hintergrund im allgemeinen nur mehr oder weniger angedeutet wird, so scheue ich mich nicht, diese für den Einsichtigen zwingenden Zusammenhänge heute auch in der Öffentlichkeit darzulegen. Daher werde ich im 1. Teil dieses Buches den geistigen Hintergrund aufzeigen, von dem ich nach vielen Jahren der Auseinandersetzung mit dieser Problematik zutiefst überzeugt bin. Und weil ich mit meiner vollen Überzeugung hinter jedem Wort stehe, veröffentliche ich dieses Buch auch nicht unter einem Pseudonym, wie es andere seriöse Pendler getan haben.

Dieser 1. Buchteil ist aus zwei Gründen bewußt so ausführlich gehalten: Zum ersten gewinnt nur derjenige, der diesen im allgemeinen unbeachteten Hintergrund des Pendelns erfaßt hat, seine Erkenntnisse aus diesem Buch in der tiefen und packenden Weise, die für das langfristig erfolgreiche Pendeln erforderlich ist. Und zum anderen soll er dadurch leichter die Notwendigkeit erkennen, an seiner ganzen Persönlichkeit und ihrer weiteren Reifung zu arbeiten. Denn das oft zauberhaft erscheinende Pendelergebnis bringt ihn immer wieder von neuem in Berührung mit den Kräften, die hinter oder über dem Pendel stehen, zur alles und jedes schaffenden und erhaltenden, unausgesetzt schwingenden und fließenden Urenergie, zu dem Numinosen, zum Göttlichen. Und dessen Aufforderung an seine grundlegende innere Einstellung, sein Denken über die irdischen Dinge, über seine Aufgabe in dieser Welt, über seine Lebensführung kann er nun nicht mehr so leicht überhören, wie das viele Menschen tun. Hier begegnet uns wieder einmal die von tiefgründigen Denkern so oft herausgestellte Erkenntnis, daß alles Wahre und Große im Grunde einfach ist. Denn gerade die Einfachheit erwächst aus dem einheitlichen, dem in sich geschlossenen Ganzen. Und das zeigen uns so eindringlich und packend die allerfeinsten Schwingungen, die unseren Pendel in dieser geheimnisvoll erscheinenden Weise in seinen Bewegungen steuern.

Nicht nur aus diesen Gründen soll das vorliegende Buch nicht einfach ein weiteres Pendelbuch sein. Aufgrund meiner lebenslangen psychologischen Arbeit soll es die außerordentlich weitgreifenden Möglichkeiten aufzeigen, die uns der Pendel für das Erkennen des Menschen in seiner Wesensart, seinen Motiven und ebenso seiner so entscheidend wichtigen Gesundheit vermittelt, bzw. es soll entsprechende Anregungen geben. Daneben hat die lebenspraktische Seite nicht zu kurz zu kommen, also die vielerlei oft unglaublichen Hilfen, die uns der Pendel im Lebensalltag bieten kann.

Wer aus seinem Vorurteil heraus das Pendeln von vorneherein als »unwissenschaftlich« oder gar als Unsinn ablehnt, obwohl es sich in allen soeben aufgezählten Bereichen in der Realität des Lebens vieltausendfach bestätigt und bewährt hat, der möge es auch weiterhin tun. Es ist seine Sache. Er wird dieses Buch wahrscheinlich sofort wieder aus den Händen legen. Für ihn ist es nicht geschrieben. Kein anderer als er selbst ist es, der die Folgen der unnötigen Selbstbeschränkung seines Denkens und seiner Persönlichkeit zu tragen hat. Wie hat ein japanischer Zen-Meister diese Art des Denkens einmal so schlicht und treffend charakterisiert? »Die Sonne ist nicht schuld daran, wenn der Blinde seinen Weg nicht sieht!«

Wer sich indessen von seinem Vorurteil befreien will oder schon im Begriff ist es zu tun, der wird in den Darlegungen des 1. Teils und in den folgenden praktischen Teilen dieses Buches reiche Anregungen und vielfältige Hilfen finden. Für den ist es geschrieben. Und natürlich für alle die, die schon seit geraumer Zeit mehr oder weniger erfolgreich mit dem Pendel umgehen: Sie werden hier wahrscheinlich eine Erklärung finden für das seither ihrem bewußten Denken schwer Erklärliche. Die damit verbundene Stärkung ihrer Überzeugung kann ihre innere ruhevolle Sammlung nur noch vertiefen und ihnen so zu noch besseren Ergebnissen verhelfen.

Wer das Erlebnis des Pendelns hat, wer immer wieder von neuem geradezu fasziniert wird von der Treffsicherheit und Weisheit der Kundgebungen seines Pendels (oder seiner Rute), der weiß, daß das unserem Verstand Unerklärliche unbezweifelbare Tatsache ist. Der weiß, daß das alles nicht von ungefähr kommen kann, sondern seine Gesetzlichkeit in sich tragen muß. Der weiß auch, daß die manche Menschen abschreckende Angst vor dem Wirken dunkler Mächte und die Warnungen davor absolut unberechtigt sind, solange sich der Pendler frei von Egoismus, aus wirklich reinem Motiv dieses Werkzeugs und der Kräfte bedient, die in ihm zum Ausdruck kommen. Darüber wird noch Genaueres zu sagen sein.

Grundsätzlich trägt jedermann die Fähigkeit des Pendelns (ebenso wie des Rutengehens) in sich. Für die Beschränkungen des einzelnen gibt es nur zwei Ursachen. Zum ersten muß es erlernt werden. Es bedarf wie jede Begabung der Entwicklung und Ausbildung. »Aus der Fähigkeit muß die Fertigkeit werden« (Goethe). Das braucht seine Zeit und erfordert einige Geduld. Es ist noch nie ein Meister vom Himmel gefallen. Wir müssen uns in dieser Welt alles mehr oder minder mühsam erarbeiten. Denn es wird uns nichts geschenkt. Die Warnung vor allzu forschem Vorgehen und Erfolge-haben-Wollen ist gerade hier nur zu berechtigt.

Und zum zweiten liegen Fehlergebnisse und Fehlentwicklungen nur in der Wesensart, im Charakter des Pendelnden selbst, begründet. Dieses im Kern so einfache Handwerkszeug des Pendels kann uns weite, ja weiteste geistige Bereiche zugänglich machen, die man zuvor höchstens erahnen kann. Diese neue, nahezu unbegrenzte Welt der Erkenntnis eröffnet sich aber nur dem »geistig Reinen«, der aus reinem, egofreiem Herzen heraus nur um der guten Sache willen, im wesentlichen im Dienst für andere, den Pendel bemüht. Und das ist ausschließlich eine Frage der inneren Entwicklung des einzelnen. Dieser innere Zusammenhang, der unserem nüchternen Verstand zunächst nicht einleuchten will, wird sich für den, der das Buch ernsthaft durcharbeitet, demnächst weitgehend aufhellen.

Kann man – grundsätzlich – auch alles erpendeln, so ist das doch kein Allheilmittel, wie manche wohl vermeinen: Wachsamkeit und Kritik vor allem sich selbst gegenüber sind immer angezeigt. Das gilt für den Anfänger, aber auch für den Fortgeschrittenen. Mancher erliegt der Gefahr, sich mit seinem besonderen »Können« rundum interessant zu machen, woraufhin sich ihm die wahren helfenden Kräfte alsbald verschließen. Die anderen weit Fortgeschrittenen wissen es dafür um so besser, wenn sie ganz im stillen und in Ehrfurcht und Demut vor der unfaßbaren Kraft weiterarbeiten und dafür mit immer tieferen Einsichten beschenkt werden. Der packenden Überraschungen, die auf sie warten, ist kaum ein Ende.

Jeder muß den Umgang mit dem Pendel selbst erlernen, indem er mit der praktischen Arbeit anfängt und sich Schritt für Schritt von einfachen kleineren Aufgaben zu den schwierigeren hinaufarbeitet. So wachsen die Fertigkeit mit dem Arbeitsgerät, die innere Sicherheit und die Erkenntnis, daß nichts anderes als unsere eigene Seele, daß Unbewußte in uns, unser tiefinneres Selbst – wie immer wir es nennen – den Pendel in Bewegung setzt. Auch dieses Buch kann nur die erforderlichen Anregungen geben, es richtig zu machen und die üblichen Fehler zu vermeiden.

Der Schwede Dag Hammerskjöld, der sich nach dem 2. Weltkrieg als Generalsekretär der Vereinten Nationen selbstlos mit seiner ganzen Kraft für seine Aufgabe der Befriedung der Welt einsetzte, wußte zutiefst, wie sehr der echte Fortschritt der Menschheit von nichts anderem abhängt als von der Arbeit des einzelnen Menschen an sich selbst. Von ihm stammt das tiefsinnige Wort »Die längste Reise ist die Reise nach innen.« Auf dieser Reise, auf der wir uns alle befinden, kann uns das richtig verstandene Arbeiten mit dem Pendel gar oft eine Hilfe sein. Denn durch ihn werden wir immer wieder zur lebendig erlebten Erkenntnis gebracht, daß unser kleiner Menschenverstand die unendliche und allgegenwärtige Welt des Geistes, der alles schaffenden und uns unbegreiflichen Schöpferkraft nicht zu fassen vermag. Gar viele sind bei dieser ihrer Reise auf der Suche nach dem rechten Weg.

Ihnen soll dieses Buch mit seinen Ausführungen zu seinem Teil ein Stück Wegweiser sein dürfen. Das wäre der schönste Lohn für alle Mühen darum.

Anton Stangl

Einige Fälle aus der Pendelpraxis

Hier den folgenden Ausführungen voraus nur einige wenige Fälle aus der täglichen Pendelpraxis. Sie zeigen die erstaunliche, ja die geradezu faszinierende Treffsicherheit und Weisheit der Pendelkundgebungen – wie ich es in den einführenden Worten soeben einmal formuliert habe –, mögen sie unserem kritischen Verstand zunächst noch so unerklärlich sein. Das ist es, was uns zu dem Erstaunen bringen kann, das am Anfang jeden vertieften philosophischen Denkens steht, wie es der große Platon (427 – 347 v. Chr.) einmal ausgedrückt hat. Denn dieses Erstaunen vor dem unbegreiflich Erscheinenden nötigt den niemals ruhenden Erkenntnistrieb des wachen Menschen zu unablässigem Forschen nach der Wahrheit, so sehr seinem ständigen Mühen von der Weisheit der großen Ordnung offensichtlich auch klare Grenzen gesetzt sein mögen.

1) *Suche nach einer Heilpflanze in der freien Natur:*
Eines Tages brauchten wir für einen besonderen Zweck eine ganz bestimmte Heilpflanze, die es laut Auskunft von alten Ortseinsässigen »in unserer Gegend nicht gibt«. Der Pendel sagt nach längerem Zögern das Gegenteil. Bei der Suche auf dem Meßtischblatt (Maßstab 1:25000) verweist er dann in unserer waldreichen Landschaft auf die nordöstliche Ecke einer langgezogenen Lichtung, etwa eine halbe Wegstunde von unserem Haus entfernt. Und ge-

nau dort standen in der Tat einige wenige kräftige Exemplare eben dieser seltenen Pflanze.

2) *Ursache von Wassereinbruch im Hausfundament:*
Nach Errichtung eines großen Anbaus dicht unterhalb eines Wohngebäudes, das auf einem Hang steht, gab es in der Grube einer Abwasserpumpe ständig Wassereinbruch. Bei starkem Regen mußten zeitweise bis zu 40 Eimer Wasser pro Tag weggetragen werden, um ein Überlaufen der Grube mit Zerstörung von über 100 m^2 Teppichboden zu verhindern. Dann übernahm eine automatische Pumpe die Arbeit. Fast 2 Jahre lang blieben alle Abdichtungsversuche aller Fachleute an der nahegelegenen Außenwand mit ihrem Fundament vergeblich, durch die bzw. unter der das Wasser aus der außerhalb befindlichen Erdaufschüttung eigentlich nur eindringen konnte. Zum Erstaunen aller zeigte dann der zu Hilfe genommene Pendel auf dem Grundriß der Baulichkeiten eine ganz andere Richtung an: Von der Anhöhe her unterhalb des schon lange stehenden Wohnhauses und seinem Fundament hindurch! Das Aufgraben an der genau bezeichneten Stelle erwies die Richtigkeit, und daraufhin oberhalb des Wohnhauses vorgenommene Abdichtungen behoben das Übel sofort bis zum heutigen Tag.

3) *Erkennen der rätselhaften Erkrankung eines Kindes:*
Ein dem Pendler persönlich unbekannter fünfjähriger Junge erkrankte rätselhaft und sehr lästig in seinem Bauchraum. Alle medizinischen Bemühungen, auch solche von hervorragenden Fachleuten blieben ergebnislos. Der dem Pendler gut bekannte Vater klagte diesem am Telefon (Entfernung 150 km) sein Leid und stellte sich auf dessen Weisung hin sofort ganz auf seinen Jungen ein. Der Pendel gab einen entzündlichen Prozeß im Dünndarm an. Die erneuten diagnostischen Bemühungen speziell in dieser Richtung bestätigten den Pendelbefund mit der exakten medizinischen Festlegung der Ursache: Nach wenigen Wochen war das Kind wieder in vollem Umfang wohlauf.

4) *Auffinden des besten Ausbildungsplatzes:*
Die in der Oberstufe des Gymnasiums angekommene Tochter mußte sich im Hinblick auf das spätere Abitur für ein bestimmtes Leistungskursfach entscheiden. Sie neigte zur Biologie, weil sie sich da am stärksten glaubte, war sich aber nicht sicher, weil für sie zunächst noch zwei andere Fächer, nämlich Deutsch und Physik, in Betracht kamen. Auf einer Übersicht mit sämtlichen überhaupt in Frage kommenden Fächern ermittelte der Pendel als das Günstigste hinsichtlich Freude am Unterricht, Wert für das Leben und Aussicht auf gute Noten zur Verblüffung der Schülerin Erdkunde. Für sie sprach nichts dafür: weder das augenblickliche Interesse noch die wenig geschätzte, »sture« Lehrkraft. Nach langem Zögern entschied sie sich doch dafür. Kurz darauf wurde eine neue Lehrkraft eingesetzt, die das Thema höchst interessant gestaltete, viel Freude am hervorragenden Unterricht vermittelte, und am Ende stand die beste Benotung.

5) *Reparatur einer antiken Uhr:*
Eine Standuhr aus Burgund von etwa 1860 mit nicht verwindungssteifem Gehäuse des Uhrwerks blieb ständig stehen, weil sich trotz monatelangen Experimentierens mit dem Unterlegen der flachen Hartholzkeilchen unter die 4 Ecken des Gehäuses dessen richtige Fundierung nicht einstellen wollte und dadurch die Lager des Uhrwerks zuviel Reibungswiderstand bekamen. Der Pendel gab auf Befragen an, die vordere linke Ecke um etwa $^{3}/_{10}$ mm anzuheben, die vordere rechte Ecke um etwa $^{6}/_{10}$ mm zu senken und die beiden hinteren Ecken wie jetzt zu belassen. Die präzise Anordnung wurde befolgt, und die Uhr lief monatelang einwandfrei, bis mit dem Eintreten des nächsten Winters und das dadurch bewirkte leichte Verziehen des hohen Holzgehäuses eine neue Justierung nötig wurde.

6) *Ermittlung von Tiefe und Schüttung eines Brunnens:*
Der Pendler nahm an einem Rutengängerkurs speziell für die Ermittlung von Wasserläufen und allen damit verbundenen Problemen teil. Bei der praktischen Arbeit im Gelände wurde vom Kursleiter die Aufgabe gestellt, einen besonders ergiebigen Brun-

nen zu untersuchen und den zu ihm führenden Wasserlauf und die Schüttung (die Ergiebigkeit des Brunnens) so genau wie möglich zu ermitteln. Der pendelnde Teilnehmer war, da in dieser Hinsicht unbegabt, völlig hilflos, das nach den Rutenausschlägen in der gelehrten physikalisch-mathematischen Methode zu erfassen und zu berechnen. Er entsann sich seines mitgeführten Pendels und fertigte sich rasch auf einem Stück Papier eine behelfsmäßige 100 %-Skala. Der befragte Pendel gab 2 Wasserläufe an: der eine in 40 m Tiefe mit einer Schüttung von 30 l pro Sekunde und der andere in 30 m Tiefe mit 25 l pro Sekunde, zusammen also 55 l pro Sekunde. Dieses auf mentalem Weg erzielte Ergebnis erwies sich als exakt richtig und ging mit der höchstmöglichen Punktzahl in die Erfolgsstatistik des Kursleiters ein.

7) *Erfassen einer gefährlichen geopathischen Störung und der Abhilfe:*
Ein dem Pendler persönlich bekannter, hochbelasteter Geschäftsmann (fast 400 km entfernt wohnhaft) konnte bald nach Umzug in sein neues Haus nicht mehr richtig schlafen. Die Schlaflosigkeit verschlimmerte sich trotz aller üblichen Maßnahmen immer mehr. Der übersandte Hausgrundriß wurde mit dem Pendel überprüft und das globale Gitternetz (Hartmann-Gitter) eingezeichnet. Direkt unter dem Bett (Oberkörper) stellte sich die Kreuzung einer Doppelzone mit einer einfachen magnetischen Spannungslinie und unter dem Kopf zusätzlich eine wasserführende leichte Verwerfung heraus. Das Bett wurde auf die genau angegebene störungsfreie Stelle verschoben. Schon nach wenigen Nächten wurde der Schlaf beträchtlich besser, und nach einigen Wochen war er völlig störungsfrei und gesund. Nach einiger Zeit konnte ein erfahrener Rutengänger das Schlafzimmer direkt überprüfen: Er bestätigte ohne Kenntnis des Vorgangs das Pendelergebnis in vollem Umfang.

Auf alle diese Fälle werde ich in den folgenden Ausführungen zurückkommen und dabei aufzeigen, wie von der grundsätzlichen ebenso wie von der ganz praktischen Seite in jedem einzelnen Fall vorgegangen wurde, um das beschriebene Ergebnis zu erzielen.

Warum kann man pendeln?

Das Geheimnis hinter dem rätselhaft erscheinenden Phänomen

»Es gibt mehr Ding' im Himmel und auf Erden,
als Eure Schulweisheit sich träumen läßt.«
Shakespeare

Pendeln und Rutengehen sind *uralte Menschheitserfahrungen*, die schon die alten Ägypter zu nutzen wußten. Im frühen Mittelalter wurden sie in unserem Lebensraum vielfach eingesetzt beim Bau von Domen, Kirchen und Klöstern und später auch bei der Suche nach Wasser und nach Erzen. Das läßt sich heute alles einwandfrei nachweisen. Da die Geschichte der Radiästhesie (dieser Name ist erst einige Jahrzehnte alt) in anderen Werken vielfach beschrieben wurde, soll das schon mehrfach Geschilderte hier nicht noch einmal wiederholt werden.

Wenden wir uns lieber sofort der Frage zu, die in den Pendelbüchern im allgemeinen entweder völlig übergangen oder nur am Rande berührt, die äußerstenfalls mit knappen sachlichen Hinweisen zu beantworten versucht wird, und die doch am Anfang einer jeden ernsthaften Bemühung um dieses faszinierende Phänomen steht, der Frage, die jeder wache Geist sofort stellt: *Wie kann dieses Phänomen zustande kommen,* wie ist es zu erklären? In früherer Zeit konnte es nur aus der inneren Wachheit des Gefühls der dafür Aufgeschlossenen heraus »erklärt« werden. Seit der Entdeckung der wahren Natur aller Materie und von allem Existierenden, vor allem durch die Erkenntnisse der modernen Kernphysik, läßt es sich auch für unseren kritischen Verstand sehr wohl erklären. Trotz der vielen Skeptiker möchte ich den Versuch dazu wagen, in der Hoffnung, daß sich ein guter Teil der Leser doch freimachen kann von der uns in dieser Generation noch von kleinst auf zugewachsenen Ansicht, daß die Materie dieser Welt das Beständige und wir Menschen das Vergängliche seien. Wenn ich den im Kern einfachen Zusammenhang dessen mit dem Pendeln (und der Radiästhesie überhaupt) nun darzulegen mich bemühe, dann muß ich um des rechten Verständnisses dafür willen etwas weiter ausholen.

Es mag sein und es wäre gut verständlich, wenn Sie als zunächst nur auf die Praxis bedachter Leser bei den folgenden Ausführungen ungeduldig würden. Denn Sie könnten meinen, das alles hätte mit dem Pendeln doch wenig zu tun. Um Ihnen das Verständnis für diese Ausführungen zu erleichtern, möchte ich hier den zugrundeliegenden Zusammenhang nur ganz kurz anreißen: Das wahre Aufnahmeorgan für das, was die Pendelbewegungen (bzw. die Rutenausschläge) bewirkt, ist unser eigener Körper, genauer gesagt: unsere Körper-Seele/Geist-Einheit. Der Pendel (bzw. die Rute) reagiert bloß auf die allerfeinsten Veränderungen, die sich dabei in uns selbst vollziehen, und macht sie unseren Sinnen sichtbar: Er ist also sozusagen nur die Anzeigenadel für das Instrument unseres Körpers. Nehmen Sie diese Feststellung jetzt einfach als Arbeitsgrundlage entgegen. Die folgenden Seiten werden sie Ihnen mehr und mehr verdeutlichen und schließlich ganz verständlich machen. Auch wenn es Ihnen zunächst nicht so scheinen mag: *Alle* Punkte, die in diesem einleitenden Kapitel behandelt werden, sind für die späteren Pendelanwendungen wichtig; zunächst für das Verständnis und dann in der Folge für die sich steigernde Pendelfähigkeit.

Alles ist schwingende, fließende Energie

Die entscheidende Grundtatsache nicht nur für das Erkennen dieses Zusammenhangs, sondern für die totale Änderung unseres Weltbilds überhaupt – die in der Einführung schon angeschnitten wurde – liegt in dem heute nicht mehr bestreitbaren Faktum begründet, daß alles und jedes, was da in der uns erkennbaren Welt existiert, letztlich nichts anderes ist als *fließende, schwingende Energie*, mag sie auch für unsere Sinne in immer wieder verschiedenen äußeren Formen in Erscheinung treten oder ihnen verborgen bleiben. Jeder, der vor dieser fundamentalen Erkenntnis wegen ihrer wahrhaft umstürzenden Auswirkungen auf sein ihm überkommenes gewohntes Denken die Augen nicht verschließt, kann das heute schon in vielen Veröffentlichungen von Wissenschaftlern verschiedener Richtung nachlesen. Weil das die Grundlage auch für das Verständnis des sogenannten geistigen oder energetischen Heilens ist, habe ich den wesentlichen Rahmen dafür in enger Anlehnung an die Erkenntnisse der heutigen Naturwissenschaft schon in unseren Büchern dargelegt, die diesem Thema gewidmet sind[2]. Die gleichen Ausführungen an dieser Stelle erneut zu wiederholen, würde im Rahmen des vorliegenden Buches entschieden zu weit führen.

Das Wesentliche ist die Erkenntnis, daß *auch der Mensch* im Kern nicht bloß ein Körper mit allen seinen materiellen Organen ist, sondern *primär ein vielfältig von Energieströmen durchpulstes Wesen*, also eine Erscheinungsform der fließenden, schwingenden Energie, von der soeben die Rede war. Die Materie eines Körpers ist vergänglich, wie wir alle wissen. Seine Energie, die ihm die Kraft des Lebens gibt, kann nach dem unumstößlichen Gesetz von der Erhaltung der Energie nicht vergehen. Wir haben uns angewöhnt, diese dem Körper das Leben gebende Kraft *»Seele«* zu nennen. Wo kommt sie vor der »Geburt« her, wo geht sie nach dem »Tod« hin? Schon daraus ergibt sich, daß das Wesentliche an uns, also unser »Wesen«, schon vor der Geburt dagewesen sein muß und daß es nach dem Sterben des Körpers sich nicht in nichts auflösen kann – was heute viele Menschen glauben –, sondern weiterbestehen muß. Auch unser Körper ist ja nur äußere Erscheinung oder Manifestation der unseren Wesenskern bildenden schwingenden, fließenden Energie. Nur solange sie fließt und schwingt, sind wir im Körper lebendig, wie das EEG (Elektroenzephalogramm) unbezweifelbar aufzeigt.

Wir hören und sagen immer, der Mensch bestehe aus Körper, Seele und Geist, oder: er habe eine Geist-Seele. Wenn er sein Leben der »Seele« verdankt, was ist dann *»der Geist«*? Viele setzen ihn heute gleich mit dem »Verstand«, also der Fähigkeit des klaren Denkens, der Fähigkeit, logisch, kritisch und objektiv denken zu können oder sich wenigstens ständig darum zu bemühen. Anders ausgedrückt: Sie setzen ihn gleich mit der Fähigkeit, Informationen und Erfahrungen miteinander zu verbinden (»Assoziationsfähigkeit«) und daraus Schlüsse zu ziehen. Wer so denkt, ist wiederum in der Grundanschauung gebunden, der Mensch sei nichts anderes als sein Körper. Für den so Denkenden muß sich der »Geist« natürlich erschöpfend erfassen lassen mit den Bemühungen einer perfekten Gehirnforschung. Diese Antwort auf die Frage, was der Geist sei, kann uns im Hinblick auf die schon dargelegten Erkenntnisse der modernen Naturwissenschaft schwerlich befriedigen.

Denn noch ist die Frage unbeantwortet, wo die geheimnisvolle Kraft der Lebensenergie herkommt, die wir auch als »Seele« bezeichnen. Sie zu klären und zu beantworten, ist dann im Kern ganz einfach, wenn wir uns wieder *auf das Wesen des Menschen besinnen und nach seinem Standort in dieser Welt und darüber hinaus im Universum fragen*, von dem unser Stern – Erde genannt – nur ein allerwinzigstes Teilchen darstellt. Die wahrhaft minimale Größenordnung unseres kleinen Sternchens im Rahmen der Milliarden von Sternen unseres Sonnensystems spricht für sich! Und das ist nur eines aus heute nachweisbaren mindestens 20 Millionen Sonnensystemen eines in ständiger Erweiterung befindlichen Universums, von denen jedes einzelne wie gesagt Milliarden von Sternen aufweist. Das in Entfernungen, die wie dieser ganze wahrhaft unendliche Kosmos in seiner für uns unausdenkbaren Größe absolut unbegreiflich sind, und hätten wir den höchstentwickelten »Verstand«. Das einzige, was uns unser Verstand angesichts dieser Überlegungen vermitteln kann, ist die Erkenntnis von der wahrhaften Winzigkeit des einzelnen Menschen als einer von über 5 Milliarden, die heute unser winziges Sternchen Erde, Teil dieses uns unfaßbaren Universums, bevölkern.

Diese Erkenntnis kann unser Denken und unser Herz nur mit äußerster Demut erfüllen angesichts *der gigantischen, uns absolut rätselhaften Kraft*, die diesen uns unermeßlichen Kosmos geschaffen hat und noch weiter schafft, ihn steuert und lenkt. Wir können dieser rätselhaften und unermeßlichen Kraft und Allgewalt viele Namen geben: Wir können sie naturwissenschaftlich als »Ur-« oder als »kosmische Energie« bezeichnen, religiös als die höchste Schöpferkraft oder »Gott«, in unserem Denken als die gewaltige geistige Ordnungskraft, die hinter oder über dieser Schöpfung stehen muß, oder ganz einfach als »Geist«. Es sind doch immer nur andere Worte für das einzig Wesentliche, das immer dieselbe Kraft ist.

Jetzt, am Ende dieser – wie gesagt – im Kern einfachen Überlegung, haben wir die Antwort auf die Frage vor uns, *woher denn unsere Lebensenergie oder »Seele« ihre Kraft beziehen mag*. Wenn, wie wir gesehen haben, alles was an vermeintlich toter Materie ebenso wie an lebenden Organismen existiert, nichts anderes ist als Erscheinungsform von fließender, schwingender Energie, dann kann das alles nur Ausfluß sein dieser unendlichen, unfaßbaren Allgewalt der »Urenergie« oder »Gottes« oder des »Geistes«. So ist die individuelle Seele des einzelnen Menschen, um es an diesem treffenden Vergleich deutlich zu machen, nur der Tropfen Wasser aus dem unendlichen Ozean des Geistes.

Jetzt haben wir ein klares Bild vom Menschen und seinen Grundgegebenheiten: dem vergänglichen Körper, der unvergänglichen oder unsterblichen Seele und dem unermeßlichen Geist, von dem unsere Seele gleichsam nur Leihgabe ist. Und jetzt verstehen wir auch den tiefen Sinn des Begriffs Seele-Geist, die beide ja nicht von vorneherein getrennt sein können, weil sie im letzten Grund wesenseins sind.

Jetzt wissen wir auch, daß die sogenannte *moderne Naturwissenschaft* gar nicht so modern ist. Sie ist zurückgekehrt zur Weltbetrachtung der griechischen Atomistiker, deren Philosophen (Leukipp, Demokrit) ein halbes Jahrtausend vor Christus in unserem

Kulturkreis (wahrscheinlich befruchtet aus dem asiatischen Raum) die atomare oder energetische Konstruktion des Weltalls und alles Existierenden schon genau kannten. Unsere modernen Naturwissenschaftler, wie der eingangs dieses Buches zitierte Max Planck und eine ganze Reihe der anderen großen wie Niels Bohr, Werner Heisenberg, Wolfgang Pauli bis hin zu Albert Einstein, haben mit ihrem Verstand das nur wissenschaftlich nachvollzogen, was die Menschen und so auch die alten Griechen vor der Spaltung der Wissenschaft in Geistes- und Naturwissenschaft schon wußten: die Einheit des Kosmos und alles Seienden in ihrem letzten Ursprung.

Es ist doch bezeichnend genug, daß die alten Griechen mit ihrem Wort »logos« den Geist im allerweitesten Sinn des Ur- und Schöpfergeistes ebenso umfaßten wie den menschlichen Verstand, das menschenhafte, begriffliche Denkvermögen. Denn *dieser Verstand ist ja nur* das an unseren Körper und hier an unser Gehirn gebundene *Werkzeug des Geistes*, um es so auszudrücken, ohne das der Geist in unserer Erdenwelt nicht wirksam sein könnte. Nun hat sich aber unser Verstand seit der unseligen Trennung der einen und einzigen Wissenschaft in ihre zwei Arme ganz einseitig entwickelt und hat uns zugleich mit den bewundernswerten, großartigen Fortschritten der Technik auch die Abhängigkeit von ihr beschert, um nicht zu sagen: die immer sklavenhafter werdenden Abhängigkeiten. Denn wir sind nicht mehr in der Lage, Herr der Technik und aller ihrer Errungenschaften zu sein und sie etwa nur in dem Sinn zu nutzen, wie es für uns Menschen gut ist. Und der Grund? Wir haben vergessen, daß wir viel mehr sind als nur Verstand. Statt unseren Geist herrschen zu lassen, haben wir uns freiwillig in die Knechtschaft seines Dieners: des Verstandes begeben. So haben wir den Knecht zum Meister gemacht. Und dafür müssen wir büßen, müssen wir Tag für Tag mit vielfältigen Nöten bezahlen, die immer größer werden, wenn wir den wahren Zusammenhang nicht in letzter Stunde erkennen und die Schlußfolgerungen in unserem Tun zu ziehen verstehen. Freilich sieht es so aus, als ob der »modernen« Menschheit dieser Schritt aus vielerlei Gründen unmöglich sei.[3]

Doch genug dieser grundsätzlichen Betrachtungen. Sie leiten sich aus der fundamentalen Tatsache ab, daß alles und jedes, was da existiert, nur immer wieder *verschiedene Erscheinungsform der fließenden, schwingenden Energie* ist. Das in seiner ganzen Bedeutung zu erkennen, ist an dieser Stelle wesentlich. Deshalb soll nun noch in äußerster Kürze anhand *von praktischen Beispielen* aufgezeigt werden, in wie vielfältiger Weise sich das auswirkt in nahezu allen Bereichen des Lebens:

- Ein Mensch, der spricht, erzeugt mit den Stimmbändern in seiner Kehle Schwingungen (von 16 pro Sekunde bis zu 20000), die die Ohren aufnehmen und die Nerven ins Gehirn weiterleiten. Hier entstehen dann die Töne, die wir hören.

- Was wir sehen, wiederum in unserem Gehirn, ist das Ergebnis der ultrakurzen Schwingungen von etwa 4 bis etwa $\frac{7}{10\,000}$ mm Wellenlänge, die unsere Augen aufnehmen können, um sie durch die Sehnerven in die zuständigen Gehirnpartien weiterzuleiten.

- Die Entwicklungsmöglichkeiten für das neugeborene Kind werden bereits vor der Geburt im Mutterleib weitgehend beeinflußt[4] aufgrund der besonderen Schwingungen in ihm, denen das Kind hundertprozentig ausgeliefert ist.

- Die Glasfasertechnik, die heute die Nachrichtenübermittlung zu revolutionieren beginnt, kann mit einem einzigen Lichtwellenleiter oder Lichtfaserkabel durch Ausnutzung der verschiedenen Schwingungen der Lichtquanten oder Photonen gleichzeitig bis zu 10000 Ferngespräche oder andere Informationen übermitteln. Denn mit je mehr Schwingungen – natürlich im Rahmen der genannten Grenzen – der in einer Leitung dieser Art fließende Strom beschickt wird, um so mehr Informationen lassen sich dabei übertragen.

- Haie und andere Knorpelfische wie Rochen orientieren sich im Nahbereich an den Schwingungen von äußerst schwachen elektromagnetischen Feldern, die sie mit empfindlichsten Sinneszellen im Bereich des Mauls wahrnehmen. Sie reagieren schon auf einen Spannungsunterschied von 1/5000 Mikrovolt/cm.[5]

- Fledermäuse haben bekanntlich das allerfeinst arbeitende Radargerät, das sie instandsetzt, sich mit einer für uns kaum ausdenkbaren Geschwindigkeit in dunkler Nacht in ihrem schnellen Flug zu orientieren und ihre Beute von fliegenden Insekten zu erhaschen aufgrund der besonderen Schwingungen, die sie aussenden und die selbst vom kleinsten Insekt so zurückgeworfen werden, daß sie ihre ständig wechselnde Entfernung dazu exaktest bestimmen und ihren Weiterflug dadurch berechnen und steuern können.

- Zum sogenannten Instinkt der Tiere: Ihr feines und feinstes Gefühl für Schwingungen wird nicht wie bei uns Menschen durch den Intellekt gleichsam »abgewürgt«. Besonders die uns Menschen nahestehenden Hunde, vor allem die noch naturnahen und unverdorbenen, geben oft prächtige Beispiele für den sogenannten sechsten Sinn, um den es sich hier im Grunde ja auch handelt. Der zusammen mit seiner noch jungen Herrin allein im tiefen Wald wandernde Hund spürt sofort bei der Begegnung mit einigen Männern, ob diese beim Anblick des hübschen jungen Mädchens freundliche oder vielleicht bösartige Gedanken haben, und er verhält sich entsprechend. Als Flieger im letzten Krieg konnten wir immer wieder die Instinktsicherheit eines Schäferhundes und eines Zwergdackels beobachten, die bei der rasch hintereinander erfolgenden Landung von 20–40 Flugzeugen von allem Anfang an mit absoluter Sicherheit wußten, in welcher Maschine ihr geliebter Herr saß: sie liefen sofort nach deren Aufsetzen auf diese und keine andere zu und rannten, ihre Hundefreude zeigend, bis zum Abstellen des Motors nebenher. Berühmt geworden ist der Berliner Hund, der schon am späten Nachmittag genau wußte, daß ein nächtlicher Bombenangriff folgen würde und durch sein aufgeregtes Verhalten seine Familie und die anderen Hausbewohner und Nachbarn warnte: Er hat sich nie getäuscht. Was anders als das absolut unverfälschte Organ für die Aufnahme von feinsten, schon »in der Luft liegenden« speziellen Energieschwingungen kann es sein, daß diese und so viele, viele Zeugnisse des »Instinkts« überzeugend erklärt?

- Elektrische Felder beherrschen unseren Organismus, ohne daß es für uns wahrnehmbar wäre. Die Erde ist eine riesige, elektrisch geladene Kugel, an deren Oberfläche sich ihr elektrisches »Umfeld« aufgrund verschiedener Einflüsse verschieden gestaltet, z. B. in Tälern und auf Höhen, aufgrund von Tages- und Jahreszeit, Mondeinfluß usw. Einen anderen überaus wichtigen Einfluß üben die radioaktiven Strahlen aus, die wir mit unseren Sinnen ebenfalls nicht wahrnehmen können. Auch sie hängen von vielerlei Faktoren ab, wie Höhenlage, Wasserflächen, Wasseradern, Bodenbeschaffenheit, Baumaterialien usw.[6]

- Ultraschallwellen haben bekanntlich vielerlei Auswirkungen, segensreiche und bösartige, wie zum Beispiel gesundheitliche Schädigungen, die bis zum Tod von Tieren reichen, oder Verhinderung des Wachstums bei Pflanzen. Seit Jahren bekannt ist ferner, daß disharmonische Tonschwingungen die Lebensfunktionen von Mensch und Tier schwer beeinträchtigen können. Musik ist ja nichts anderes als Wellen, also als schwingende Energie.[7] Vielfach nachgewiesen ist, wie sehr gerade auch das Wachstum von Pflanzen durch gewisse disharmonische Musik gestört, durch harmonische jedoch beträchtlich gefördert werden kann.

- Das völlige Erlöschen der Gehirntätigkeit in Gestalt des totalen Ausbleibens von Schwingungen im EEG ist für die heutige Medizin das sicherste Zeichen des eingetretenen Todes. Wohl stellt die medizinische Wissenschaft das fest, sie fragt aber noch kaum nach dem Gesamtzusammenhang, der hinter diesem »Symptom« steckt.

- Versuche mit Sterbenden haben 1974 die dann so genannte »PSI-Energie« nachgewiesen, die im atomaren Bereich wirksam wird und den körperlichen Tod überdauert.[8]

- Die gesamte Schöpfung ist ausnahmslos erfüllt von schwingender Energie. Mit ihrer unaufhörlichen Bewegung, die ihre selbsttätigen Steuerungsmechanismen in sich trägt. Wir bezeichnen sie als die Naturgesetze. So entwickelt sich alles was lebt nach dem ihm innewohnenden Gesetz unaufhaltsam weiter. In diesen Regulierungsmechanismen oder Gesetzen, denen alles unterworfen ist, können wir getrost den Willen Gottes als der – wie wir gesehen haben – über aller Schöpfung stehenden Kraft sehen. Sie stellen ja nicht etwa ein von Philosophen oder Theologen zusammengedachtes Denkgebäude dar, sie sind absolute, lebendige und allgegenwärtige Realität! Mag uns diese Realität zuweilen erschrecken: Was wissen wir schon von der uns unausdenkbaren Allgewalt, die über allem steht, was da existiert, ob es unseren Sinnen erkenntlich wird oder nicht?

- Unsere gesamte Lebensumgebung ist eingehüllt von Wellen, das heißt von schwingender Energie aller möglichen Art. Auch unser Körper ist von ihr in vielfältiger Weise durchlebt. Von alldem merken wir nur nichts, weil uns die Empfangsorgane dafür fehlen. Merken wir etwa von den Rundfunk- oder Fernsehwellen verschiedenster Art, die uns allerorten umgeben, irgend etwas? Und doch sind sie unbestreitbar vorhanden. Heute sind sie unbestreitbar, vor 100 Jahren wäre man bei der Feststellung ihrer Existenz noch für verrückt gehalten und in ein Irrenhaus gesteckt worden. Warum lernen so viele Menschen aus diesem und vielen anderen gleichgearteten Beispielen nichts, wenn sie sofort alles ablehnen, was sie im Augenblick nicht begreifen mögen?

Diese wenigen soeben aufgeführten Beispiele ließen sich endlos vermehren. Sie können jeden, der nicht selbst starre Kulissen vor seinem Blick aufbaut, in ihrer unbestreitbaren Realität von der *Richtigkeit unserer Überlegungen überzeugen*. Es ist ja ein großer und oft der entscheidende Unterschied, ob wir etwas in unserem vergleichsweise oberflächlichen Verstand gleichsam nur im Vorübergehen »verstehen«, also neben vielem anderen in seiner Richtigkeit anerkennen, oder ob wir in unserem unterbewußten Gefühl davon »überzeugt«, uns dessen also in der Tiefe unserer Persönlichkeit wirklich sicher sind. In diesem Sinn können wir uns ganz gewiß sein,

- daß in unserer Welt in der Tat – und nicht bloß nach Ansicht oder im Gehirn gewisser Forscher oder Wissenschaftler – *alles, was existiert*, nach dem atomaren Prinzip aufgebaut, also im Kern nichts anderes ist als *unaufhörlich schwingende, fließende Energie*. Und

- daß wir Menschen in der Tat – und nicht bloß nach Ansicht oder im Gehirn gewisser Forscher oder Wissenschaftler – *im begrenzten Bereich unserer Sinne leben*. Die wirkliche, wahre Welt, die viel, viel größer und weiter und »tiefer« sein muß als die uns bekannte, ist uns Menschen offensichtlich mehr oder weniger verschlossen. Wir können mit unseren beschränkten Sinnesorganen bei weitem nicht so viel aufnehmen und somit zunächst auch nicht verstehen, was in der uns nicht sicht- oder hör- oder fühlbaren Welt tatsächlich existiert. Erst wenn wir das in seiner ganzen Bedeutung erkennen, sind wir dazu aufbereitet, einiges von den Geheimnissen dieser unermeßlichen Welt des Makro- wie des Mikrokosmos, der Welt im großen wie der Welt im kleinen, zu erfassen. Erst dann verschließen wir uns nicht mehr unbezweifelbaren Tatsachen etwa nur deshalb, weil wir sie nicht oder vorerst nicht erklären können. Und eben das ist ja gegenüber dem Pendeln bei so vielen Menschen der Fall. Entscheidend sollte doch immer das Faktum sein und nicht seine zunächst zweitrangige Erklärung!

An dieser Stelle eröffnet sich uns *noch eine weitere höchst bedeutungsvolle Erkenntnis*, die für viele Menschen neu ist, weil sie sich nicht ohne weiteres mit unserem einseitig materialistischen Weltbild vereinbaren läßt. Wir sind ja alle in dieses einseitige Weltbild zunächst noch hineingewachsen, ohne uns dessen nur bewußt zu sein. Es ist *die Tatsache der menschlichen Aura*. Alles was lebt ist von ihr umgeben. So auch der Mensch. Die Aura ist nur ein besonderes Wort für die Ausstrahlung der schwingenden Energie, die – wie wir gesehen haben – der Kern des Lebens ist. Der uns geläufige Heiligenschein hat sich aus ihr entwickelt. Sehr sensible Kinder können in ihrer ersten Pubertätsphase die Aura anderer zuweilen sehen, was auch außerordentlich selten noch bei Erwachsenen der Fall ist. Und der letzte Zweifel an ihrer Existenz ist mit der inzwischen weltbekannten Kirlianschen Hochfrequenzphotographie beseitigt (benannt nach dem russischen Physikerehepaar, das 1936 zum ersten Mal die geheimnisvolle Ausstrahlung eines Blattes photographisch festhalten konnte). Heute kann jedermann mit relativ bescheidenem Kostenaufwand selbst solche Aufnahmen machen, die ihn je nachdem mit ihren gleißenden Lichterstrahlen und leuchtenden Farben beim höchstlebendigen Menschen oder mit deren Dämpfung und Trübung beim Niedergedrückten in größtes Erstaunen versetzen können.

Die Aura läßt sich im wesentlichen *in 3 Schichten aufgliedern*: die dem Leib verhältnismäßig eng anliegende »körperliche«, die ihrem Wesen nach dem Leiblichen am nächsten kommt, die seelische und die bei seelisch-geistig hochentwickelten Menschen bis weit über einen Meter in den Raum hinausstrahlende geistige. Diese 3 Schichten oder Hüllen des feinstofflichen Körpers werden mit dem grobstofflichen durch die Schwingungsstrahlung zusammengehalten. Die besondere Artung der Aura hinsichtlich Farben, Ausdehnung usw. ist nichts anderes als der vollendete Wesensausdruck der betreffenden Persönlichkeit.

Weitere Betrachtungen dazu würden hier entschieden zu weit führen.[9] Für uns ist an dieser Stelle wichtig zu wissen, daß der geübte Radiästhet mit Rute, Pendel und Energiesensor (darüber im letzten Kapitel) die Aura in ihrer Ausdehnung beim einzelnen Menschen recht genau feststellen kann ebenso wie ihre Störungen, die körperliche Krankheit anzeigen. Wir werden uns später mit den Schwingungen der Aura noch genauer befassen.

Folgerungen für das Pendelphänomen

Damit haben wir *die Grundlage dafür, daß wir einen weiteren Schritt in unserem Erkennen tun können*, der uns dann das zunächst rätselhaft erscheinende Phänomen des Pendelns voll verständlich machen kann. Wie wir wissen, ist auch jeder Gedanke und ist jedes Gefühl in uns schwingende Energie, was uns das EEG, die aufgezeichneten Schwingungen unserer Gehirnströme, unwiderlegbar beweist. Je nach der Art des Gedankens oder des Gefühls sind die Schwingungen verschieden. Der erfahrene EEG-Fachmann kann daraus ablesen, welche Erlebniszustände gerade im Gehirn des beobachteten Menschen vorherrschen.
Daß unsere Gedanken in dieser Weise Energie sind, das ist ja seit Jahren bekannt und bewiesen. Aber eigenartigerweise wird der logisch folgende nächste Schritt kaum je getan. In der gesamten Naturwissenschaft gilt unbestritten *das Gesetz von der Erhaltung der Energie*, was besagt, daß Energie nicht vergehen, sich nicht in Nichts auflösen kann, daß sie unvergänglich ist. Wenn unsere Gedanken nun tatsächlich unbestritten Energie sind und als solche nur Erscheinungsform der menschlichen Denkfähigkeit oder des menschlichen Geistes, dann müssen *unsere Gedanken ebenso wie unser Geist ebenfalls unvergänglich* oder – wie wir zumeist sagen – unsterblich sein. Aus dieser Erkenntnis ergeben sich abgesehen vom Erfassen des Weiterlebens von Seele-Geist nach dem Sterben des Körpers für die Praxis unseres Lebens und dann – wie wir bald sehen werden – im besonderen für das Thema dieses Buches zwei höchst bedeutungsvolle Konsequenzen:

1) *Diese allerfeinsten Schwingungen, die unsere Gedanken ausmachen, gehen überall hin in unbegrenzte Fernen* (wenn wir von unserem menschlichen Entfernungsbegriff ausgehen). Das erklärt

- alle heute tausendfältig bewiesenen Phänomene der Gedankenübertragung (Telepathie) oder auch der »Fernheilung«, bei der von einem geistigen Heiler Energiekräfte zu einem leidenden Menschen geschickt werden, um dessen eigene Lebenskraft zu stärken und ihm so Hilfe zu bringen;[10]

- das seltener echt bewiesene, aber unbestreitbare Hellsehen, also das Sehen von gleichzeitig an fremden Orten sich vollziehenden und zumeist stark gefühlsgeladenen Ereignissen;

- das ebenfalls seltener echt bewiesene, aber unbestreitbare Erkennen von bevorstehenden oder zukünftigen Ereignissen, die ebenfalls stark gefühlsgeladen sind (Präkognition), wenn sie in ihren Ursachen schon auf uns zukommen, und schließlich

- die rasch einsetzenden Pendelbewegungen (darüber später noch Genaueres), wenn der geübte Pendler nach noch so weit entfernt befindlichen materiellen oder geistigen Zusammenhängen forscht. Wer das Phänomen der Aura verstanden hat, der weiß jetzt auch, warum ein Auspendeln der menschlichen Persönlichkeit in ihrer immer wieder anderen Wesensartung möglich ist (siehe den Buchteil »Psychologisches Pendeln«!).

Wenn jemand die bewegende Kraft dieser feinsten Energieströmungen noch immer bezweifelt, so möge er die vor kurzem beendete willkürliche Aufzählung von Erscheinungsformen der fließenden schwingenden Energie nochmal in Ruhe durchdenken. Oder er möge sich daran erinnern, wie oft er ganz überraschend und spontan einen Menschen anschaut, dessen Blicke auf ihn geheftet sind oder umgekehrt. Oder wie oft er zur gleichen Zeit den gleichen Gedanken hat wie ein ihm geistig nahestehender, noch so entfernt befindlicher Mensch, was der sofortige Griff zum Telefon oder dessen sofortiger Anruf oft auf der Stelle bestätigt.

2) *Diese allerfeinsten Energieschwingungen bleiben über die Zeiten hinweg erhalten* (wiederum im Rahmen dessen, was für uns kurzlebige Menschen lange Zeitläufte sind). Denn sie können sich nicht in nichts auflösen. Ihre ganz spezifischen Wellen schwingen weiter und weiter. Die Folgen davon wollen uns »aufgeklärten« westlichen Menschen zunächst am wenigsten einleuchten: Es ist die altasiatische Überzeugung von der *»Akasha-Chronik«*. Das Sanskritwort Akasha bedeutet wörtlich »ur-

sprüngliche Substanz«. Der Ausgangspunkt dieser Betrachtung ist eben, daß alle ursprüngliche, alle ur-anfängliche Substanz Geist ist: Geist in dem Sinn, wie es oben dargelegt ist. Von unserem mehr naturwissenschaftlich geprägten Weltbild her wird das alles verständlicher, wenn wir statt »Geist« den hier identischen, uns nur geläufigeren Begriff der Energie, der Urenergie setzen, aus der alles geschaffen ist. Danach ist alle Materie nur Geist oder Energie, die in einer niedrigeren Frequenz schwingt, also gleichsam nur deren Gerinnungsmasse. Im Prinzip wird das durch die moderne Kernphysik ja exakt bestätigt. Diese allerursprünglichste Substanz von alleräußerster Feinheit stellt nichts anderes dar als die allerfeinsten Schwingungen bis hin zu denen eines jeden Gedankens und Tuns, die unauslöschlich weiterschwingen. Im Kern ist das das gleiche wie der universale Geist der Metaphysiker, das universale Natur- oder Weltgedächtnis. Wieder sind wir also bei der alles umgreifenden Erkenntnis: Alles ist schwingende, fließende Energie!

Wenn in der westlich-christlichen Bibel mehrfach die Rede ist vom *»Buch des Lebens«*, vom »Buch Gottes«, in dem alles und jedes verzeichnet ist, was ein Mensch tut und denkt, dann ist das nichts anderes als die asiatische Akasha-Chronik, die allgegenwärtig und unauslöschbar ist. Wir sehen also: Diese indisch-asiatische Überzeugung, aus der sich fundamentale Folgerungen für uns Menschen ergeben, *ist gar nicht so weit weg von unserem westlichen Denken*: Sie kennen alle die vom altjüdisch-christlichen Glauben her verbreitete Furcht des Herrn in Gestalt der Feststellung und Warnung »Gott sieht alles, Gott hört alles«. Erst mit der Aufspaltung der einen und einzigen Wissenschaft in die vermeintliche Gegensätzlichkeit von Natur- und Geisteswissenschaft hat sich dieses Denken in den »aufgeklärten« westlichen Gehirnen langsam abgeschwächt bis verloren. Die Akasha-Chronik ist demnach auch unserem Denken im Grunde gar nicht fremd, wenn wir nur unser anfänglich »aufgeklärtes Erstaunen« mit seiner impulsiven Ablehnung dieses Gedankens durch ruhiges Nachdenken darüber ablegen und schließlich ganz vergessen können.

Ist das alles etwa »fantastischer« oder schwerer verständlich als die uns heute selbstverständlichen Radio- und Fernsehwellen, als die atomaren Prozesse, als Röntgenstrahlung oder – um beim Menschen zu bleiben – die Gedächtnisspuren (Engramme) in unserem Nervensystem und Gehirn oder die uns noch immer hochgradig rätselhaften Vorgänge in unserem Körper, die sein Leben in so vielfältigen Details und in geradezu wunderbar ineineindergreifender Weise steuern? Die Schlußfolgerung für den besonderen Gegenstand unserer Betrachtung: Wenn das alles so ist, dann kann kein Zweifel mehr daran sein, daß es für den erfahrenen Pendler weder im Raum – wie wir schon zuvor gesehen haben – noch in der Vergangenheit, in der Zeit Grenzen zu geben braucht.

Das wird sich uns durch die folgende Überlegung noch mehr erhellen, die für unser Menschen- und Weltbild von der größten Bedeutung ist. Sich damit auseinandergesetzt zu haben, ist – wie Sie später sehen werden – für das Verständnis gewisser Pendel-Aussagen mindestens recht wertvoll, wenn nicht notwendig. Es geht um *die Lehre von der Reinkarnation, von der Wiedergeburt des Menschen*. Sie ist nach allem, was wir wissen, kein Märchen, wie viele glauben. Auch mit ihr kann ich mich hier verständlicherweise nicht im einzelnen auseinandersetzen. Der Interessierte kann das anhand einer zahlreichen Literatur mit großem Gewinn für sich tun.[11] Nur so viel sei hier gesagt: Diese Lehre und Überzeugung ist seit Jahrtausenden für einen großen Teil der Menschheit selbstverständliche Überzeugung. Eine Reihe klarer Aussprüche von Jesus bezeugen, daß auch er so dachte. So, wenn er mehrfach Johannes den Täufer wörtlich als den wiedergeborenen Elias bezeichnete. Von einer Reihe der Kirchenväter der ersten nachchristlichen Jahrhunderte steht fest, daß sie in diesem Sinne lehrten und schrieben. Und erst im Konzil zu Konstantinopel 553 (das die Kirche formell nie anerkannte, da vom oströmischen Kaiser Justinian und nicht vom Papst einberufen) wurde sie mit einem ganz dünnen Mehrheitsbeschluß verworfen und aus dem Bekenntnis gestrichen. (Nebenbei bemerkt: Wieder einmal haben sich hier Menschen das Urteil über urgesetzliche, »göttliche« Gegebenheiten angemaßt, als ob dadurch das unabänderlich sich selbst steuernde Wirken dieser Schöpfungsgesetze aufgehoben würde!)

Das sonst allüberall gültige und unbestrittene *Gesetz von Ursache und Wirkung* muß auch für den ethischen und moralischen Lebensbereich gelten. Warum sollte es auch ausgerechnet hier, wo man es geflissentlich übersieht, in diesem zentralen Menschheitsproblem keine Gültigkeit haben? Ungleichheiten, Ungerechtigkeiten und Leid entstehen danach nicht »zufällig«, sondern sie fallen dem einzelnen aufgrund seines *Karmas* (Sanskrit: »aktives Tun«) zu, das heißt seines moralisch guten oder schlechten Verhaltens in dieser und in früheren Verkörperungen, aufgrund seiner Verdienste oder seiner Schuld, von ihm selbst gesteuert nach dem eisernen Gesetz von Ursache und Wirkung. »Was du säest, das wirst du ernten«: Wer kennt dieses Wort in seinen verschiedenen Variationen nicht aus den christlichen Schriften?
Die mehrfach wiederholte Wiedergeburt in einer Folge von irdischen Lebenszeiten bedeutet die uns gegebene Möglichkeit und Aufforderung zur ständigen seelisch-geistigen Weiterentwicklung, und die tausend Arten von Leid, die uns auferlegt sein mögen, sind sozusagen nur Lektionen in der Langzeitschule der Vervollkommnung und Erlangung der Weisheit. So haben wir, wie wiederum Jesus deutlich sagt, das Himmelreich in uns und ebenso natürlich die Hölle.

Diese Lehre von der Wiedergeburt *sichert jedem Menschen* in absolut gleicher Weise *die absolute Gerechtigkeit über Zeit und Raum hinweg*. Jeder von ihr Getragene kann unendliche Kraft aus ihr schöpfen. Er weiß auch, daß er für sich selbst voll und ganz verantwortlich ist und daß er sich nicht hinter den Meinungen und Weisungen anderer verstecken kann, und wären diese in den höchsten äußeren Positionen dieser Welt. Denn jedem Menschen ist von Anfang an eingeboren die Erkenntnis des Wahren, des Guten und des Schönen, wie es Platon in seiner Ideenlehre so deutlich herausstellte, so unvollkommen wir in dieser Welt diese drei Ideale unseres Geistseins zu verwirklichen in der Lage sein mögen. Es ist ganz gewiß alles andere eher als ein Zufall, daß sich auch in unserem westlichen Kulturkreis eine lange Reihe bedeutender und sehr kritischer Menschen zur Wiedergeburt bekannten und bekennen, so im deutschen Sprachbereich Lessing, Goethe, Heine, Schopenhauer, Hermann Hesse neben vielen anderen.

Auch von unserer engen naturwissenschaftlichen Seite her wird das alles verständlicher, wenn wir daran denken, daß *die Natur keinerlei Störung ihres Gleichgewichts duldet.* Aus den uns allen bekannten Gründen wird uns das heute deutlicher als in früherer Zeit. Albert Einstein hörte nicht auf, die vollendete Harmonie im Kosmos zu bewundern und in ihr das Walten Gottes, dieser uns unfaßlich gewaltigen Kraft zu sehen, welche die alles steuernden Gesetze in sich trägt. Und jede Störung des Gleichgewichts, der Harmonie muß wieder gutgemacht werden.[12]

Die weltbekannt gewordene Sterbeforscherin Dr. Elisabeth Kübler-Ross sagt gern: »Unser Unbewußtes weiß alles.« *Unsere Seele ist in der Tat so etwas ähnliches wie allwissend.* Sie trägt seit Urzeiten die Akasha-Chronik in sich, und sie kann, je geistig entwickelter sie ist, um so tiefer aus deren Erfahrungen, aus den allerfeinsten ihr zugänglichen Schwingungen schöpfen. Daher gab es zu allen Zeiten Seher, die in die Vergangenheit schauen oder an ganz anderen Orten der Welt sich vollziehende Ereignisse erkennen konnten und können. Sie sehen, was dem normalen Menschen total verschlossen ist. Für sie sind Vergangenheit und Gegenwart ein und dasselbe, denn deren Ausstrahlungen und Schwingungen sind gleichermaßen im Hier und Jetzt. Prinzipiell hat jeder Mensch diese Fähigkeit, die von unserem einseitig herrschenden und überheblichen Intellekt nur hochgradig zersetzt bzw. »verschüttet« wurde.

Wie weit sie *beim einzelnen tatsächlich vorhanden bzw. entwicklungsfähig* ist, hängt im wesentlichen nur von ihm selbst, nämlich von seinem seelischen und geistigen Entwicklungsgrad ab, mit dem wir uns in diesem Buch noch ausführlich beschäftigen werden. Und von seiner persönlichen Empfindsamkeit, sich auf die ganz besonderen Schwingungen, auf die ganz besonderen geistigen Regungen von Gedanken- oder Bewußtseinsinhalten einzustellen. Bei alldem und unter diesen Voraussetzungen, mit denen wir uns alsbald genauer auseinandersetzen werden, ist der Pendel – wie früher schon erwähnt – nur das Instrument der Seele, das dem Verstand Unsichtbare erkennbar zu machen. Es ist ganz ähnlich, nur noch unendlich viel feiner, wie die Einstellung eines Radiogerätes auf die ganz besondere Wellenlänge der einzelnen Sendungen. Hier wie dort geht es nur darum, die jeweils ganz exakte Schwingungsfrequenz des Senders in den ganz besonderen Abstufungen aufnehmen zu können. So war der weltbekannt gewordene Edgar Cayce, der sogenannte schlafende Prophet, im Wachzustand nicht zu seinen rational unmöglich erscheinenden, tausendfachen seherischen Aussagen fähig – er brauchte dazu den hypnotischen Zustand mit voller Ausschaltung seines Intellekts.[13]

Wie die Pendelschwingungen zustande kommen

Nachdem wir uns jetzt diese auch dem Pendeln zugrundeliegenden Zusammenhänge im Prinzip klargemacht haben, erhebt sich das mehr praktische Problem, bei dem unser kritischer Verstand auch eine befriedigende Antwort haben möchte: *Was verursacht nun die »materiell-körperlichen« und ganz spezifischen Pendelbewegungen oder Figuren*, die auf ihre Weise zum Ausdruck bringen, was in Seele-Geist bei der inneren Sammlung auf eine bestimmte Frage vor sich geht? Anders formuliert: Wie kommt es, daß sich das Instrument Pendel im Sinne von Seele-Geist in verschiedenartiger, aber immer ganz bestimmter Weise in Bewegung setzt, und zwar als Reaktion auf die feinsten und allerfeinsten Schwingungen?

Auch dieses Problem läßt sich vom Grundsätzlichen her wohl ebenso einfach wie überzeugend klären. Wenn der Mensch, solange sich Seele-Geist in diesem Leben in seinem Leib »verkörpern«, eine absolute Einheit von Seele-Geist und Körper ist – woran kein Zweifel sein kann –, dann können die noch so feinen Schwingungen niemals nur in Seele-Geist, sondern sie müssen *gleichzeitig auch im Körper sein*. Das wird durch das EEG ja ganz eindeutig bewiesen, wo sich jede noch so leichte »seelische« Gefühlsänderung sofort in den »körperlichen« Schwingungen in den Gehirnzellen kundtut. Wenn der ganze Mensch in Seele-Geist und Körper zugleich das eigentliche Aufnahmeorgan ist, dann sind diese allerfeinsten Schwingungen auch im ganzen Körper.

Ist es dann nicht fast zwangsläufig so, daß auch *die menschliche Hand als die zauberhafteste Bewegungsapparatur*, die die Natur in der ganzen Schöpfung geschaffen hat, von diesen feinsten Schwingungen ergriffen wird? Und zwar so, daß sie – für unsere groben Sinne in ihrer Feinheit nicht erkenntlich – über die Länge des Fadens oder Kettchens hinweg den Pendel dann langsam-stetig zur Bewegung bringt. Diese feinen seelisch-körperlichen Schwingungen auch der den Pendel haltenden Hand sind offensichtlich so, daß sie bei einunddemselben Menschen bei den nur wenigen grundsätzlichen Antwortmöglichkeiten des Pendels (Vorwärts-, Seitwärts-, Rundumschwingen links und rechts herum) immer in der gleichen Weise sich entwickeln und ablaufen. Sie rufen also immer wieder die gleichen Pendelbewegungen hervor. So kennt wohl jeder erfahrene Pendler auch das charakteristische feine Zittern des herunterhängenden Pendels, wenn nach Stellen einer Frage noch unklare oder widersprechende Schwingungen auf ihn einwirken, aus dem heraus sich dann erst ganz eindeutige und klare Antwortbewegungen entwickeln.

Im Prinzip die gleiche Erklärung gibt uns der Hinweis auf die Tatsache, daß alles Existierende, ganz besonders alles was lebt, aufgrund seiner atomaren Grundkonstruktion und der damit einhergehenden feinsten mikroelektrischen Vorgänge im innersten Kern *Strahlen aussendet*: die Strahlung der eigenen Lebenskraft des Pendlers, des oder der anderen Menschen, auf die er sich eingestellt hat, wobei sich mit diesen mikroelektrischen Vorgängen Strahlungen radioaktiver oder magnetischer und dergleichen Art verbinden. Wie wir gesehen haben, kommen so auch die Strahlungen oder Schwingungen aus ferner Zeit, aus weiten und fernen Räumen in der Akasha-Chronik oder dem Buch des Lebens zum

Tragen. Die Kirliansche Hochfrequenzphotographie beweist, wie sehr sich die Energie-Strahlungssituation in der Ganzheit von Körper und Seele-Geist in geradezu spielerisch großartiger Form ständig verändert mit sich ändernden Gefühlen und Gedanken.

Halten Sie den Pendel in äußerster Ruhe der Hand über einen Magneten oder einen noch so kleinen Kompaß und beobachten Sie, wie er alsbald eine ganz bestimmte Abfolge von verschiedenen Bewegungen in ständiger Wiederholung vorführt. Hier können Sie als noch so großer Zweifler das Wirken dieser bewegenden Kräfte beobachten. Ganz offensichtlich werden diese »geheimnisvoll« anmutenden Pendelbewegungen von physikalischen Gesetzen gesteuert, also von den unabänderlichen Naturgesetzen, die wir heutige Menschen – wie so vieles ind dieser Welt! – in allen ihren besonderen Erscheinungsformen nur noch nicht erkannt haben. So wie wir den geheimnisvollen elektrischen Strom, dessen »Wesen« bis heute kein noch so großer Gelehrter hat »erklären« können, in den Faden der Glühbirne oder in die Wicklung des Motors hineinschicken, und die Glühbirne strahlt und der Motor dreht sich! Ist die Bewegung des Pendels etwa geheimnisvoller oder wunderbarer oder weniger »erklärlich«? Hier wie dort »wissen« wir nichts von der treibenden Kraft und ihrem Geheimnis. Wir kennen aber ihre Gesetzlichkeiten, die für unsere Praxis wichtig sind, und halten uns daran. Ist das nicht genug? – Übrigens: Zeugt nicht auch die Ermüdung oder gar das Gefühl des Ausgelaugtseins, das sich beim Pendelanfänger bald, beim Geübten viel später einstellt, von den Kräften, die da auf ihn einwirken?

Die Voraussetzungen der individuellen Pendelfähigkeit

Nun zu der Frage, die für jeden Interessierten besonders wichtig ist: *Wie steht es um die Pendelfähigkeit des einzelnen Menschen?* Wenn Sie den seitherigen Ausführungen aufmerksam gefolgt sind, werden Sie die folgenden Voraussetzungen nicht überraschen:

1) Die Pendelfähigkeit als Erscheinungsform der sogenannten radioästhetischen Begabung steht in *enger Beziehung zur individuellen seelisch-geistigen Entwicklungsstufe.* Innerlich wenig entwickelte Menschen können nicht oder recht beschränkt, etwa nur in materiellen Dingen, pendeln. Seelisch-geistig hochentwickelte Menschen kennen kaum Grenzen ihrer Pendelkraft. Ihre Seele, ihr Unbewußtes weiß alles, und sie brauchen es mit Hilfe des richtigen Pendelns nur »abzurufen«. Natürlich entwickeln wir uns von ganz allein nicht weiter. Wir müssen etwas dafür tun und daran arbeiten, unsere Persönlichkeit weiter zum Positiven hin zu entfalten. Das kostet Arbeit, oft harte Arbeit an sich selbst, woran nicht wenige scheitern, denen die persönliche Bequemlichkeit und ihr eigenes ICH über alles gehen. Wohl hat jeder Mensch die Pendelfähigkeit grundsätzlich in sich, aber sie muß ausgebildet werden: Und von der mehr äußeren Pendelübung und -erfahrung abgesehen setzt das die innere Entwicklung zum reifen Menschentum voraus. Aus diesem Grund werde ich anschließend an diese Aufstellung darauf noch genauer zurückkommen.

2) Wie ebenfalls vor kurzem schon erwähnt, kommt es ganz wesentlich auf *die persönliche Empfindsamkeit für die ganz besonderen Schwingungen* an, also darauf, die spezifischen geistigen Regungen von allen möglichen Gedanken- oder Bewußtseinsinhalten aufzunehmen. Nur wenn die hohe Sensibilität mit ihrem Verständnis für andere und für alles Existierende voll entwickelt ist, kann sich dem Pendler die Akasha-Chronik in ihrem ganzen Umfang eröffnen. Wenn auch die durchschnittliche Frau hier dem durchschnittlichen Mann von Natur aus überlegen ist, so bedeutet das im Einzelfall keinerlei Einschränkung, denn es gibt auch genug höchst sensible Männer.

3) Diese Fähigkeit der ungeteilten Einstellung auf den anderen Menschen und auf ganz andere Dinge als nur die eigenen verlangt hochgradige Überwindung des EGO, verlangt *Freisein von Egoismus,* von jeglichem Egoismus. Wer könnte das in

vollem Umfang erreichen? Hier liegt wohl das größte Hindernis für die höhere Pendelkraft ebenso wie für das Erreichen einer höheren Entwicklungsstufe im Sinne des 1. Punktes dieser Betrachtung. Der gute Pendler darf nichts anderes wollen und anstreben als

- aus seinem echten Erkenntnistrieb heraus die Wahrheit zu finden, nur um der Wahrheit willen;
- aus seiner echt liebevollen Zuwendung zum anderen Menschen oder Wesen diesem selbstlos zu helfen, um der Liebe zum Nächsten willen.

Jesus hat uns die dreifache Grundforderung hinterlassen:

- Liebe Gott, das heißt, fühle immer diese allgewaltige Schöpferkraft über dir, die auch dich geschaffen hat, die »dich von allen Seiten umgibt« (Psalm 139,5), in Demut und Ehrfurcht.
- Liebe dich selbst, das heißt, danke für dein Dasein und vergiß nicht die andere Seite: Trage alles, was damit zusammenhängt, ohne Murren, ja in Dankbarkeit, denn nichts ist ohne Grund, nichts ist sinnlos, nichts ist umsonst.
- Liebe deinen Nächsten wie dich selbst, das heißt, du bist nicht allein, du bist für den anderen genauso zuständig und verantwortlich wie für dich selbst.

Und wenn die 4 Grundtugenden des Buddhismus lauten: liebevolle Güte, Mitleid, Mitfreude und Gleichmut, ist da in der Einstellung zum Nächsten, zum Mitmenschen, nicht genau das gleiche gefordert?
Es geht also immer um das reine Motiv, nicht um das egoistische: nicht um den eigenen Geldbeutel, nicht um äußeren Verdienst oder Anerkennung, nicht um Aufsehen oder eitle Bewunderung, schon gar nicht um Macht über andere. Denn der aufrichtig Helfende hilft um der Schwierigkeiten und Nöte des Nächsten willen und nicht, um sein ICH zu pflegen.

4) Ohne hervorragende »Konzentration«, besser gesagt: ohne *höchstgradige innere Sammlung* des Pendlers auf die gestellte Frage, auf die bezogene Person oder die entsprechenden Umstände kann niemals ein optimales Ergebnis kommen. Der

ganze Mensch, nicht nur sein Intellekt, sondern die harmonische, in sich geschlossene Einheit von Intellekt und Gefühlsunterschichten muß mit der ganz persönlichen Kraft aktiviert sein in der Aufnahmebereitschaft für die Antwort. Sie ist nur dann gegeben, wenn außer der totalen Sammlung auf das besondere Pendelproblem nichts im Denken da ist, auch *nicht der geringste jetzt nebensächliche und damit störende Nebengedanke.* Dabei darf es keinerlei willensmäßige Verspanntheit geben. (Deshalb schätze ich das Wort »Konzentration« in diesem Zusammenhang nicht!) Denn jede innere Spannung bedeutet Blockierung des Energieflusses, Blockierung der hereinkommenden oder/und der herausgehenden Schwingungen. Dieser Begriff der inneren Sammlung schließt also in sich Harmonie in der Tiefe des Wesens und innere absolute Ruhe: Jeder Zeitdruck, jede Ungeduld schwächt und stört das Ergebnis. Zum Pendeln muß man sich Zeit nehmen! – Betrachten Sie ein ganz in sein Spiel versunkenes Kind, und Sie haben diese Art der vollendeten inneren Sammlung lebendig vor Augen!

5) Fast selbstverständlich sind ein weiter Horizont des Pendlers und Lebenserfahrung, die die rechte Mischung von gefühlsmäßigem Erfassen der Dinge und von kritischem Verstand voraussetzen. Dann ist die *Grundlage für echte Bildung* gegeben, die unabhängig von Schulbildung und Angelerntem aus der echten inneren Verarbeitung der Summe aller Erlebnisse und Erfahrungen von kleinst auf erwächst.

6) Und schließlich muß ich – eine fast selbstverständliche Folgerung aus dem 1. Punkt – verweisen auf eine *tiefbegründete Ehrfurcht vor der unendlichen über uns stehenden Kraft,* die wir uns die göttliche Kraft oder Gott zu nennen angewöhnt haben. Ihre natürliche Begleiterin ist die Demut, die im Erkennen der eigenen Kleinheit angesichts dieser uns unfaßbaren Allgewalt liegt, die nichts anderes ist als echte Religiosität. Da ist keinerlei Platz für ein etwa überhebliches Sichvergleichen mit weniger Pendelkräftigen und somit weniger weit entwickelten

Menschen. Da ist kein Versuch, seine Fähigkeit mißbräuchlich einzusetzen etwa für das Gewinnen des großen Loses, eines Preisrätsels oder Lotto/Totogewinns. Der Versuch würde gewiß falsche Ergebnisse bringen und der Pendelkraft Abbruch tun. Denn weder echter Erkenntnistrieb stünde dahinter noch echtes Verlangen, dem Nächsten in Bescheidenheit zu dienen.

Nun zu dem kürzlich angekündigten Problem: *Wie kann ich mich weiterentwickeln zum reifen Menschentum und somit meine Pendelkraft erhöhen?* Hier den eigenartigen Aufbau des Menschen zu wiederholen, aus dem sich eine Fülle von wichtigen Erkenntnissen auch und gerade für seine Weiterentwicklung gewinnen läßt, würde zu weit führen. Sie können das an anderer Stelle sicherlich mit Gewinn nachlesen.[14] Alle 6 soeben aufgeführten Punkte sprechen ebenso von der Notwendigkeit dieser Weiterentwicklung wie auch zwischen den Zeilen von den Schwierigkeiten, die dabei zu überwinden sind. Wir sind ja alle nur schwache Menschen, die in diese Welt gestellt sind: Hier müssen wir, um in der äußeren Welt existenzfähig zu sein, uns zu erhalten, zu behaupten und durchzusetzen lernen. Das bedeutet unser ICH aufzubauen und zu stärken. Und zugleich müssen wir in der inneren Welt, in der echten re-ligio, das heißt in der Wiederverbindung mit der besprochenen unendlichen, göttlichen Weite uns demütig bescheiden lernen, uns in der richtigen Weise geistig einordnen in die Enge unserer Position innerhalb dieser gewaltigen Schöpfung. Und das bedeutet unser ICH abzubauen, es vergessen zu lernen. In diesem Gegensatz dürfen wir uns nicht zerreiben lassen. Das ist wahrhaftig nicht leicht. Die Verantwortung dafür, hier den rechten Weg zu finden, kann nur bei jedem einzelnen von uns liegen. Denn jeder hat seinen persönlichen Anteil der geistigen Kraft und ihrer uns eingeborenen Stimme des Wahren, des Schönen und des Rechten oder Guten. Erinnern Sie sich: Jeder von uns ist der Tropfen aus dem unermeßlichen Ozean dieser geistigen Kraft!

Dieser Stimme vollendet Gehör zu schenken, dieses uns vorgegebene ideale Bild der Vollkommenheit des Menschentums, in vollendeter Wahrheit, Schönheit und Rechtlichkeit in unserer Welt zu verwirklichen, ist letztlich *Auftrag und Sinn unseres Daseins* in dieser unvollkommenen Welt der Schwierigkeiten und des Leidens. In seiner Unvollkommenheit ist der Mensch gewiß weit entfernt davon, diese Fähigkeit seines Geistes schon entwickelt zu haben. Aber er trägt, wie das Samenkorn den Kern des vollendeten Wachstums den geistigen Keim zur vollen Entwicklung seiner geistigen Fähigkeiten und Kräfte in sich. Sie zu entwickeln, ist seine Bestimmung. Sie kann sich richtig verstanden wiederum nur beziehen auf die Ganzheit seines Wesens in Körper, Seele und Geist. Denn solange der Mensch sich in seiner hiesigen Daseinsform befindet, *hat* er nicht einen Körper, sondern er *ist* sein Körper als der äußere Ausdruck seiner Geist-Seele. Demgemäß bezieht sich auch sein Pendeln auf diese 3 Bereiche seiner Natur.

Dieses geistige Wachstum vollzieht sich nicht anders als das in der Natur langsam. Für unsere Ungeduld zu langsam. Auch hier müssen wir uns zu bescheiden lernen. Es vollzieht sich aber unaufhaltsam. Seine Richtung bestimmen nur wir selbst: Ob sie zur stetigen Stärkung des ICH oder zum beständigen Wachsen unseres SELBST führt, das heißt unserer inneren zur Reifung aufgerufenen Persönlichkeit im Sinne der vor kurzem aufgeführten 6 Punkte. Da lassen sich keine gewaltsamen Sprünge machen, denn dieses Wachsen geht still und leise im Verborgenen, in der Tiefe unseres Wesens vor sich. Es ist unabhängig vom bloßen Intellekt (der unserer wahren Persönlichkeit ja nur aufgepfropft ist, siehe Anmerkung 14!) und von formaler Bildung, von äußerer Position in diesem Leben und ihren Ehrungen und Würden. Vor der großen, der göttlichen Kraft sind gewiß alle Menschen gleich, seien sie mächtig oder schwach, hoch oder niedrig, reich oder arm, in irgendeiner der offiziellen »Konfessionen« oder formal »religionslos«. Denn da kann allein der Mensch in seiner Innerlichkeit zählen, wieweit er das Gesetz seines Daseins in dieser Welt sieht und ihm gehorcht. Dieses geistige Wachstum ist gewiß auch unabhängig vom Lebensalltag, also dem Alter bloß unseres Körpers, denn Seele-Geist kennen nach ihrer Gesetzlichkeit kaum ein irdisches Zeitmaß. Kann doch ein an Jahren junger Mensch viel reifer sein, als gar mancher zu hohem Alter herangewachsener!

Der hinreichend Sensible spürt sofort die besondere Schwingung von anderen Menschen: Ist Ihnen nicht auch schon gelegentlich jemand begegnet, der aus seiner höheren seelisch-geistigen Entwicklungsstufe heraus alle Menschen seiner Umgebung (mit Ausnahme der Grob-Unempfindsamen) durch die besondere Ausstrahlung seines Wesens sofort irgendwie in Bann schlägt? Oder jemand, dessen grobmaterielle Ausstrahlung Sie auf der Stelle zu erhöhtem Abstand nötigt, zu innerem wie äußerem Abstand?

Nach *der Lehre der Wiedergeburt und der absoluten Gerechtigkeit,* die sie in sich trägt, sind wir so lange von der großen Ordnung zur körperlichen Wiederkehr in dieser Welt der Bewährung genötigt, bis wir im Sinn unserer Lebensgesetzlichkeit durch entsprechende seelisch-geistige Entwicklung in der rein geistigen Welt verbleiben und aus dem Leiden dieser materiellen Welt erlöst sein können. Wie viele Wiederverkörperungen oder Inkarnationen dazu nötig sind, hängt nur von uns selbst ab. Unsere unsterbliche, die Erdenkörper überdauernde Geist-Seele nimmt ihre persönliche Schwingung und mit ihre den jeweils erreichten Entwicklungsgrad mit hinüber in die für uns jenseitige Welt, bis sie sich erneut in dem für sie geeigneten Körper inkarnieren kann. So geht, sofern wir uns durch eigene Schuld nicht um die Früchte unseres Tuns bringen, nichts von dem verloren, was wir durch unsere ständige Bemühung an innerer Entwicklung errungen haben.

In dieser Weise können wir unsere Aufgabe in der Welt erfüllen: Das Ziel liegt vor uns, den Weg dorthin kennen wir. Schon weiter oben mußte ich das Bibelwort zitieren »Das Himmelreich ist in euch« und natürlich auch das, was wir die Hölle zu nennen uns angewöhnt haben. Liegt in dieser Erkenntnis der wirklich absoluten Gerechtigkeit, des ständigen Gerichts, das wir über uns selbst halten, ohne uns dessen im bewußten Denken nur klar zu sein, nicht die Weisheit der göttlichen Ordnung vor uns?

Die Frage, ob das Pendeln (und die Radiästhesie überhaupt) eine besondere Naturveranlagung sei, beantwortet sich mit unseren bisherigen Überlegungen von selbst. Von Natur aus hat jeder Mensch diese Veranlagung in sich. »Der Mensch ist das größte physikalische Gerät«, so drückte es Goethe aus. Wie jede Begabung bedarf sie nur der gründlichen Ausbildung und Einübung. Jeder Pendler muß sich selbst »einüben« durch von Selbstkritik geleitetes ständiges Arbeiten. Er wird dabei von einfachen zu schwierigen Aufgaben fortschreiten. Dann läßt sich seine in ihm schlummernde Fähigkeit bis zum jeweils erreichbaren Höchstmaß steigern. Und dieses Höchstmaß hängt wiederum nur ab vom *Grad seiner inneren Reifung.* Die Pendelfähigkeit steigt also nur im Einklang mit der steigenden inneren Entwicklung und das kann immer nur die innere Entwicklung zur Ganzheit hin bedeuten, zur Reifung im tiefen geistigen Sinn. Sie meint das Einswerden von Körper und Seele-Geist und vielmehr noch im eigentlichen Sinn das Einswerden der in Körper und Seele-Geist eins gewordenen Persönlichkeit mit der Welt und ihren inneren Gesetzen, in der sie lebt, das Einswerden mit allem Existierenden an vermeintlich toter Materie und lebender Substanz, das Einswerden mit dem Kosmos, das Durchflossen- und Durchströmtwerden von den allgegenwärtig schwingenden Kräften, ohne deren schöpferisches Wirken nichts existieren kann. Sagen wir also getrost: Die innere Entwicklung zur Ganzheit hin ist im Grunde nichts anderes als die Entwicklung hin zur totalen inneren Vereinigung mit dem Göttlichen, so unvollkommen sie uns unvollkommenen Menschen in dieser unvollkommen-materiellen Welt immer nur gelingen mag. Aber: Wieviel ist schon das vielleicht nur kurze, aber tiefe Erfassen dieses großen Einsseins und die Bemühung darum, es nicht wieder zu verlieren!

An dieser Stelle sei darauf hingewiesen, daß *sich auffallend viele Menschen heute in der ganzen Welt mehr und mehr* vom bloß rational-materiell orientierten Denken ab- und *dem übergeordneten ganzheitlichen Denken zuwenden.* Das ist gewiß kein Zufall. In der jüngsten Zeit hat sich diese Entwicklung fast sprunghaft verstärkt, was die offensichtlich nicht vermeidbaren Auswüchse,

Fehlentwicklungen und Geschäftemachereien auf diesem Gebiet deutlich machen. Der festbegründete, starke Charakter ist gefeit gegen dieses Abgleiten in egoistische Zwecke, denn er weiß, daß diese Fortentwicklung zur geistigen Welt hin im Grunde nur die Rückkehr zum Ursprung aller Dinge, zur letzten Befreiung des Menschen aus seiner Not ist. Deshalb wird er nur um so mehr bestrebt sein, dabei weiter voranzukommen, und alles egohafte Treiben unterlassen, was diesen seinen Weg doch nur blockieren würde.

Wesentliche Schlußgedanken

Von erfahrenen Pendlern wird gelegentlich offen die Frage aufgeworfen, ob *die oft geradezu unglaublich treffenden Pendelaussagen* in ihrer verblüffenden Richtigkeit letztlich *nicht von höheren geistigen Kräften, von jenseitigen Wesenheiten eingegeben* oder gesteuert seien. Natürlich nur dann, wenn der Pendler aus reinem Herzen heraus demütig und inständig um Hilfe bittet. Jetzt sind wir mitten in der Problematik von Leben und Sterben, von Karma und Wiedergeburt, von der Unsterblichkeit der Seele, vom Wiedereingehen in die rein geistige Welt, als zwangsläufige Folge davon von geistigen Wesen oder Engeln oder Geisthelfern. Wir sind wieder bei dem Vervollkommnungsgesetz, das über uns Menschen steht, und uns mit steigender Reifung die höhere geistige oder »spirituelle« Welt öffnet und schließlich zur Wirklichkeit werden läßt. Wer solche Hilfen immer wieder erlebt, besonders wenn ihn eine quälende Sorge verfolgt, aus der er sich in wirklich wunderbar anmutender Weise plötzlich befreit sieht, der kann gar nicht verhindern, vom Wirken solcher helfenden Wesenheiten tief überzeugt zu werden. Er weiß sich ihnen bald in Demut in der Tiefe seines Wesens verbunden. Freilich: »Wenn ihr's nicht fühlt, ihr werdet's nicht erjagen« (Goethe).

Hier ist nicht der Platz, noch genauer auf dieses weitgespannte Gebiet einzugehen. Nur soviel sei gesagt: Die seit Jahrzehnten so aktiv gewordene Sterbeforschung und die aus allen Teilen der

Welt, aus allen Völkern und Bevölkerungsschichten kommenden zahlreichen Zeugnisse über Äußerungen und Kundgebungen aus der jenseitigen, der geistigen Welt stimmen in den wesentlichen Punkten überraschend überein. Das in der Tat in so hohem Maß, daß auch der kritische, zunächst von seinem einseitig geschulten Denken her ablehnende Verstand bald seine Ablehnung aufzugeben bereit ist, wenn er erst einmal von den anerzogenen Vorurteilen zu lassen gelernt hat. Heute gibt es schon eine reiche Literatur zu diesem Thema, aus der sich der interessierte Leser im einzelnen informieren kann.[15]

Nun muß ich noch *eine deutliche Warnung* aussprechen. Die Versuchung liegt für den strebenden Menschen immer nahe – diese Gefahr ergibt sich aus seiner Natur – nicht rasch genug zu greifbaren »Erfolgen« kommen zu können. Wer mit dem Pendeln erst beginnt, mutet sich nur zu gern schon bald Aufgaben zu, die ganz einfach über seinem derzeitigen Niveau liegen. Er ist ihnen noch nicht gewachsen, weil es an mindestens einer, zumeist an mehreren der 6 aufgeführten Voraussetzungen für das richtige Pendeln fehlt. Da bricht nur zu leicht das EGO durch, das Erfolge sehen und möglichst von anderen bewundert werden möchte. Schon um dieser zuletzt genannten Gefahr vorzubeugen, sollte als eiserne Regel niemals mißachtet werden: *Pendeln Sie immer nur im stillen Kämmerlein, und reden Sie nicht darüber!* Erst wenn Sie eine beachtliche Sicherheit im Vorgehen und die innere Demut vor dem Wirken der großen Kraft in Ihrer Person entwickelt haben, gehen Sie vorsichtig daran, für andere zu pendeln, die davon wissen. Aber wie besprochen, nur aus reinen Motiven heraus!

Leider muß ich noch einen Schritt weiter gehen. Aus der traurigen Erfahrung von Jahren weiß ich – was andere erfahrene Pendler auch offen berichten –, *welch große Gefahr* sich in diesen Fällen auftut: Niedere Geister, die sich nach ihrem körperlichen Ableben ihrer durch und durch materiellen Einstellung wegen nicht von der materiellen Welt lösen, die z. B. nicht auf die Ausübung von Macht über andere Menschen verzichten können, haben es jetzt leicht, sich als vermeintliche Helfer dem zu forsch vorgehenden Pendler zuzugesellen und ihm »zu verblüffenden Ergebnissen zu verhelfen«. Für diesen bringt das große geistige Gefahren mit sich, aus denen er sich später nur schwer wieder herausarbeiten kann. Da ist oft wahrhaftig als teuflisch zu bezeichnender Trug, da ist schwarze Magie am Werk. Nicht nur der Pendler selbst, sondern die von ihm allzu schnell und unkritisch überzeugten, leichtgläubigen Seelen werden dann zusätzlich sein Opfer. Der Gefahr, durch Umgang mit niedrigen Geistern um egoistischer Vorteile willen solche Schuld auf sich zu laden, darf sich niemand aussetzen. Es wäre unverantwortlich von mir, wenn ich auf diese Gefahr nicht nachdrücklich hinweisen und eindringlich vor ihr warnen würde.

Aber übersehen Sie dabei eines nicht: Das Pendeln ist wie viele andere materielle und geistige »Werkzeuge« eine großartige Hilfe für den Menschen, solange er es in rechtem Sinn und zum rechten Zweck gebraucht. Tut er das nicht, dann ist nicht das Werkzeug schlecht, sondern der Charakter des Menschen, der es mißbraucht.

Muß ich jetzt am Schluß dieses einleitenden Teils noch besonders begründen, was ich schon in der Einführung zu diesem Buch deutlich anklingen ließ? Der kritische, verantwortungsvolle Umgang mit dem Pendel läßt uns immer wieder die geheimnisvolle, uns unergründliche allgewaltige Kraft in ihrem Wirken erkennen. Das Staunen darüber wird gar manchen jetzt noch Ungläubigen im Lauf der Zeit dahin bringen, daß auch er diese Kraft in der Unendlichkeit ihrer Ausstrahlungen über Menschen, Entfernungen und Zeiten hinweg zu erleben lernt. So kann uns der Pendel entscheidend dazu verhelfen, diese göttliche Kraft von unserem kleinen Menschsein her besser zu erfassen und ihr näher zu kommen, damit wir von ihrer Hilfe in Ehrfurcht und in Demut Gebrauch machen, um der Wahrheit und dem leidenden Mitmenschen zu dienen.

Wie geht das Pendeln vor sich?

Pendel, Handhabung und übliche Fehlerquellen

»Laß Deine Augen offen sein,
geschlossen Deinen Mund
und wandle still: so werden dir
geheime Dinge kund.«
Hermann Löns

Im 1. Teil dieses Buches haben wir uns mit den geistigen Hintergründen des Pendelns auseinandergesetzt, das den meisten Menschen rätselhaft und manchem sehr zu unrecht unheimlich vorkommt. Von jetzt ab wenden wir uns der ganz praktischen Seite zu. Dabei lege ich den größten Wert darauf, nur das zu behandeln, was uns im praktischen Leben helfen und weiterbringen kann. Ich werde es unterlassen, auf Streitfragen einzugehen, die unter Fachleuten aufgekommen sind. Wohl werde ich da, wo es dem Pendler von Nutzen sein kann – sei er Anfänger oder schon erfahren –, bedeutungsvolle Meinungsverschiedenheiten aufzeigen. Denn in nicht wenigen Fällen läßt sich eine einzig richtige Antwort auf eine Streitfrage in diesem Bereich gar nicht geben, weil die Menschen, ihre Motive und individuellen Ansatzpunkte zu verschieden sind.

Die Grundforderungen für erfolgreiches Pendeln

Voraus noch einmal *die wichtigsten allgemeingültigen Grundforderungen,* ohne deren Beachtung ein erfolgreiches Pendeln gar nicht möglich ist:

1) *Werden Sie unter keinen Umständen aus dem EGO heraus tätig,* etwa um eines materiellen Vorteils willen, welcher Art auch immer, oder bloßer Neugier halber. Sondern ausschließlich, um der Wahrheit zu dienen, zum Beispiel an Erkenntnissen und Erfahrungen zu gewinnen, um diese dann selbstlos zu gebrauchen, und vor allem, um Ihren Mitmenschen zu dienen, ihnen zu helfen, um der Linderung ihrer Not, ihrer Schmerzen oder Schwierigkeiten willen. Wer gegen diese allerwichtigste Forderung verstößt, wird bald seine Pendelkraft in Frage stellen, sie schwächen oder gar verlieren. Oder noch schlimmer: Niedere, negative, auf Macht erpichte Geister werden sich seiner bedienen, ihm vermeintliche Erfolge für den Augenblick bescheren und ihn vom guten, richtigen Weg abzubringen versuchen. Wer so handelt, setzt sich mit seiner weiteren Entwicklung schwerer Gefährdung aus. Dafür habe ich im Laufe der Jahre leider eine kleine Reihe wirklich böser Beispiele beobachten müssen.

2) *Pendeln Sie nicht zu Demonstrationszwecken vor anderen Menschen,* schon gar nicht, um vor ihnen zu glänzen, sich interessant oder wichtig zu machen, also aus dem ICH heraus! Man muß schweigen können und beobachten, wenn sich andere noch so »interessant« unterhalten. Ausnahmen sind nur berechtigt nicht einem Neugierigen, sondern einem ganz ernsthaft Strebenden gegenüber, der sich aus tiefem Ernst und aus wirklich lauterer Gesinnung dafür interessiert. Und zum zweiten dann, wenn Sie in besonderen Fällen einen in echter Bedrängnis befindlichen Menschen vor sich haben, der sich in seiner Not und mit vollem Vertrauen Ihnen selbst öffnet, und dessen Anwesenheit und Mitarbeit das Pendeln für ihn fruchtbarer werden läßt. Es werden sich Ihnen noch genug solcher Beispiele auftun. Im übrigen halten Sie sich bitte an die Worte des Heidedichters Hermann Löns (die auf seinem Gedenkstein in der Lüneburger Heide eingemeißelt sind), die Sie am Anfang dieses Buchteils gelesen haben.

3) *Pendeln Sie niemals in die Zukunft!* Die Zukunft ist uns Menschen zum Glück gewiß aus höherer Einsicht heraus verschlossen. Wie grausam, wenn es nicht so wäre! Wenn jemand aus Gründen, die uns nur in seltenen Fällen erkenntlich werden mögen, Einblick in zukünftige Ereignisse beschieden sein soll, dann wird es ihm in einer Weise zuteil, die ihn zutiefst ergreift und über die er kaum je spricht. Dem Neugierigen bleibt sie verschlossen. Dieser provoziert nur, daß ungute Geister ihren Schabernack mit ihm treiben oder noch Schlimmeres. Eine traurige Erfahrung aus vergangenen Jahren: Da pendeln Menschen, um angeblich bevorstehende kriegerische Ereignisse zu erfahren, verfallen den sich bereitwillig einstellenden Warnungen, verkaufen Hab und Gut, gehen ins angeblich sichere Ausland und geraten in schwere innere Not und äußere Schwierigkeiten: Der böse Feind aber kam gar nicht!

4) *Erwarten und nehmen Sie niemals ein Ergebnis als unfehlbar:* Auch beim erfahrenen Könner muß das Zusammenspiel der feinen und feinsten Schwingungen, die den Pendelausschlag erst in ihrer Summe ermöglichen, nicht immer völlig ungestört sein. Vergessen Sie nach dem Erpendeln eines wichtigen Punktes anschließend oder später nicht die Kontrollfragen! Und denken Sie in wichtigen Zusammenhängen sofort an gewisse Kontroll- oder Ergänzungsmöglichkeiten, die uns das praktische Leben in vielen Fällen zur Verfügung stellt: Bevor wir eine Entscheidung treffen oder einem anderen Menschen einen für ihn wichtigen und von ihm erbetenen Rat geben, dürfen wir als denkende und kritische Menschen nichts von Bedeutung außer acht lassen und uns etwa nur auf *eine* Erkenntnisquelle wie den Pendel verlassen, wenn wir noch weitere ausschöpfen können.

5) *Das Pendeln verlangt den ungeteilten Menschen in seiner Ganzheit,* in durch nichts gestörter innerer Sammlung: Wer es »nur mal so versuchen« will, der kann es gleich unterlassen. Das ganz besonders, wenn er es von vornherein für Unsinn oder Schwindel hält oder es als »unwissenschaftlich« abtut. Halb-

herzigkeit kann nur zu Mißerfolg führen, der dann selbstverständlich zur Bestätigung des Vorurteils dient. Weil die ungeteilte Bemühung absolute Voraussetzung für das gute Gelingen ist, unterläßt auch und gerade der Erfahrene das Pendeln, wenn er sich nicht wohl fühlt, wenn irgendeine hintergründige Verstimmung in ihm arbeitet, mit anderen Worten: wenn er nicht ganz »bei sich ist«. Wer auf gute Ergebnisse Wert legt, wird sich immer daran halten.

Der Pendel als Werkzeug, seine Handhabung und Bewegungsaussagen

Zum Pendel als Werkzeug

Sie erinnern sich, daß nicht der Pendel, sondern der Mensch selbst das Instrument ist, das die feinen Schwingungen aufnimmt. Der Pendel ist sozusagen nur die Anzeigenadel, die sich auf der Skala des Instruments hin und her bewegt. Aus diesem Grund ist es nach meiner Ansicht und Erfahrung gleichgültig, welche Art von Pendel Sie benutzen, ob konische, birnenförmige oder als Kugel oder Spirale ausgebildete, ob aus Eisen, Messing, Kupfer, Silber oder Gold, ob aus Bernstein oder Bergkristall, ob an einem feinen Kettchen oder an einem kräftigen, zwirnartigen Seiden- und Leinenfaden befestigt. Ich selbst habe jahrelang mit einem Silberspiralpendel gearbeitet und bin dann wegen seiner mechanischen Empfindlichkeit zu einem selbstgebauten, ganz einfachen Eisenpendel übergegangen, der mir nun seit Jahren die gleichen guten Dienste leistet.

Probieren Sie anfangs selbst: Sie können mit allem pendeln, von einigen Gramm bis etwa 20 Gramm oder noch mehr Gewicht, zum Beispiel einem Ring, einem zugespitzten Stück Kork, einem alten Nagel oder einem dicken Drahtende, was immer es sei. Ich habe den Eindruck, daß sich viele Pendler unbewußt selbst etwas vormachen, wenn sie auf eine ganz besondere Ausführung schwören als angeblich »optimal geeignet für sensible Menschen«, »mit x-fach verstärktem Ausschlag«, »besonders für spirituelle Aufgaben geeignet«, »von höchstem Wert gerade für feinstoffliche Ansprechungen« usw. Von den Preisen und dem dahinterstehenden Geschäft nicht zu reden. Wer indessen des festen Glaubens ist, ein solcher Pendel würde ihm bessere Ergebnisse liefern, der möge sich getrost mit einem solchen an die Arbeit machen. Denn das Vertrauen zu seinem Arbeitsgerät ist wesentlich, um in sich selbst unnötige Barrieren zu vermeiden. Wichtig für Ihren Arbeitspendel ist, daß er am Ende zugespitzt ist, damit Sie über Tabellen sauber ablesen können.

Wenn Sie bastlerisch etwas geschickt sind, können Sie mit der Eisensäge einen 4 – 6 mm starken Zimmermannsnagel von seiner Spitze weg auf etwa 3 – 4 cm Länge abschneiden (Gewicht ungefähr 8 – 15 Gramm), die Sägekante mit der Feile glätten und dann mit Hilfe eines guten Leims (z. B. Uhu) zwei kräftige Zwirnsfäden durch straffes Umwickeln am dicken Ende sicher befestigen. Genau über der Mitte des Nagels werden die beiden Fäden verknotet. Machen Sie alle 2 – 3 cm ein weiteres Knötchen, und knoten Sie am oberen Ende ein etwa 8 mm langes Stückchen von einem Zündholz ein, wobei sie die Verknotung wiederum mit dem Leim sichern. Dann kann Ihnen der Pendel bei der notwendigen lockeren Haltung zwischen Daumen und Zeigefinger durch sein eigenes Gewicht nicht überraschend herunterfallen, was natürlich sehr störend ist. Mit einem solchen Pendel arbeite ich jetzt seit Jahren ohne jede Schwierigkeit und desgleichen viele von mir Unterrichtete.

Die Länge des Fadens (bzw. des Kettchens, wenn Sie ein solches bevorzugen) sollte im allgemeinen je nach ihrem Geschmack und ihrer persönlichen Einübung 12 – 16 cm betragen. Bei meinem Pendel ist sie 14 cm. Sie können auch eine kürzere oder längere Ausführung wählen. Bei schwereren Pendeln muß der Faden im allgemeinen länger sein, bis zu etwa 25 cm. Probieren Sie das in der Praxis aus, und wählen Sie, was Ihnen am besten erscheint! Probieren Sie dann mit Hilfe der kleinen Knötchen in der Länge des Doppelfadens auch, ob Sie bei bestimmten Aufgaben mit einem kürzeren oder längeren Griff bessere Ergebnisse bekommen, was manche erfahrene Pendler behaupten. Ich kann das von meiner Person aus nicht bestätigen.

Umgang mit dem Pendel: Er gibt Ihnen die Verbindung zu allerfeinsten Schwingungen, wenn Sie wollen: zu jenseitigen Kräften. Er ist etwas höchst Individuelles, und seine Schwingung sollte ganz auf Ihre und nur auf Ihre Person eingestimmt sein. Deshalb geben Sie ihn normalerweise nicht in fremde Hände, und behandeln Sie ihn achtsam. Denn auf seine Weise ist er etwas Kostbares. Der gute Pendler wirft ihn niemals achtlos herum – was ich leider gelegentlich bei einer auf ihr Pendeln zu Unrecht stolzen Person beobachten mußte –, sondern behandelt ihn sorgsam wie ein Stück von sich selbst. Wer die aus dem Herzen kommende Achtsamkeit, die immer mit echter innerer Sammlung verschwistert ist, in seinem Tun, in seiner Persönlichkeit noch nicht entwickelt hat, der möge sich zunächst darum bemühen, bevor er mit dem Pendeln beginnt. Seine ganze Persönlichkeit wird reichen Nutzen daraus ziehen.

Der praktische Gebrauch des Pendels

Die einfachste und gebräuchlichste Art, beim Pendeln vorzugehen, ist das lockere Festhalten des Pendelfadens an seinem oberen Ende zwischen Daumen und Zeigefinger so, daß das Querhölzchen auf der oberen Seite der beiden Finger ganz leicht eingeklemmt ist. Die Hand hängt dabei im Handgelenk mit nur wenig Spannung festgehalten nach unten durch. Der Ellbogen ruht fest auf dem Tisch bzw. auf einer festen Unterlage, etwa beim Pendeln im Stehen auf einem entsprechend hohen Möbel oder dergleichen. Rechtshänder mögen mit der rechten, Linkshänder mit der linken Hand arbeiten. Die unbeteiligten Finger der Pendelhand können Sie getrost ganz zwanglos und locker halten. Es empfiehlt sich, auch die andere Hand mit Ellbogen und Unterarm auf der Unterlage fest ruhen zu lassen, damit der Oberkörper insgesamt und mit ihm die Pendelhand so ruhig wie nur möglich ge-

halten werden können. Oberkörper und Rücken sind aufrecht gehalten, die Fußsohlen haben guten Kontakt zum Boden. Das ist wesentlich. Ich selbst habe mir angewöhnt, meine linke Hand in dieser Position ganz locker geöffnet mit der Handfläche in Richtung auf den 10 – 20 cm entfernten Pendel hin zu halten. Das ist aber nicht notwendig. Alsbald komme ich darauf zurück.
Wesentlich ist vor allem auch, daß im Körper keinerlei unnötige Spannung ist, denn jede Spannung, die über die goldene Mitte von Spannung und Lösung hinausgeht, bewirkt noch so feines Zittern im Körper und bedeutet Verspannung im Körper und Seele-Geist, wenn nicht eine gewisse Blockade der Energieströme[16]. Das ist die Ursache von vielen Fehlschlägen, über die sich gar mancher ansonsten auch erfahrene Pendler nicht klar ist. Bei der beschriebenen Haltung ist das Pendelobjekt bzw. eine Tabelle etwa 20 – 40 cm von Ihrem Oberkörper entfernt.

Wollen Sie gelegentlich *unmittelbar über dem Fußboden oder der Erde pendeln,* z. B. bei der Suche bzw. der Nachkontrolle geopathischer Störungen, dann legen Sie sich getrost flach auf den Boden, stützen beide Ellbogen auf den Boden auf, nehmen (beim Rechtshänder) den Pendel wie gewohnt in die rechte Hand und stützen diese gleichzeitig in Ihnen bequemer Weise mit der linken etwa von oben her, so daß sie auch in dieser Lage völlig ruhig gehalten werden kann. Oder etwas bequemer: Sie setzen sich mit entsprechend gespreizten Beinen auf den Boden, legen die Ellbogen dicht unterhalb der bequem herangezogenen Knie fest auf und halten den Pendel mit beiden Händen wie eben beschrieben.

Über das bisher Gesagte hinausgehende *Ratschläge über nebensächliche Details,* aus denen zuweilen subjektive Ansichten reichlich künstlich zu Problemen aufgebauscht werden, empfehle ich Ihnen zu vergessen. Das betrifft besondere Anweisungen etwa über eine bestimmte Haltung der unbeteiligten Finger, der Pendelhand oder der anderen Hand oder Beachtung von Fingerpolarität oder Entodung von Unterlagen, Objekt, Hände, Körper, Entfernung von metallischen Gegenständen vom Körper und aus der ganzen Umgebung, Himmelsrichtung, Aufenthalt in welchem

Zimmerteil, Stand des Mondes, bestimmte Tag- oder Nachtzeiten usw. Alles das ist normalerweise unnötige Belastung und allenfalls die Quelle von zuviel Bewußtheit und damit Verkrampfung. Sie werden im Laufe der Zeit in Anlehnung an die Hinweise dieses Buches sicherlich Ihre eigene Methode entwickeln, die aufgrund Ihrer Erfahrung die für Sie in der Tat beste ist. Ich habe kaum einen Zweifel, daß sie sich in jedem Fall im Rahmen der wesentlichen hier gegebenen Ratschläge halten wird.

Wenn Sie nach dem Stellen der Frage noch vor Beginn der eigentlichen Pendelbewegung ganz kurze, ungeordnete Bewegungen des herunterhängenden Pendels beobachten, so haben diese nichts zu bedeuten. Denn sie kommen von ganz feinen »Zuckungen« Ihrer Hand, wie sie bei sensiblen Menschen gern auftreten. Beim regelmäßig schwingenden Pendel gehen diese feinsten ruckartigen Bewegungen in den ungleich kräftigeren des Pendels völlig unter, sie werden gleichsam unbemerkt »aufgesaugt«.

Pendelbewegungen

Die Pendelbewegungen oder Pendelfiguren sind individuell verschieden. Es liegt in der Natur des Pendels, daß er nur wenige wirklich klare Bewegungen machen kann, nämlich von oben gesehen:

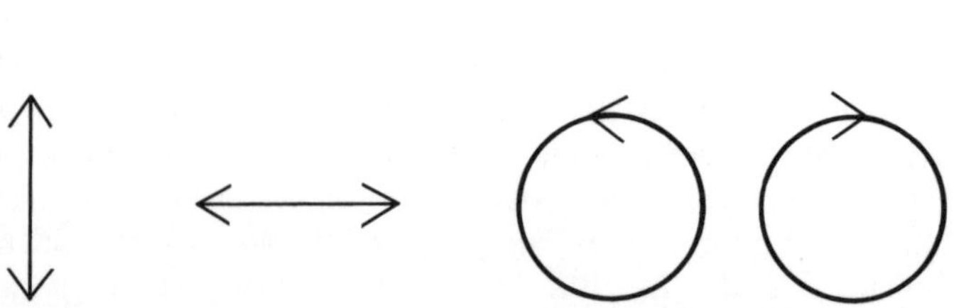

von und zum Körper oder senkrecht	*quer vor dem Körper oder waagerecht*	*Linksdrehung (entgegen Uhrzeigersinn)*	*Rechtsdrehung (im Uhrzeigersinn)*

Manche Pendler arbeiten mit Pendelfiguren in stehender und/ oder liegender Ellipsenform oder auch mit schräg nach links oder rechts vom Körper weg und wieder auf ihn zuführenden Strichbewegungen. Solche Figuren sind nicht immer ganz klar abzulesen, sie können gelegentlich mißdeutet werden. Außerdem: Je größer ihre Zahl, um so leichter stellt sich ein Irrtum ein. Daher sind die aufgezeichneten, ganz einfachen und klaren Pendelbewegungen günstiger.

Jeder Pendler muß als allererstes feststellen, *welche Bewegungen bei ihm was bedeuten*. Nehmen Sie also ihren Pendel wie beschrieben in die Hand, und fragen Sie ihn:

- »Wenn mir der Pendel auf eine Frage mit Ja antworten will, welche Bewegung macht er dann?«
- »Wenn mir der Pendel auf eine Frage mit Nein antworten will, welche Bewegung macht er dann?«
- »Wenn mir der Pendel sagen will: Kann ich nicht beantworten (weil die Fragestellung unklar ist oder dergleichen), welche Bewegung macht er dann?«

Sie können den Pendel auch bitten (»Ich bitte darum, daß . . .«), daß er Ihnen ein für allemal in einer bestimmten Weise, die Ihnen persönlich besonders liegt, antwortet, z. B. bei Ja mit senkrechten, bei Nein mit waagerechten Schwingungen, bei »Kann ich nicht beantworten« mit Linksdrehung und bei »Will ich nicht beantworten« (weil es die höhere Einsicht meiner Seele für besser hält, mich das nicht wissen zu lassen) mit Rechtsdrehung. Jetzt habe ich Ihnen meine persönlichen Antwortfiguren verraten. Bei Ihnen muß das durchaus nicht so sein. Bei vielen bedeutet Rechtsdrehung ja, Linksdrehung nein. Was andere Figuren aussagen, müssen Sie mit dem Pendel klären, bis Sie durch Fragen »Bedeutet diese Figur . . . das und das . . .?« die Bestätigung haben, die Sie durch spätere Kontrollfragen (siehe demnächst) dann noch erhärten.

Wenn Sie mit dem Pendel in der einen oder der anderen Weise die Bedeutung der Pendelfiguren abklären, dann treffen Sie gleichsam eine Abmachung mit Ihrer unbewußten Seele und dem, was dahinter steht. Erinnern Sie sich an die absolute Einheit von Seele-Geist und Körper und an dessen Steuerung durch die feinsten Schwingungen, die aus der unbewußten Seele kommen!

Im Lauf der Zeit werden Sie wahrscheinlich feststellen, daß *die Weite der Ausschläge, in die sich der Pendel hineinsteigert* (oder auch nicht) ihre Bedeutung hat: Je weiter und intensiver er schwingt, desto stärker und nachhaltiger ist die Antwort Ja oder Nein und umgekehrt. Ein schwaches Ja oder Nein schwingt nach jeder Seite nur wenige Millimeter. Aber achten Sie darauf, daß es ein echtes Schwingen ist und nicht vielleicht von Ihrer gerade unruhigen Hand verursacht wird! Ein starkes Schwingen kann (bei der Pendelfadenlänge von 14 cm) bis zu 5 cm und noch etwas mehr nach jeder Seite reichen. Dann bin ich immer erstaunt über die Kraft, die den Pendel so weit »treiben« kann.

Wenn das Einsetzen der Pendelbewegungen seine Zeit braucht, beunruhigen Sie sich bitte nicht. Darüber demnächst Genaueres. Ich habe einmal einen »Pendellehrer« beobachtet, der seinen Pendel auf der Stelle ohne auch nur 1 Sekunde Zwischenzeit zum kräftigen Ausschlagen brachte. Bei scharfem Zusehen war unverkennbar, daß er ihn durch kurze, kräftige und doch kaum bemerkbare Handbewegung selbst in Schwung brachte. Alle, die ihre Zeit brauchten, verurteilte er sofort als pendelunfähig. Als ob die geistigen Kräfte Automaten wären!

Eine andere Methode, die Intensität der Pendelaussage festzustellen, ist das sorgfältige Abzählen der Schwingungen bzw. Drehungen, bis der Pendel wieder zur Ruhe kommt. Verständlicherweise ist das sehr zeitraubend und mühsam, denn bei nur etwas nachlassender Konzentration kann man sich mit der Zeit doch leicht verzählen. Wenn die Intensität bei der Fragebeantwortung eine Rolle spielt, ist es viel einfacher, sie mittels der 100 %-Skala (die Sie bald kennenlernen) abzufragen nach dem Muster, daß man das denkbare Höchstmaß gleich hundert setzt und dann das tatsächlich gegebene Maß im Verhältnis dazu.

Die geistige Einstellung beim Pendeln

Sie ist von der allergrößten Bedeutung. Hier liegen die meisten Schwierigkeiten für den Anfänger allemal, aber auch noch für den Fortgeschrittenen und langjährig Erfahrenen. Denn die immer wieder neu geforderte ungestörte Erwartungshaltung fliegt auch ihm als lebendigem und von seinen Gefühlen geleitetem Wesen nicht ohne weiteres zu. Es geht dabei hauptsächlich um 3 Gesichtspunkte:

1) *Keinerlei Voreingenommenheit:* Keinerlei vorgefaßte Gedanken oder Meinungen, keinerlei Wunschvorstellung hinsichtlich der Reaktion oder Antwort des Pendels, also totale Neutralität, ja (die mir bestgeeignete Beschreibung dieses Zustands) völlige innere Leere. Als ob einen das Ergebnis absolut nicht berühre, so warte man wie ein uninteressierter Zuschauer eines sportlichen Ereignisses auf die Bewegung des Pendels. Körper und Geist sind dabei in völliger Ruhe. Das setzt in jedem Fall einen ausgeglichenen, harmonischen Gemütszustand voraus. Keinerlei Hast oder rasches »Nur-mal-so«! – Schleichen sich in das Gehirn noch so schwach ausgeprägte Wunschvorstellungen ein, so lösen diese sofort mikroelektrische Schwingungen mit gewissen Reflexen im Nervensystem aus, die das Instrument des Pendels sogleich in die erhoffte Bewegung zu bringen versuchen und es oft genug auch bewirken. Die Ergebnisse der Gehirnforschung lassen an dieser Feststellung keinen Zweifel.

2) *Keinerlei störende Nebengedanken:* Also totale innere Sammlung auf das, was kommt, und nichts anderes! Es liegt in der Natur unseres Gehirns und Denkens begründet, daß in der soeben beschriebenen Erwartungshaltung aus dem Unbewußten heraus immer wieder Gedanken irgendwelcher Art blitzartig aufleuchten, die uns nachhaltig stören oder geradezu belästigen. Diese ständig akute Störungsquelle auszuschalten, ist *die* Schwierigkeit schlechthin. Es sind »die tanzenden Affen der Gedanken« – wie man im Zen dazu sagt –, die loszuwerden

kaum jemals in vollem Umfang gelingen mag. Zen lehrt und stellt unter Beweis, daß diese totale innere Sammlung für die echte Persönlichkeitsschulung und -entwicklung das Wichtigste überhaupt ist. »Wer seinen Geist auf einen Punkt zu sammeln weiß, dem ist kein Ding unmöglich«, so sagt Buddha. Und wenn Jesus immer wieder vom Glauben spricht (»Nicht ich habe dich geheilt, dein Glaube hat dir geholfen«, »Der Glaube kann Berge versetzen«), so geht es genauso um nichts anderes als um diese totale Erfülltheit einer Menschenseele von nur einem einzigen Inhalt. Das zu erreichen, also diese ständig aufkommenden störenden Gedanken loszuwerden, ist auch beim Pendeln eine absolute Vorbedingung für den Erfolg.

Zu 1. und 2.: Keinerlei Voreingenommenheit und keinerlei störende Gedanken setzen beide *im Idealfall* das voraus, was ich vor kurzem als *völlige innere Leere* bezeichnete. Nochmals: Hier sind wir in der Tat bei dem, was im Mittelpunkt des Zen steht.[17] Aus diesem Grund ist Zazen (das Sitzen in der Zen-Meditation) nicht nur, wie soeben gesagt, als Schulung und Einübung der totalen inneren Sammlung und damit jeder tiefgehenden Persönlichkeitsschulung eine so hervorragende Hilfe, sondern zugleich eine ebenso wirksame Schulung für das Pendeln. Das natürlich nur dann, wenn man es in seiner ganzen Tiefe erkennen und verwerten möchte, was ich bei den Lesern voraussetzen darf. Nur aus diesem Grund mußte ich den ersten Buchteil so verhältnismäßig ausführlich gestalten. Dort wie hier geht es um innere Leere, um inneres Gleichgewicht, um ausgeglichenes Gefühlsleben, um beherrschte Gedankenführung und geistige Disziplin. Dort wie hier gibt es ohne das kaum einen Fortschritt.

Um diese innere Leere zu erreichen, brauchen wir im Zazen wie beim Pendeln eine geistige Krücke, die es uns leichter macht. Ist es dort z. B. das ständige Atemzählen bis zur Zahl 10 als sozusagen harmlose Beschäftigung unseres bewußten Denkens und zugleich als Schulung unserer inneren Sammlung (»Konzentration«), so möchte ich Ihnen für das Pendeln eine der beiden Hilfen empfeh-

len, die mir persönlich immer wieder viel helfen. Natürlich können Sie auch Ihre eigene, Ihnen vielleicht noch wertvollere geistige Krücke entwickeln. Die eine dieser beiden Hilfen: Wenn ich die Frage gestellt habe (darüber sofort anschließend) und mit den Augen auf der Pendelspitze ruhe, dann stelle ich mir sozusagen nebenbei ein einfaches Kreuz vor in der Form des »Roten Kreuzes« oder wie in der Schweizer Flagge enthalten, dessen Mittelpunkt unter der Pendelspitze liegt. Innerhalb dieses Kreuzes kann der Pendel jetzt jede seiner Antwortbewegungen ausführen, und ich vermeide dabei, an nur eine davon zu denken.

Die andere dieser Hilfen: Ich wies vorhin darauf hin, daß ich beim Pendeln meine linke Hand gerne locker geöffnet ungefähr 10 – 20 cm etwas links vor dem Pendel liegen habe. Hier ist der Grund: Ich stelle mir jetzt in diesen kritischen Momenten vor, wie aus meinen beiden Handflächen, aus den in ihrem reichen Nervengewebe enthaltenen Energiezentren (Nebenchakren) Schwingungen ausgehen, die helfen, den Pendel in die für die Antwort richtige Bewegung eintreten zu lassen. Bei jeder dieser Hilfen ist mein bewußtes Denken in völlig harmloser Weise voll beschäftigt und zwar so, daß weder eine vom Wunsch getragene Voreingenommenheit noch störende Nebengedanken aufkommen können. Dabei steht die in tiefer Sammlung ausgesprochene Frage mit der Bitte um Antwort sozusagen über allem. Kommt doch ein Störgedanke auf, wird er (wie im Zazen) sofort fallengelassen und auf der Stelle zu der beschriebenen geistigen Krücke zurückgekehrt.

Und noch der Hinweis: Wenn Sie die Pendelfrage nicht nur denken, sondern sie wohlformuliert langsam und leise vor sich hinsprechen oder flüstern, vielleicht auch nur in Gedanken, so trägt das nach aller meiner Erfahrung ganz wesentlich zur ungestörten inneren Sammlung bei.

Glauben Sie bitte nicht, ich hätte um diese beiden Punkte unnötig viel Worte gemacht. Es geht hier in der Tat um den Kernpunkt des Pendelerfolgs. Pendeln Sie, und Sie werden es erfahren!

3) *Abwarten können:* Sie halten den Pendel in aller Ruhe über den zentralen Punkt einer Pendeltabelle oder über die Mitte eines Objekts und haben Ihre Augen auf die Pendelspitze gerichtet. Die Frage haben Sie gestellt und warten jetzt auf die Antwort in Gestalt der Pendelbewegung. Da kann es zuweilen einige Zeit dauern, bis diese einsetzt. Die Zeit erscheint Ihnen gewiß länger, als sie tatsächlich ist. Besonders bei schwierigen Fragen, wo viele Aspekte eine Rolle spielen, ist das öfter der Fall. Werden Sie jetzt nicht ungeduldig! Die geistigen Kräfte und ihre Schwingungen brauchen auch ihre Zeit, bis sie sich auf alles eingespielt haben. Haben Sie Vertrauen: Das Ergebnis kommt schon! Angst, daß es nicht käme oder gar Mißtrauen lösen ebenso wie das erzwungene Denken »Jetzt *muß* ich ein Ergebnis haben« Ihre innere Sammlung und die geistige Verbindung mit den wirkenden Kräften auf und machen so ein Ergebnis unmöglich oder lassen es vielleicht total verfälschen.

   Noch eine *Warnung zu dieser Phase des Wartens* auf ein Ergebnis: Verstärken Sie nicht die allerersten Schwingungen durch eine noch so feine Handbewegung, was unbewußt leicht geschehen kann und bei manchem Pendler öfter geschieht. Gar nicht selten schwingt sich nämlich der Pendel aus dieser Phase der ersten Erregung und des Suchens (besonders bei einer umfangreichen Tabelle) erst nach kurzer Zeit anders und dann sich nicht mehr verändernd ein. Erst jetzt haben Sie die richtige Antwort vor sich.

Neben diesen drei ganz besonders wichtigen Punkten möchte ich Sie noch aufmerksam machen: *Pendeln Sie vor allem am Anfang immer allein,* also ohne jeden Zeugen und schon gar nicht vor mehreren Personen. Dadurch ist jede direkte oder indirekte Beeinflussung durch diese ausgeschlossen. Wenn viele Menschen beisammen sind, können sich vielfältige Schwingungen kreuz und quer überschneiden und zu schiefen oder falschen Ergebnissen führen. (Das ist fast typisch bei Pendelkursen für Pendelschüler mit ungenügenden Fortschritten, die sich dann zu Hause beim

Pendeln allein ohne Zeugen rasch einstellen!). Wenn Sie später nach hinreichender Erfahrung in besonderen Ausnahmefällen jemanden neben sich sitzen haben, für den Sie als Ratsuchendem etwas auspendeln, dann weisen Sie ihn darauf hin, daß er sich einzig und allein auf sein Problem, auf seine Frage einstellen und an nichts anderes denken möge, schon gar nicht an ein bestimmtes Ergebnis.
Und vergessen Sie nicht: Pendeln ist am Anfang und bei manchen Menschen für lange Zeit *recht anstrengend*. Später, mit steigender Übung wird das im allgemeinen bald besser. Ausnahmslos gültige Regel: Wenn Sie die Ermüdung spüren, hören Sie auf! Denn Sie können von da an kein treffendes Ergebnis mehr erwarten.

Richtiges Fragen und Arbeiten mit Pendeltafeln

Die Kunst des richtigen Fragens ist für die volle Ausschöpfung der praktisch kaum begrenzten Pendelmöglichkeiten von der allergrößten Bedeutung. Sie kann gar nicht genug geübt werden. Sie werden in diesem Buch viele Tabellen finden, die ich mir zum Teil durch Anregung von anderen Stellen in jahrelanger Arbeit zusammengestellt und immer weiter bis zum heutigen Stand verbessert habe. Nur wenn Sie mit der richtigen Fragetechnik vom Allgemeinen zum Besonderen in der sich anbietenden logischen Folge der Gedankenführung vorgehen, werden Sie die zur Verfügung stehenden reichen Erkenntnismöglichkeiten ausschöpfen können. Dann indessen oft und oft in einem zuvor gar nicht zu erwartenden Maß, das Sie und gegebenenfalls betroffene Menschen immer wieder zu höchstem Erstaunen veranlassen mag. Dann mag auch Sie wahrhaftig die Faszination des Pendelns ergreifen!

Entscheidend ist bei jeder Frage, die Sie stellen, die ganz *exakte und unmißverständliche Formulierung*. Es ist leicht einzusehen, daß eine nicht klar gestellte Frage keine klare Antwort zuläßt. Jede falsche oder schief gestellte Frage muß folgerichtig zu falscher oder schiefer Antwort führen. Pendeln darf kein Ratespiel sein. Da muß ganz präzise vorgegangen werden. Es wäre an dieser Stelle entschieden zu früh, schon auf Einzelheiten einzugehen, weil wir das sinnvoll nur anhand der jeweils abzufragenden Tabellen und Übersichten tun können. An den dafür geeigneten Stellen unserer weiteren Betrachtungen werde ich anhand von Beispielen das Schema des richtigen Vorgehens aufzeigen und daneben einige voll ausformulierte Beispiele des Voranschreitens auch in schwierigeren Fällen darlegen. Das wird das, worum es hier geht, eindeutig klarlegen. Jeder, der sich hinreichend bemüht, kann nach einiger Übung die Technik des richtigen Fragens sicher in den Griff bekommen.

Zum Arbeiten mit Pendeltafeln

Unter diesem Begriff können wir die verschiedenen Übersichten, Schemata, Tabellen oder Aufstellungen zusammenfassen. Sie finden in diesem Buch eine ganze Reihe davon. Wenn Sie genauer hinsehen, werden Sie immer feststellen, daß es sich dabei um komplexe, also vielschichtige, weitgreifende, viele Einzelheiten in sich tragende Zusammenhänge handelt. Solche kann man auch bei bestem Gedächtnis nicht in jedem Augenblick und in allen Details geistig beherrschen und gegenwärtig haben. Da geht es nicht ohne solche detaillierte Übersichten, die die Sicherheit geben, daß man nichts Wichtiges vergessen kann. In derartigen komplizierteren Bereichen sind sie unentbehrlich. Das werden Sie sicherlich selbst bald feststellen. Manche davon mag im Lauf der Zeit überflüssig werden, wenn Sie den betreffenden Zusammenhang durch dauerndes Arbeiten damit voll und ganz in den Griff bekommen. Das ändert aber grundsätzlich nichts an ihrer Notwendigkeit. Bei den vielen im Kern einfachen Alltagsfragen ist es jedoch weder notwendig noch wünschenswert, daß wir uns von vorgegebenen Übersichten abhängig machen. Denn der Pendler soll seine innere Freiheit nicht ohne Not aufgeben.

Gehen Sie bitte auch mit diesen Übersichten achtsam um! Sie dienen uns auf ihre Weise, sie werden gleichsam unser Freund, von dem wir in gewissem Sinn abhängig sind. Auch sie entwickeln eine Art geistiges Fluidum, wenn Sie wollen: eine gewisse Aura, die immer dichter wird, je mehr wir mit ihnen arbeiten. Unser Pendel, der von uns geleitet auf sie eingestellt ist, dankt uns diese Einstellung durch rasches und leichtes Reagieren.

Arbeiten mit Notizzetteln

Bei einfachen, unkomplizierten Zusammenhängen, die leicht überschaubar sind, brauchen wir natürlich keine umständlichen Tabellen. Sie würden bald an solchen ersticken. Da genügt ein ganz einfaches, rasch niedergeschriebenes Strichschema auf einem Notizzettel. Der Geübte braucht auch bald keine besonderen Striche mehr zu machen: Er hält den Pendel in die Mitte der sinnvoll verteilten Worte und rückt mit seiner ihn haltenden Hand ganz einfach nach, wenn der Pendel in bestimmter Weise in eine bestimmte Richtung schwingt, wo sich wieder mehrere Möglichkeiten öffnen. So gewinnen Sie erneut einen eindeutigen Ausgangspunkt für den nächsten Pendelschritt.
Ein anderes Verfahren: Wenn man aus 5 Möglichkeiten eine als die beste auszuwählen hat, kann man die 5 Möglichkeiten auch jeweils im Stichwort auf einen Zettel schreiben, den Pendel über jedes einzelne Stichwort halten und dabei nach der besten Lösung fragen. Bei ihr wird er mit Ja antworten. Genauso läßt sich die zweitbeste Lösung ermitteln. Im allgemeinen ist ein einfaches Strichschema jedoch weniger umständlich und zeitraubend.

Arbeiten ohne Unterlage nur mit Gedanken

Noch einfacher und ständig anzuwenden ist die Methode, nur im Denken, jedoch ganz gesammelt – siehe oben – eine klare, eindeutige Frage zu stellen und die Antwort des Pendels abzuwarten. Bei richtiger Fragetechnik kommt man auch damit nach einer Folge von Fragen, die nur folgerichtig vom Allgemeinen zum Besonderen hin aufgebaut sein müssen, zu einem klaren Ergebnis ohne jeden äußeren Aufwand. Beim Arbeiten mit einer Reihe von Übersichten, die hintereinanderweg befragt werden, ergeben sich oft Zwischenfragen klärender oder das seitherige Ergebnis bestätigender Art, die auf die gleiche Weise gestellt und beantwortet werden. – Genau so gehen Sie vor, wenn Sie Ihre Unterlagen nicht dabei haben und die Thematik hinreichend beherrschen.

Pendeln über Photos, Handschriften, Landkarten, Grundrissen und dergleichen: Darüber wird später an der jeweils zuständigen Stelle Genaueres ausgeführt.

Ständige Kontrollfragen sind für den gewissenhaft arbeitenden Pendler unumgänglich: »Ist das Ergebnis . . . richtig?« oder »Ist das in der Tat die beste Lösung für . . .?« oder »Gibt es ein anderes, noch besseres Verfahren, um . . . zu erreichen?« oder ähnliches. Bei vielen einzelnen Schritten muß nicht unbedingt jeder einzelne Schritt nochmals mit der Frage, ob das Ergebnis richtig ist, nachkontrolliert werden. Nach mehreren Schritten kann hier das seither erzielte Resultat stichwortartig zusammengefaßt und so auf seine gesamte Richtigkeit nochmals abgefragt werden. Sagt der Pendel auf diese Kontrollfrage hin nein, dann hat man einen Fehler gemacht (wie sie in der besonderen Übersicht ① aufgeführt sind, die sogleich besprochen werden wird). Dem gilt es dann selbstverständlich nachzuforschen und sich entsprechend zu verhalten. Klugerweise können Sie solche Kontrollfragen auch erst nach einigen Stunden oder am nächsten Tag stellen oder wiederholen, was bei wichtigen Dingen recht beruhigend ist.

Die Fehlerquellen ① und Grenzen des Pendelns

Sie ergeben sich zum großen Teil aus den obigen Ausführungen dieses Kapitels. Ihrer Wichtigkeit halber habe ich sie auf einer eigenen Übersicht so zusammengestellt[18], daß Sie sie im Bedarfsfall, nämlich bei einem fehler- oder zweifelhaften Ergebnis, dort sofort nachfragen können. Daher erübrigen sich weitere Worte an dieser Stelle. Übersehen Sie dabei nur eines nicht: In einem solchen Fall hat nicht der Pendel einen Fehler gemacht, sondern ich als der Pendelnde habe ihn gemacht!

Auch wenn es hart klingen mag, so führt doch kein Wege daran vorbei, daß *jeder Pendler innerhalb seiner Grenzen bleiben soll.* Solange der Anfänger und der weniger oder mehr Fortgeschrittene die Kräfte, mit denen er arbeitet, noch nicht in ihrem vollem Umfang erfaßt und sie zu meistern gelernt hat, so lange muß er auf der Hut sein, sich von jenseitigen Einflüssen niederer Art nicht mißbrauchen zu lassen. Und wer von uns könnte schon sagen, daß er diese Kräfte voll bemeistert? Jeder erfahrene Pendler weiß, wie sehr die Angst vor etwas und genauso die geheime Erwartung von etwas und erst recht der persönliche Glaube daran sich des Pendels gleichsam bemächtigt: Er reagiert dann im Sinn dieser Angst bzw. der Erwartung oder des Glaubens. Wem das passiert, der muß erkennen, daß er nicht leer genug war: die Fehler-Pendeltafel sagt es ihm.

Ganz eindringlich möchte ich noch – übrigens wie alle echt geistigen Pendler – vor dem warnen, was wir *das spiritistische Pendeln* nennen können. Es ist im einzelnen Fall schwer zu beurteilen, ob die Pendelbewegungen von unserer unbewußten Seele entscheidend beeinflußt werden oder von jenseitigen Kräften. Das sind – wie schon einmal betont – aus dieser unserer Welt abgeschiedene Seelen, also »verstorbene Menschen«, die sich in ihrem Materialismus, ihrer Herrschsucht oder aus ähnlichem egoistischen Motiv nicht von der Materie dieser Welt lösen und in die rein geistige Welt eingehen können[19]. Sie wissen von der Zukunft und von der wahren Welt der hochentwickelten Geister noch nichts. Sie haben noch einen viel weiteren Weg der inneren Entwicklung und Vervollkommnung vor sich wie gar mancher der diesseitigen Menschen, die an sich zu arbeiten gelernt haben. Sich auf solche niederen Geister einzulassen, bringt schwere Gefahren für das »Opfer«, weil sie es mit Sicherheit von der rechten Bahn abbringen. Spiritistische Sitzungen nehmen den Beteiligten starke Kräfte für am Ende niedere Zwecke. Wenn z. B. Mlaker wörtlich schreibt:

»Dem Verfasser ist nach langem Suchen kein einziger geistig hochstehender Spiritist bekanntgeworden«[20], so möchte ich das von meiner Seite aus Wort für Wort unterstreichen.

Schließlich noch der knappe und klare Hinweis: Zuweilen gibt es »Pendel-Experten«, die zu verkünden wissen, man könne als Könner den Pendel *alles* fragen, und man bekäme in *jedem* Fall die *unfehlbar* richtige Antwort. Wenn Sie den grundlegenden ersten Teil dieses Buches aufmerksam gelesen haben, werden Sie sich gewiß nicht wundern, wenn ich zu dieser Behauptung nur sage: Arme Menschen, die in ihrer Überheblichkeit nicht wissen, wovon sie sprechen und wie weit sie davon entfernt sind, alles zu wissen, was sie glauben oder vorgeben!

Zwei Experimente, zu denen ich Ihnen an dieser Stelle rate: Nehmen Sie einen x-beliebigen Kompaß – der kleinste Taschenkompaß genügt –, und halten Sie Ihren Pendel in äußerster Ruhestellung (mit aufgestützten Ellenbogen, die linke Hand stützt die den Pendel haltende rechte Hand zusätzlich ab) darüber, getrost bis zu einigen 10 cm hoch. Der Magnetismus des Kompaß wird bewirken, daß ihr Pendel nach kurzer Zeit beginnt, folgende Bewegungen zu machen: zuerst senkrechte Schwingungen, dann Linksdrehung, dann Rechtsdrehung und wieder senkrechte Schwingungen, Linksdrehung, Rechtsdrehung, senkrecht usw. Wenn Nord- und Südpol eines größeren Magneten ausreichend weit voneinander getrennt sind, halten Sie den Pendel über den Nordpol: Er wird in Linksdrehung übergehen, und über den Südpol: Er zeigt Rechtsdrehung. Später, wenn es um die Auffindung oder Bestätigung von geopathischen Störungen geht (z. B. zur Überprüfung von Rutenergebnissen), werde ich darauf zurückkommen.

Ein 2. Experiment, das Ihnen zu erleben gibt, wie leicht Sie durch Ihr Bewußtsein oder Ihre innere Sammlung darauf *Pendelausschläge selbst steuern können:* Bringen Sie Ihren Pendel in die normale Arbeitsstellung. Stellen Sie sicher, daß die normalen Arbeitsbedingungen äußerer und innerer Art tatsächlich gegeben sind. Jetzt stellen Sie sich ganz darauf ein und drücken durch leises Vor-sich-hin-Sprechen aus, daß der Pendel in rechtsdrehende Bewegung übergehen soll. (Notfalls helfen Sie nur insoweit etwas nach, als Sie den Pendel ganz leicht, nur wenige Millimeter, in senkrechte Schwingung versetzen.) Der Pendel muß das nach kurzer Zeit tatsächlich zu tun beginnen. Jetzt stellen Sie sich ganz darauf ein und flüstern es leise vor sich hin, daß er in die Linksdrehung überwechselt. Auch das wird er nach einigen Sekunden tun. Dann geben Sie die Weisung in der gleichen Art, daß er zum Stillstand kommt. Diese befolgt der Pendel ebenfalls sogleich.

Anschließend können Sie das Ganze noch einmal wiederholen, indem Sie in voller innerer Sammlung nur an die einzelnen Bewegungen denken. Sollte es das erste Mal nicht gleich gelingen, dann versuchen Sie es mehrmals. Der Pendel wird Ihre Weisungen bald genau befolgen. Jetzt wissen Sie: Erstens, daß Sie pendeln können, und zweitens, wie wichtig das ist, was ich weiter oben die »innere Leere« nannte, um zu verhindern, daß Sie sich nicht selbst an der Nase herumführen, indem Sie Ihren Pendel aus einer geheimen Wunschvorstellung heraus beeinflussen!

In diesem Teil des Buches geht es um die Grundlagen und Erfahrungen für das Pendeln allgemein, sozusagen um seine technische Seite. Es geht noch nicht um die ganz besonderen Gebiete, die in den folgenden Teilen behandelt werden sollen. Deshalb kann und muß ich schon an dieser Stelle auf einige dieser *Übersichten oder Tafeln* zu sprechen kommen, *die allgemeine Bedeutung haben*, die in allen sonst noch so verschiedenen Pendelgebieten gebraucht werden. Eine solche Tabelle haben Sie schon kennengelernt, nämlich die über die Fehlerquellen ①. Jetzt folgen noch zwei weitere von der größten praktischen Bedeutung.

Die 100 %-Skala ②

Diese Skala (die ich aus gutem Grund bis zu 200 % ergänzt habe) ist in der Tat für jeden Pendler unentbehrlich. Wie vielfältig sie einsetzbar und notwendig ist, werden Sie schon bald erleben, wenn wir dauernd mit ihr arbeiten müssen. Hier möchte ich nur die grundsätzliche Handhabung kurz erklären, alles weitere wird sich später von allein ergeben.

Wir gehen immer von 100 % als von der theoretisch höchstmöglichen Fähigkeit aus, von der – grundsätzlich gesehen – maximal möglichen Fähigkeit, vom menschlichen Optimum, wie immer Sie das ausdrücken wollen. Das bedeutet, daß diese maximale oder optimale Ausprägung in der Praxis des Lebens sicher nur ganz selten vorkommt. Sie ist zugleich das theoretische Endziel, das für die allermeisten Menschen leider unerreichbar bleibt, wie es auch bei nahezu allen Idealen der Fall ist. Dieses denkbare Höchstmaß gibt uns aber den festen Maßstab, den wir nun einmal für eine klare Festlegung brauchen. Am anderen Ende der Skala befindet sich selbstverständlich der absolute Nullpunkt, daß heißt der totale Mangel an dieser Fähigkeit oder Eigenschaft oder Gegebenheit. Auch er ist in der Praxis des Lebens recht selten. Denn ein noch so bescheidenes Mindestmaß ist nahezu immer da oder im Menschen mindestens grundgelegt. Der Bezug auf das totale Fehlen von 0 % und auf das mögliche Höchstmaß von 100 % erlaubt es nun dem Pendel und uns, das dazu in Beziehung gebrachte individuelle Maß, das wir erfragen, in eine meßbare und vergleichbare Größe von klarer Aussagekraft zu bringen.

Wir können auch einen beliebigen Zustand zu einem bestimmten Zeitpunkt gleich 100 setzen und dann nach der inzwischen eingetretenen Entwicklung fragen. Ein praktisches Beispiel: Sie fragen ganz konkret »Ich bitte um Auskunft: Wenn meine körperliche Störung beim ersten Auftreten vor einer Woche gleich 100 % war, wie groß ist diese körperliche Störung jetzt im Verhältnis zu den 100 % vor einer Woche?« Wenn der Pendel nun z. B. auf 60 oder auf 120 geht, dann wissen Sie, daß sich Ihr Zustand ganz erheblich gebessert, aber noch lange nicht bereinigt hat, bzw. daß er sich noch ein Stück verschlimmert hat. – Jetzt verstehen Sie auch, warum ich die Skala in vereinfachter Form noch bis 200 % erweitert habe.

Auch das Problem der persönlichen Pendelfähigkeit oder Pendelkraft können wir sofort als praktisches Beispiel aufgreifen. Es hat verständlicherweise für jeden Leser und für jeden Übenden eine geradezu zentrale Bedeutung. 100 %, also die höchste oder vollendete Pendelkraft, haben gewiß nur wenige Menschen, die wir getrost vom Geistigen her gesehen als nahezu vollendete Menschen bezeichnen dürfen. Ab 80 % ist das echt geistige Pendeln möglich, also die Fähigkeit, aus der niederen und höheren Geisteswelt (siehe Pendeltafel ⑤) treffende Antworten zu bekommen. In dieser Hinsicht gleichen sich die Erfahrungen und Ansichten nahezu aller diesbezüglich erfahrenen Pendler. Ebenso, daß sich ab annähernd 30 % schon Persönlichkeitsfehler und -schwierigkeiten sowie vielfach praktische Dinge ermitteln lassen, die einen schon komplizierteren Hintergrund haben, während 20 – 25 % schon ausreichen für persönliche Eigenschaften und 15 – 20 % für rein materielle Zusammenhänge auch körperlicher Art, also Krankheiten. Nehmen Sie das bitte nur als groben Anhalt. Diese Zahlen sind absolute Mindestwerte, die selbstverständlich die perfekte Beherrschung des betreffenden Gebiets nicht gewährleisten können.

Die Pendelfähigkeit läßt sich nach aller Erfahrung bei jedem Menschen, der sich ernsthaft bemüht, allein durch persönliche Übung und damit sich einstellende Erfahrung *beträchtlich steigern*, und zwar in den meisten Fällen um etwa 10 – 15 %, in nicht wenigen, im Seelisch-Geistigen unbewußt dafür schon aufbereiteten Fällen um vieles mehr. Im ersten Buchteil habe ich ausreichend dargelegt, daß die Pendelkraft eine unmittelbare Begleiterscheinung der seelisch-geistigen Entwicklungsstufe (über diese bald Genaueres!) ist, die der einzelne erreicht hat. Wer seine Pendelfähigkeit über das durch bloße Übung zu steigernde Maß hinaus verbessern will, kann das nur durch die richtige Arbeit an seiner Persönlichkeit im Sinn der dort dargelegten sechs wesentlichen Voraussetzungen erreichen. Entwickelt er sich ein Stück weiter vom ICH zum DU, vom Habenwollen zum Sein (das heißt zum Erkennen seiner Seinswurzeln), so wird sich sofort auch seine Pendelkraft entsprechend steigern.

Das Erfragen der derzeitigen Pendelfähigkeit ist einfach: Der Pendel wird über den Mittelpunkt der 100 %-Skala gehalten und in der erforderlichen Weise befragt: »(Ich bitte um Auskunft:) Wie hoch ist meine persönliche Pendelfähigkeit in dieser Zeit?« Es empfiehlt sich, diese Frage nach einiger Zeit zur Kontrolle noch einmal zu stellen, aber – selbstverständlich – immer bei Beachtung der erläuterten wesentlichen Gesichtspunkte. Vor allem dann, wenn Sie gerade »Lust« zum Pendeln verspüren, sollten Sie das auch tun. Denn diese »Lust dazu« zeigt an, daß Sie im Unbewußten dazu gut aufbereitet sind. Dieser innere Drang darf jedoch nicht aus Neugier genährt werden. Er muß sich aus dem Bedürfnis nach wahrheitsgemäßer Erkenntnis – hier über die eigene Persönlichkeit – von allein einstellen.

Das A-B-Schema ③

Dies ist eine weitere so vielfältig anwendbare Hilfe, daß ich es auch an dieser Stelle schon vorstellen muß. Es erspart dem Pendler viele Zwischenfragen, weil es in ganz einfacher Weise die Entweder-oder-Frage zuläßt, von der im allgemeinen gesagt wird, daß sie nicht pendelfähig sei. Mit seiner Hilfe kann sie sehr wohl gestellt werden nach dem Muster: »(Ich bitte um Auskunft:) Ist es in Anbetracht aller Umstände, die dabei von Bedeutung sind, besser für mich (bzw. jemand anders), mich für die Möglichkeit 1. . . zu entscheiden = A (ist gleich A) oder für die andere Möglichkeit 2. . . = B (ist gleich B)? Ich wiederhole: Was ist günstiger: Möglichkeit 1. . . = A oder Möglichkeit 2. . . = B? Das bitte ich entsprechend anzuzeigen.« Natürlich ist *dieser Wortlaut* vielfältig variierbar, er *muß nur das Wesentliche klar enthalten*:

- Die ganz klare und zweifelsfreie Formulierung der beiden Möglichkeiten. Sie können auch noch eine dritte einbauen und die Antwort auf die Mitte (Zahl 50, wo Sie das Wort »gemischt« finden) erbitten, das aber nur dann, wenn es keinerlei Zwischenlösung oder Kompromiß zwischen A und B geben kann.
- Möglichst, um keinen Zweifel zu lassen, anschließend nochmals die Wiederholung in knappster Form.

- Immer gut: Aussprechen der Bitte, die bei ganz wichtigen, vielleicht für das Leben irgendwie entscheidenden Fragen ganz aufrichtig auch formuliert werden kann: »Ich bitte demütig und inständig um Auskunft: . . .«
- Immer gut: Am Schluß nach erteilter Auskunft die Kontrollfrage stellen, wobei der Pendel je nachdem über A oder B gehalten wird, etwa mit dem Wortlaut: »Kontrollfrage: Ist A (oder B) in Anbetracht aller dabei wichtigen Umstände wirklich die beste Lösung?«, woraufhin der Pendel zumeist Ja sagt. Sagt er Nein, dann habe ich einen Fehler gemacht und muß mich, wie oben dargelegt, verhalten: ihn zu erforschen suchen (Tafel ①) und ein anderes Mal erneut pendeln.
- Immer gut: Bei unübersichtlichen Zusammenhängen in die Frage einbauen »in Anbetracht aller Umstände«, vielleicht noch dazu »auch solcher, die mir nicht bekannt sind«. Es ist erstaunlich, wie weise Pendelmitteilungen sind, was wir kurzsichtige Verstandesmenschen dann oft erst später ganz begreifen können.
- Ganz zum Schluß nicht vergessen, sich zu bedanken. Nur der Egoist ist undankbar. Unsere unbewußten bzw. die höheren Kräfte öffnen sich uns ganz gewiß um so lieber und leichter, wenn sie diese einzig richtige Einstellung von uns verspüren.
- Merken Sie sich bitte: Alle diese Punkte sind für das Pendeln ganz allgemein – nicht nur beim A-B-Schema – von großer Bedeutung und sollten den Pendlern ganz selbstverständlich werden und sein.

Wozu die in beiden Richtungen angegebenen Prozentsätze zwischen A und B? Durch das Wort »gemischt«, das sich in der Mitte über der Zahl 50 befindet, wird der Sinn deutlich. Wo unmittelbar nach dem *Verhältnis* von A zu B gefragt wird, z. B. bei einem bestimmten Menschen das Verhältnis von Idealismus (A) zu Egoismus (B), gibt der Pendel auf diese Weise die klare Antwort; z. B. in Richtung B auf 70/30 deutend: Der Betreffende ist zu 70 % durch Egoismus und zum Restbetrag von 30 % durch Idealismus gekennzeichnet. *Das Überwiegen ist immer in der Richtung, in die der Pendel zeigt.*

Anderes Beispiel: »Ist es in Anbetracht aller Umstände besser, meinen Urlaub in den Bergen = A oder am Meer = B zu verbringen?« Die Antwort liege bei 60/40 in Richtung B: rund 60 % der Gesichtspunkte sprechen für das Meer und nur 40 % für die Berge. Die nächste Frage könnte jetzt sein: Wo am Meer, hier oder dort? Direkt am Strand oder in gewisser Entfernung in schöner Landschaft? und dergleichen.

Die in diesem Schema zusätzlich aufgeführten Zahlen 0 bis 10 sind nur der Handlichkeit halber hier aufgenommen, weil in diesem Zahlenbereich oft abgefragt wird. Auch 0,5 läßt sich hier noch gut erkennen. Wenn es um Zehntel geht, z. B. um Zehntel Millimeter, braucht man nur zu sagen: »Die Zahlenreihe von 0 bis 10 bitte ich als Zehntel Millimeter zu nehmen . . .«, und die Antwort wird entsprechend ausfallen.

Auf der Basis der 3 bis jetzt erarbeiteten Pendeltafeln können wir uns von jetzt an getrost den besonderen Arbeitsgebieten zuwenden, wo uns der Pendel zur unersätzlichen Hilfe werden kann.

Psychologisches Pendeln

Erfassen der menschlichen Persönlichkeit

»Wir wollen das Geheimnis einer Persönlichkeit mit Achtung behandeln. Rennet doch nicht ehrfurchtslos in eines Menschen innerstes Heiligtum.«
Thomas Carlyle

Nachdem wir uns nun die 100 %-Skala und das damit verwandte A-B-Schema in seiner Handhabung klar gemacht haben, können wir uns jetzt ihren vielfältigen praktischen Anwendungen zuwenden. In diesem jetzt beginnenden Buchteil soll uns in erster Linie die psychologische Seite beschäftigen. Wir wollen also ganz konkret der Frage nachgehen, wie uns der Pendel helfen kann, uns selbst ebenso wie die anderen Menschen, mit denen wir zu tun haben, treffsicherer zu erkennen und sie demgemäß besser als bisher im Sinn der großen Ordnung anpacken und beeinflußen zu können. Also nicht, wie im einleitenden Teil schon dargelegt, um uns selbst mit ihrer Hilfe mehr Vorteile zu verschaffen, sondern zu dem Zweck, ihnen zu einer weiteren positiven Entwicklung zu verhelfen. Durch dieses »Dienen« an unserem Nächsten werden wir, ohne daß wir uns darum zu sorgen brauchen, auch all das *»verdienen«* können, was für uns selbst nötig und gut ist.

Nehmen Sie sich dabei immer das Wort von Thomas Carlyle, dieses tiefsinnigen Menschen, zu Herzen, das ich ganz bewußt diesen Ausführungen vorangestellt habe. Kaum etwas ist widerwärtiger (und spricht von recht geringer Lebenskultur), als einem Dritten gegenüber über Dinge zu sprechen, die in den höchstpersönlichen, *in den intimen Bereich eines anderen Menschen* gehören. Sein Inneres ist in der Tat so etwas ähnliches wie ein Heiligtum, das ganz und gar nur ihm selbst gehört. In ihm vollzieht sich seine Zwiesprache mit der allgewaltigen, der »göttlichen« Kraft, die über uns allen steht. Von der jeder von uns – wie weiter oben gesagt – doch nur der Tropfen aus dem unendlichen Ozean ist. Da ist nichts anderes am Platz als nur Achtung und Ehrfurcht. Und wenn uns zu unserer eigenen Weiterentwicklung und manchmal zu unserer eigenen Läuterung ein Einblick in dieses Innere eines anderen gewährt wird, dann sei das unser Geheimnis, das wir zu bewahren wissen. Gar abfällig über ihn zu reden oder auch nur zu denken, würde in der darin steckenden Überhebung und dem zugrundeliegenden Hochmut nur unsere eigene Unreife deutlich machen und uns den Weg zu weiterem Fortschritt versperren. Jeder hat das Recht, da zu sein, wo er sich befindet, auch das Recht auf seine eigenen Fehler und Unzulänglichkeiten. Bin ich selbst etwa fehlerlos? Seien wir also tief dankbar für jegliches Tieferschürfen in die Geheimnisse der menschlichen Natur, das uns geschenkt wird und – schweigen wir darüber im Bewußtsein unserer Verantwortung für die Mitmenschen, deren Inneres sich uns öffnet!

Lebenskraft (LK)

Beginnen wir unsere praktische Arbeit mit der Bemühung, genauer und ganz präzis ein Bild zu gewinnen über die fundamentale Kraft, aus der wir unser Leben beziehen, für die es viele Namen gibt. Bleiben wir beim schlichtesten Begriff von unmittelbarer Aussage: die Lebenskraft oder Lebensenergie. Sie ist in unserer Welt die am meisten mißverstandene Kraft, wird sie doch durchweg als ganz selbstverständlich betrachtet! Dabei hängen Wesensart und Schicksal des einzelnen in hohem Maß von ihrer Stärke oder Schwäche, also von dem Maß ab, in dem sie ihn belebt. An anderer Stelle habe ich ihre verschiedenen Erscheinungsformen, die alle für das tägliche Leben von größter Bedeutung sind, recht ausführlich dargelegt[21]. Ich kann sie hier verständlicherweise nicht wiederholen. Wir werden ihnen später, wenn auch dann nur in knapper Form, wieder begegnen.

Sie gewinnen sofort einen tiefen Einblick in die besondere Wesensart eines Menschen, wenn Sie unterscheiden:

a) *Das Maß seiner ursprünglichen, ihm in die Wiege hineingelegten Lebenskraft*, die ihm optimal zur Verfügung steht und nur zur Verfügung stehen kann, weil dieses Maß die oberste Grenze ihrer Verfügbarkeit anzeigt. Der eine hat viel, der andere weniger davon, und jeder ist dem schicksalhaft unterworfen, ob es ihm gefällt oder nicht, ob er es anders haben möchte oder nicht.

b) *Das Maß seiner ihm derzeit verfügbaren Lebenskraft*, das in Grenzen mehr oder weniger schwanken mag, das in aller Regel aber unter dem der ursprünglichen Lebensenergie liegt. Warum? Weil nur der innerlich ganz freie Mensch nicht unter Hemmungen oder inneren Nöten welcher Art auch immer leidet und daher von seiner ursprünglichen Lebenskraft auch restlosen Gebrauch machen kann[22]. Aber: Wer von uns ist schon innerlich völlig frei von ihn belastenden Hemmungen und Einschränkungen? – Je höher dieses Maß, um so größer die seelische Belastbarkeit und die Disposition zu körperlicher Gesundheit. Denn beide hängen im höchsten Grad von nichts anderem ab als eben von der verfügbaren Lebenskraft.

Zum Erpendeln der Lebenskraft: Nehmen Sie also das theoretisch absolute Höchstmaß an Lebenskraft gleich 100 Prozent, das nur ganz wenigen Menschen gegeben ist, und fragen Sie Ihren Pendel in der früher beschriebenen Weise über der 100 %-Skala zur Klärung von a) etwa: »(Ich bitte um Auskunft:) Wie hoch ist die ursprüngliche, durch nichts getrübte, Herrn oder Frau X in die Wiege gelegte Lebenskraft?« Dabei stellen Sie sich wie immer, wenn Sie über andere Menschen pendeln, den betreffenden Herrn oder Frau X ganz lebendig vor: Sie sehen ihn ganz klar vor Ihrem geistigen Auge. Sie werden die Antwort erhalten, die im allgemeinen zwischen 60 (schwach) und 95 % (ungewöhnlich stark) liegt. Die durchschnittliche Stärke können Sie bei etwa 65 % ansetzen. Dann fragen Sie in der gleichen Weise nach b), also seiner derzeit zur Verfügung stehenden Lebenskraft.

Je größer der Unterschied zwischen a und b ist, um so innerlich unfreier, gehemmter muß der betreffende Mensch sein, um so mehr leidet er an ihn belastender Not. In manchen Fällen mag das bis zu 20 oder noch mehr Punkten gehen. Und je geringer dieser Unterschied, um so unkomplizierter, um so freier und ungehemmter ist er. Aber auch hier werden 5 % nur selten unterschritten. Ein praktisches Beispiel: Wenn Sie über bekannte Politiker oder andere im Blickpunkt der Öffentlichkeit stehende Menschen diesbezüglich pendeln, werden sie immer hohe ursprüngliche Lebenskraft und nicht viel darunter liegende derzeit verfügbare feststellen können. Denn die individuelle Lebenskraft gibt zum einen zugleich das Maß an Belastbarkeit an, und zum andern verträgt sich mit der für den Politiker lebensnotwendigen Robustheit nur ein bescheidenes Maß an Hemmungen, an »Auf-sich-selbst-Zurückgeworfensein«.

Frage: Dürfen Sie über Politiker, historische Gestalten, Künstler und dergleichen überhaupt pendeln? Warum nicht, wenn Sie es nicht aus Neugier tun oder gar, um sich vor anderen damit interessant zu machen (die es doch zum großen Teil für Blödsinn halten würden!), sondern nur, um an echter innerer Erkenntnis zu gewinnen und sich dadurch selbst in irgendeiner Form weiterbilden zu wollen? Dann werden Sie über das Ergebnis schweigen: Ihre Erkenntnis für sich behalten und im Herzen dankbar ihr Verständnis für die Welt, ihre Menschen und ihr Geschick ein wenig vertieft haben. Kein Vorhaben kann legitimer, moralisch sauberer sein!

Möglichst einfache und klare Notizen über die erpendelten Ergebnisse sind immer zweckmäßig, wenn Sie über die Zeit hinweg an Einsichten gewinnen wollen und hinreichend selbstkritisch sind, nicht jedes Ergebnis als unbedingt perfekt zu betrachten. Das gilt besonders dann, wenn Sie über dieselbe Person eine Reihe von Fragen stellen (darüber noch später), oder wenn Sie den Fortgang ihrer Entwicklung über längere Zeit beobachten wollen, oder wenn Sie durch Vergleich mit anderen Menschen an Erkenntnis und Einsicht gewinnen wollen. Ich empfehle Ihnen ganz allgemein knappste und ganz eindeutige Notizen durch ganz einfache Kurzzeichen, in unserem Fall z. B.:

LK 90/75

LK steht selbstverständlich für Lebenskraft, die erste Zahl für die ursprüngliche und die zweite, durch Schrägstrich getrennte für die jetzt verfügbare. Dieses Verhältnis würde einen überdurchschnittlich vitalstarken Menschen zum Ausdruck bringen, der in seiner freien Entfaltung beträchtlich gehemmt ist, vermutlich durch widrige, ihn erheblich belastende Umstände irgendwelcher Art. Schon diese Erkenntnis kann der Schlüssel zum Verständnis seiner Persönlichkeit sein.

Zum Begriff der Sexualkraft noch ein Wort: Viele Menschen denken nur an sie, wenn sie von Vitalkraft (von Lebenskraft) sprechen oder hören. Dabei ist die Sexualkraft doch nur *eine* Erscheinungsform (von vielen anderen!) der allgemeinen Vitalkraft und bei weitem nicht gleichbedeutend mit ihr, so sehr ihre Stärke oder Schwäche in aller Regel mit ihr übereinstimmt, weil sie ja von ihr bestimmt wird. Eine andere Frage ist natürlich, wie weit der einzelne Mensch diese seine Sexualkraft vom übergeordneten Geist her beherrscht oder ihr versklavt ist! Auch das wird gern von denen übersehen, die sich nur am äußeren Bild und Betragen eines Menschen orientieren.

Gefühlstiefe (GT)

Eine 2. fundamentale Grundgegebenheit der menschlichen Natur ist ihre Gefühlstiefe, das heißt *die Flachheit oder Tiefe des Gefühlslebens*. Anders ausgedrückt: Es geht um die Verankerung der Gefühle[23] in den Tiefenschichten. Oberflächlich-flüchtigen Menschen fehlt es an dieser Tiefe, was natürlich zu weitreichenden Folgen führt, die die gesamte Persönlichkeit und ihr gesamtes Verhalten erfassen. Der scharfsinnige Denker und Menschenbeobachter Ludwig Klages hat schon als junger Mann den so wichtigen Gesichtspunkt herausgestellt, daß jedes Gefühl eine Antriebs- und eine Stimmungsseite hat[24]. Die Antriebsseite kennzeichnet die Stärke oder Intensität eines Gefühls (Quantität); sie herrscht beispielsweise bei Wut oder Zorn entschieden vor und schwemmt dann gleichsam jedes ruhige Denken nahezu gewaltsam weg. »Eingestimmt« ist der wütige, der zornige Mensch ganz auf den Angriff gegen den Verursacher seiner Gefühlswallung. Und die Stimmungsseite liegt in der besonderen Färbung, eben in der besonderen Stimmung eines Gefühls (Qualität); sie ist das Wesentliche beispielsweise beim Erleben eines ungewöhnlich packenden Sonnenuntergangs oder ganz einfach bei der Nähe eines geliebten Menschen, wenn beide Herzen im gleichen Rhythmus schwingen und nahezu eins sind. Der innere Antrieb ist jetzt auf ein Minimum gesunken oder nur in Gestalt einer Antriebs- oder Bewegungshemmung vorhanden.

Von dieser Betrachtung her werden Sie sofort erkennen, welche *in der Tat große Bedeutung seine Gefühlstiefe für einen Menschen hat*. Je tiefer ein Gefühl, um so nachhaltiger und zählebiger muß es sein: Um so schwerer ist es auszuräumen oder zu überwinden, was von seiner Seite aus einen bedeutenden, oft den entscheidenden Beitrag leistet für Beharrungsvermögen, Beständigkeit, Ausdauer, Gründlichkeit, Widerstandskraft, Treue usw., was auf der anderen Seite natürlich auch verbunden ist mit gewisser Schwerfälligkeit, Langsamkeit oder »Sturheit«. Der Gefühlsflache dagegen muß zum schnelleren Wechsel in seinem Gefühlserleben neigen: Ist er auf der einen Seite ungleich rascher im Aufnehmen und Reagieren auf Eindrücke, also lebhafter, fixer, gewandter, so auf der anderen oberflächlicher, fahriger, weniger gründlich, mehr auf wechselnde Eindrücke bedacht, und er kapituliert entschieden rascher vor ernsthaften Widerständen.

Um bei dem vor kurzem gebrachten *Beispiel des Politikers* zu bleiben: Weist dieser eine hohe Lebenskraft und zugleich echte Gefühlstiefe auf, so wissen Sie, daß er sich durch Gründlichkeit und Beständigkeit in seinem Denken und Tun auszeichnet, daß Sie sich auf ihn verlassen können. Hat er etwas als richtig erkannt, dann bringt ihn nicht so leicht etwas davon ab. Die bedeutenden Warner vor einer großen, von den meisten übersehenen Gefahr, die sich über Jahre hinweg nicht täuschen lassen (z. B. Churchill vor dem 2. Weltkrieg: Warnung vor Hitler, Bismarck 20 Jahre lang nach 1871: Warnung vor einem Zweifrontenkrieg), gehören durchweg in diese Gruppe (die häufig vergeblich ihre warnende Stimme wieder und wieder hören läßt). Es sind niemals diejenigen, die ihre Fahne nach dem Wind hängen, die ihre Ansichten von heute auf morgen wie ihr Hemd wechseln, die sich jeweils nach der augenblicklichen Tagessituation und dem lautstarken Geschrei starker Interessentengruppen richten. Das ist Sache der echt Gefühlsflachen, die im Grunde keine in der Tiefe ihrer Persönlichkeit verankerte Überzeugung haben.

Wie können Sie die Gefühlstiefe erpendeln?
Am einfachsten wiederum mit Hilfe der 100 %-Skala und im Prinzip genauso wie vor kurzem bei Ermittlung der Lebenskraft beschrieben. Nur daß Sie jetzt eben nach der Gefühlstiefe fragen. Die dort angeführten Werte zwischen 60 (schwach) und 95 (ungewöhnlich stark) können Sie als Arbeitsgrundlage auch hier übernehmen. Und das Ergebnis können Sie auch hier nach dem dort gegebenen und denkbar einfachen System festhalten, z. B.:

GT 75

GT steht für Gefühlstiefe und 75 zeigt an, daß diese schon ein gutes Stück über dem menschlichen Durchschnitt liegt, den Sie hier ebenfalls bei 65 ansetzen können. Bedenken Sie bitte, daß die Gefühlstiefe ebenso wie die Lebenskraft immer einen beachtlichen Grundwert aufweisen muß, wenn der Mensch überhaupt einigermaßen lebenstüchtig sein soll. Das liegt in der Natur seines seelisch-körperlichen Lebens begründet. Daher liegt der Anfangswert relativ hoch bei etwa 50, und das als das vielleicht äußerste Minimum!

Geistig-spirituelle Erkenntnis (GE)

Die Frage nach der geistig-spirituellen Erkenntnis zielt nicht auf die Erkenntnisfähigkeit des Verstandes, der sich um logisch-kritisch-objektives Vorgehen bemüht. Dieser ist in unserem Geist eine deutliche Ebene unterhalb der höheren Geistigkeit angesiedelt. Diese Frage zielt vielmehr auf *die Erkenntnisfähigkeit dieser höheren Geistigkeit*, die sich verbunden weiß mit der großen, gewaltigen Kraft des Geistes, die alles steuert, was geschaffen ist (und die sich in unserer materiellen Welt z. B. als Naturgesetze kundtut). Es ist der Unterschied oder Gegensatz zwischen ICH und SELBST – oder mit den alten Griechen gesprochen vom Logos im engeren Sinn, also vom menschlichen Verstand, zum Logos im weiten Sinn, dem über allem stehenden und alles bewegenden und steuernden Geist oder Urgeist. Um bei dem schon früher gebrauchten Vergleich zu bleiben: Wie weit hat der einzelne Mensch als kleines Tröpfchen Wasser aus dem unendlichen Ozean des Geistes Teil an dessen unerschütterlicher Gesetzlichkeit? Wie weit ist er also diesem großen Geist in seinen Erkenntnismöglichkeiten geöffnet?

Im einzelnen bedeutet das seine Einsicht, seine Fähigkeit oder Kraft des Urteils hinsichtlich der Werte der über uns allen stehenden echt geistigen oder »göttlichen« Ordnung im Gegensatz zur menschlichen Ordnung mit allen ihren Fehlern und Täuschungsmöglichkeiten. Dabei geht es um Wahrheit oder Schein, um wahres Recht oder Unrecht, um das sittlich Gute oder Wertwidrige, um das echt Geistige oder Nur-Materielle, um substantiellen Gehalt oder bloß äußere Erscheinung.

Diese Fragen können Sie stellen hauptsächlich bezüglich einer Persönlichkeit als Ganzem, in speziellen Fällen auch hinsichtlich einer besonderen Tat oder Leistung oder der Kundgabe eines in bedeutender Position stehenden Menschen und dergleichen. Sie lautet dann über der 100 %-Skala (0 % ist wie immer absolute Abwesenheit und 100 % das theoretisch mögliche Höchstmaß. Der Durchschnitt liegt dann durchweg bei 50 %.) z. B. etwa:

- »Wie hoch ist die geistig-spirituelle Erkenntnisfähigkeit von X?«
- »Wie weit ist die geistig-spirituelle Erkenntnis von X in dem Kunstwerk Y bzw. in seiner gestrigen Rede zum Problem Z enthalten?«

Sie können dasselbe auch mittels des A-B-Schemas erfragen, was Sie vielleicht als noch einfacher und klarer empfinden, weil hier die Entweder-Oder-Frage möglich ist, z. B.:

- »Wie weit hat in der gestrigen Rede von Herrn X in Berlin zum Problem Y geistig-spirituelle Erkenntnis mitgewirkt = A und wie weit egoistisch-materielle Interessen = B? Ich wiederhole: Echte spirituelle Erkenntnis bitte bei A, eigensüchtige Interessen bei B anzeigen bzw. das Verhältnis oder die Mischung aus diesen beiden gemäß der Prozentskala.«
- Geht der Pendel jetzt in Richtung A auf 60/40, dann waren die Ausführungen zu 60 % oder 3/5 von höherer geistiger Einsicht und zu 40 % oder 2/5 noch immer von im Grunde eigensüchtigen Hintergedanken getragen. Erinnern Sie sich bitte: Der größere Anteil ist immer auf der Seite, auf die der Pendel hinzielt (hier A) und der kleinere Anteil trifft dann auf die Gegenseite zu, obwohl sie weiter entfernt ist (hier B).

Haben Sie einmal einen Zweifel über die richtige Gewichtung, dann stellen Sie die Kontrollfrage mit dem Pendel über A gehalten: »Kontrollfrage: Ist es richtig, daß zu 60 % höhere geistige Einsicht im Spiel war?«, und Ihre Zweifel werden sich sofort beheben. Die Notiz lautet in diesem Fall ganz einfach:

GE 60

Alle hier aufgeführten Fragen stehen in enger Nachbarschaft zur seelisch-geistigen Entwicklungsstufe, mit der wir uns demnächst noch genauer beschäftigen werden. Sie sind zugleich eine Kontrollmöglichkeit für das dort erpendelte Ergebnis oder umgekehrt. Der erfahrene Pendler weiß von der Notwendigkeit von Kontrollfragen und nimmt sie stets gerne wahr.

Geistiger Wert (GW)

Verwandt mit der soeben behandelten Frage nach der geistig-spirituellen Erkenntnis(fähigkeit) ist die Frage nach dem geistigen Wert. Der in der Praxis wohl wichtigste Unterschied zwischen beiden: Bei der erstgenannten Frage steht die Erkenntnisfähigkeit an sich bei einem bestimmten Menschen zur Diskussion, während es bei der zweiten um den geistigen Wert eines bestimmten Zusammenhangs, eines bestimmten Vorhabens, eines bestimmten Buches, eines Erlebnisses usw. für mich oder für eine andere von mir zu nennende Person geht. Die 1. Frage zielt mehr auf die objektive Gegebenheit, die 2. auf den subjektiven, mehr oder minder persönlichen Wert oder Nutzen für jemand, zumeist wohl für mich selbst. Wir könnten übrigens statt »geistiger« auch »seelischer Wert« dazu sagen.

Wenn Sie – was Ihnen wahrscheinlich bald zur Gewohnheit werden wird – etwa den *geistigen Wert eines Buches, einer Darbietung oder einer anderen Bildungsmöglichkeit* erpendeln, so wissen Sie von vorneherein, was Sie davon zu erwarten haben. Sie fragen dann nach dem Wert des Buches oder sonstigen Werkes und nicht nach dem des Verfassers oder Herstellers. Das ist ein wichtiger Unterschied. Denn auch ein ansonsten fehlerhafter Mensch kann etwas Ausgezeichnetes schaffen, oder auch der beste Mensch kann Minderwertiges zuwegebringen. Das sollte man klar auseinanderhalten. Nach meiner Erfahrung aus Jahren lohnt sich für einen kritischen und an sich arbeitenden Menschen nur dann die gründliche Lektüre und Auswertung eines Buches und dergleichen, wenn ihm dieses einen geistigen Wert von wenigstens 85 % bietet.

Die Frage danach mit dem Pendel über der 100 %-Skala ist wiederum sehr einfach, nachdem Sie ihn bei aller innerer Sammlung darauf eine kurze Zeit z. B. über das fragliche Buch gehalten haben: »Wie hoch ist der geistige Wert dieses Buches?« Manche erfahrene Pendler halten dabei ihre linke Hand ganz dicht über das Buch oder legen sie darauf, bzw. sie halten das nervenreiche Gewebe der Fingerbeere des linken Mittelfingers über eine ganz bestimmte Stelle, ebenso einer Anzeige, einer Handschrift, einer Photographie oder legen die Fingerspitze darauf. So stellen sie nach ihrer Überzeugung eine noch engere Verbindung zu dem befragten Gegenstand her und sind sich dann des Ergebnisses um so sicherer. Genauso können Sie natürlich den geistigen Wert eines Vortrages, einer Veranstaltung und dergleichen erfragen. Es ist ratsam, das Ergebnis z. B. bei einem Buch ganz vorne auf der blinden Seite (noch vor dem Titel) mit der kurzen Notiz festzuhalten:

GW 85.

Später kann das oft wertvolle Aufschlüsse geben, z. B. wenn sich der Wert für einen selbst dann verändert.

Männlichkeit und Weiblichkeit (M, W)

Wohl jeder kennt im Leben irgendwo einen »weibischen Mann« oder das Gegenstück »ein Mannweib«. Bei solchen Menschen sind *die geschlechtstypischen Wesensmerkmale* nicht im normalempfundenen Verhältnis ausgeprägt, sondern die typisch gegengeschlechtlichen relativ stark vorhanden. Leider halten manche Mann und Frau in ihrer Wesensart für insgesamt verschieden, so wie andere jede typische Verschiedenheit der beiden abstreiten. Das eine ist so unrichtig wie das andere. An dieser Stelle ist nicht der Ort, auf diese Streitfrage genauer einzugehen. Hier nur so viel: Nach meiner tiefen und wohlbegründeten Überzeugung können wir in Wahrheit davon ausgehen, daß normalerweise jedes Geschlecht etwa 25 % sogenannte typische Eigenschaften auch des anderen Geschlechts in sich hat, wenn auch nicht so stark ausgeprägt wie in diesem. So überschneiden sich die Wesensarten beider, wie das das folgende Schema ebenso einfach wie klar aufzeigt:

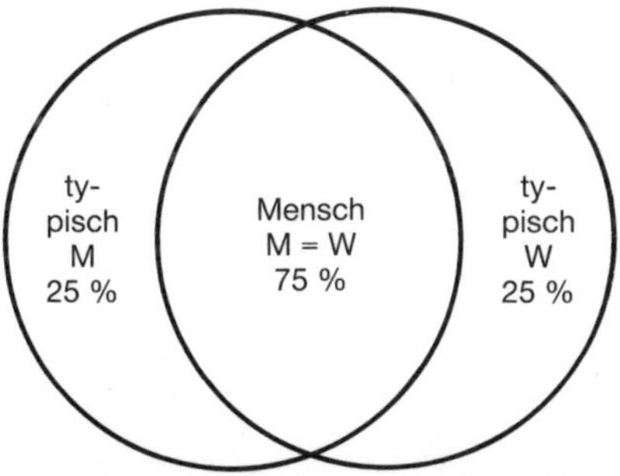

Von der Bedeutung der geschlechtstypischen seelischen Polarisation weiß jeder, der viel mit Menschen zu tun hat. Wenn ein körperlicher Mann mit einer zwar körperlich weiblichen, wesensmäßig aber männlichen Frau verheiratet ist, so kann das auf Dauer ebensowenig gut gehen wie der umgekehrte Fall. Es sei denn, der Mann habe einen ungewöhnlichen Anteil typisch weiblicher Wesensart und entsprechend im umgekehrten Fall. Denn der täglichen Reibungspunkte sind zu viele, und es fehlt die wechselseitige Ergänzung. Auch gar manches eigenartige und sonst kaum erklärbare Verhalten von Mann oder Frau ebenso wie gar manche Erscheinung von Sympathie oder Antipathie werden von einer gestörten geschlechtstypischen Polarisierung her verständlich. Daher lohnt es sich in nicht wenigen Fällen der Frage nachzugehen, in welchem Maß typische Männlichkeit oder Weiblichkeit in einem bestimmten Fall vorherrscht.

Das Erfragen mit dem Pendel ist mit Hilfe der 100 %-Skala wiederum ganz einfach. »Wieviel Prozent von typisch männlicher bzw. weiblicher Wesensart liegt bei X vor?« Die Kontrollfrage nach der gegengeschlechtlichen Seite ergibt dann genau die Differenz zu 100. Natürlich können Sie auch – noch einfacher – hier mit dem A-B-Schema arbeiten, z. B.: »Wie verteilen sich bei Frau X die typisch männlichen und die typisch weiblichen Wesenszüge, wenn A die typisch männlichen und B die typisch weiblichen Eigenschaften darstellen?« Zeigt der Pendel jetzt etwa auf die Mitte zwischen 60/40 und 50 in der Richtung zu A, so bedeutet das, daß Frau X seelisch-geistig zu 55 % typisch männliche Züge und nur 45 % typisch weibliche Züge aufweist. – Die einfache Notiz im Rahmen etwa einer größeren Untersuchung:

M 55.

So ist im Grunde das Wesentliche festgehalten: Frau X ist innerlich mehr Mann als Frau mit allen Folgerungen, die sich daraus ergeben.

Eheliche bzw. partnerschaftliche Übereinstimmung (EÜ, PÜ)

Mit dieser Feststellung sind wir schon beim Problem der ehelichen Übereinstimmung, die sinngemäß bei jeder engeren Partnerschaft die gleiche Bedeutung hat. Das nicht nur zwischen Mann und Frau, sondern auch zwischen gleichgeschlechtlichen Menschen, die etwa beruflich auf enge Zusammenarbeit angewiesen sind. In hohen Führungsebenen ist das bekanntlich gar nicht selten ein echtes Problem ebenso wie in vielen Büros von Angestellten und Beamten aller Art.

Die Voraussetzungen für das gedeihliche Zusammenleben von zwei Menschen in der Ehe liegen darin begründet, daß auf gewissen Gebieten Gleichartigkeit und auf anderen wechselseitige Ergänzung notwendig ist. Sie lassen sich in jahrzehntelang bewährter Weise folgendermaßen knapp zusammenfassen:

1) *Das allgemeine »Kultur- und Geistesniveau«* der beiden muß sich einigermaßen entsprechen oder darf mindestens nicht zu weit auseinanderliegen. Beide müssen sozusagen »in den gleichen Welten leben«. Das gilt besonders auch für die charakterliche Seite.
2) *Die Intelligenz* (Verstand im engeren Sinn) soll bei beiden ungefähr gleich gut ausgebildet sein. Wenn einer der beiden immer der Gescheite und der andere immer der Dumme ist, kann das auf die Dauer schwerlich gut gehen.
3) *Die Temperamentsartung* soll sich ergänzen: Dem ausgesprochen lebhaften Temperament soll sich eher ein ruhiges zugesellen, sonst haben wir die fast ideale Basis für ständige Auseinandersetzungen.
4) Ganz ähnlich bei der damit verwandten *Artung des Willens* (der jedoch nicht identisch ist mit dem Temperament, das heißt dem Grad der inneren Erregbarkeit!), wo sich ein mehr aktiver Wille verbinden soll mit einem mehr ruhig-beständigen.[25]
5) Ein Mindestmaß an *seelischer Hingabefähigkeit* ist bei beiden unerläßlich. Denn der über Gebühr in der ständigen Behaup-

tung seines ICH Befangene macht das Leben für seinen Partner unerträglich.

6) Speziell im *sexuell-intimen Bereich* sollen beide in ihren Triebkräften etwa ausgeglichen sein. Besteht die Gefahr, daß ausgeprägte Sexualkraft (besondere Vitalstärke) der einen Seite mit ausgeprägter Empfindsamkeit/Empfindlichkeit der anderen Seite in einen vielleicht gefährlichen Konflikt geraten kann?
7) Auf keinen Fall sei *die unberechenbare Liebe* vergessen: Sie kann sehr viel Spannungen ausgleichen, aber auch sie kann natürlich dabei überfordert werden!

Diese Voraussetzungen gelten wie gesagt nicht nur in der Ehe, sondern sinngemäß für jede engere Partnerschaft, die man freiwillig (vielleicht im Sport) oder zwangsläufig (z. B. im Beruf) auf sich nimmt. Wie man die soeben aufgeführten Punkte im einzelnen ermitteln kann, werden wir noch im weiteren betrachten.

Auch hier ist *das Erfragen der ehelichen bzw. partnerschaftlichen Übereinstimmung* mit der 100 %-Skala einfach: »Wie hoch ist sie bei den beiden Partnern X und Y?« 100 % wäre ein Optimum, das sicher nur in ganz seltenen Fällen vorliegen kann. Und 50 % ist das absolute Minimum, bei dem man immerhin schon aufeinander zuzugehen beginnt. Denn die beiden verschiedenen Menschen sollen ja über ihre normale Zweiheit und Verschiedenheit hinaus gedeihlich zusammenleben. Bei einem Ergebnis unter 50 % kann demnach von wesentlicher Übereinstimmung, selbst in ausreichenden Teilbereichen, kaum die Rede sein. Bei 75 % können wir schon von einer durchschnittlich guten Ehe sprechen, in der es ja immer wieder einmal mehr oder minder starke Spannungen gibt, die aber von beiden Teilen so verkraftet werden, daß sie sich dann doch wieder erträglich zusammenfinden. Nicht umsonst hat der Volksmund das treffliche Wort »zusammenraufen« entstehen lassen. Erst ab 76 % (ganz schematisch gesehen) ehelicher Übereinstimmung beginnen dann die wirklich überdurchschnittlich guten Ehen. – Eine zuständige Notiz z. B.:

EÜ 85 oder PÜ 55

besagt also eine überdurchschnittlich gute Ehe bzw. ein gerade noch erträgliches Zusammenarbeiten, das jedoch immer wieder durch allerlei Spannungen stark getrübt wird.

Weitere Anwendungen der 100 %-Skala

Die bis jetzt genauer aufgeführten Beispiele dürften vollauf genügen, um die unbegrenzten Anwendungsmöglichkeiten der 100 %-Skala und ihre praktische Auswertung deutlich zu machen. Auch später werden wir in anderem Zusammenhang noch wiederholt auf sie zurückkommen. Nur als Anregung möchte ich noch gewisse Hinweise geben, die Sie je nach Ihren besonderen Interessen und Bedürfnissen aufgreifen können. Wenn Ihnen die präzise Auswertung noch unklar sein sollte, dann fragen Sie den Pendel: Sie werden sogleich die erforderliche Klarheit bekommen.

- Sie können *den Intelligenz-Index (II)* eines Menschen erpendeln: seine Fähigkeit des logischen, kritischen und objektiven Denkens, also der Folgerichtigkeit, Unterscheidungsschärfe und unverfälschten Wirklichkeitsnähe seines Denkens, das sich auf die lebenspraktische Seite bezieht. Dabei dürfen Sie nur nicht übersehen, daß es verschiedenartige Denkrichtungen oder »Denkgeleise« gibt, wie mehr abstrakt oder konkret, mehr theoretisch oder praktisch, mehr anschauungsfern oder anschaulich-plastisch-bildhaftes Denken, von denen jedes seinen besonderen Wert für das Leben hat. Ganz allgemein gesehen liegt der durchschnittliche Intelligenz-Index (II) etwa bei 65 %.
- Wer wie der Verfasser von Karma und Wiedergeburt überzeugt ist, kann mit großem Gewinn nach *der karmischen Belastung (KB) oder Schuld* fragen. Ihre Erkenntnis kann viel Leid und Not verstehen lassen, die sonst unerklärlich sind. Nach dem eisernen Gesetz von Ursache und Wirkung kommt nichts von ungefähr, nicht für den einzelnen, nicht für eine Familie, ein Dorf, ein Volk oder einen Staat. Denn immer sind es die Menschen, die im Rahmen ihrer Willensfreiheit ihr Leben gestalten und so durch ihr Tun Karma schaffen.

- Sie können nach teilweise verborgenen, *im stillen schlummernden Eigenschaften fragen, wie weit sie entwicklungsfähig sind*, um sie dann wecken bzw. weiterentwickeln zu können, z. B. auch nach der Fähigkeit zu geistigem oder energetischem Heilen.
- Ebenso nach der *Ausprägung besonderer Kräfte*, die Ihnen begegnen, die gern als »magisch« bezeichnet werden, z. B. schwarze Magie, die durch besondere Sammlung der Energie negative, schädliche oder bösartige Kräfte in Bewegung setzt.
- Sie können dem *Ablauf gewisser Ereignisse, z. B. von Krankheiten* (darüber später mehr), von Zusammenarbeit, von Freundschaften oder Ehen usw. verfolgen, indem sie durch Gleichsetzen einer bestimmten Situation oder Gegebenheit oder eines bestimmten Zeitpunktes mit der Bezugsgröße 100 den weiteren Verlauf in bezug darauf angezeigt bekommen.
- Zuweilen ist es wertvoll, nach der *Ausstrahlungskraft einer Persönlichkeit* (*PA* = Persönlichkeitsausstrahlung) zu forschen, sowohl in positiver wie in negativer Richtung, was oft wertvolle Schlüsse zuläßt. Sie läßt sich beim menschlichen Durchschnitt bei etwa 50 % ansetzen.
- Bei irgendwelchen Arbeiten oder Bemühungen läßt sich *die Intensität* erfragen, mit der der Betreffende am Werk ist usw.

Das sind alles nur Beispiele, die sich der unendlichen Vielfältigkeit des Lebens entsprechend beliebig vermehren ließen. An dieser Stelle – es kann nicht oft genug gesagt werden – nochmals der ungeschminkte Hinweis: Das Motiv für Pendeln dieser Art muß absolut sauber und frei von eigensüchtigen Zwecken sein. Das Ergebnis bewahren wir im Herzen und schweigen. So werden uns »geheime Dinge kund« (Hermann Löns) sehr zum inneren Gewinn und zu unserer weiteren Entwicklung und Reifung.

Vier prinzipielle Menschentypen (I – IV) ④

Jetzt wollen wir uns dem so wichtigen Problem zuwenden, wie wir die im ersten Buchteil deutlich gewordene *innere Entwicklung eines Menschen erfassen* können; wie wir also erkennen, wo er in der weiten Skala vom geistig Primitiven bis zum geistig Höchstfortgeschrittenen steht. Eine ganz einfache Aufstellung kann uns dazu verhelfen, das zunächst grob und dabei das Wesentliche doch recht klar zu erfassen[26]. Von jetzt an werden wir für ganz besondere Zwecke vorwiegend mit speziellen Tabellen oder Schemata arbeiten. Dic 100 %-Skala kann uns dann zur Kontrolle noch immer hilfreich sein.

Die Übersicht ④ zeigt das Wesentliche auf und bedarf hier keiner weiteren Erläuterung. Natürlich sind wie in allen Typologien auch bei dieser Betrachtung *die 4 reinen Typen im konkreten Leben relativ selten*. Denn sie sind ja nichts anderes als das Ergebnis von Betrachtungen, die unter einem bestimmten abstrakten Vorzeichen stehen, während die Menschen des konkreten Lebens in ihrer unendlichen Vielfältigkeit tausendfach verschiedene Übergänge und Überschneidungen dieser prinzipiellen Einteilungen aufweisen. Das ändert aber nichts am Wert einer solchen Betrachtung, der gerade in der treffenden Vereinfachung liegt. Die punktierten Linien machen es im Schema ④ leichter, genauer zu erfassen, wo der befragte Mensch zwischen zwei verschiedenen dieser 4 Grundtypen angesiedelt ist.

Wenn Sie geübter sind, brauchen Sie den Pendel auch nur zu fragen, *von welchem bis zu welchem Bereich des Schemas* sich seine Wesensart erstreckt. Bitten Sie ihn darum. Dann kann es sein, daß er etwa von der gepunkteten Linie zwischen I und II bis über die gepunktete Linie zwischen II und III hinaus langsam ständig hin und her pendelt und sich dabei schon dem durchgezogenen Strich III nähert. Dann haben Sie die besondere Mischung dieses Befragten noch klarer vor sich. Grundsätzlich gilt dieses besondere Fragen für die Auswertung aller derartigen Tabellen und hat nicht nur hier seinen Wert.

Hinweis: Die 100 %-Skala ② oder noch besser das A-B-Schema ③ kann Ihnen jetzt noch *zur Kontrolle und für gewisse Präzisierung* dienen. Sie brauchen etwa nur auf die Position von X zwischen grobem Materialismus (A) und vollendeter Geistigkeit (B) zu fragen. Die Antwort wird immer zwischen den Extremen 95:5 oder umgekehrt liegen.

Zum Schluß die Frage des einfachsten Festhaltens des Ergebnisses bei systematischen Untersuchungen. Sie haben z. B. nur zu notieren:

II/III oder I/II – A III (= Anfang III),

dann haben Sie die im vorletzten Absatz beschriebene Überschneidung schon ein für allemal klar vor sich.

Seelisch-geistige Entwicklungsstufen (ES) ⑤

Von noch größerer Bedeutung in dieser Aufzählung der Pendelhilfen für das Erfassen der menschlichen Persönlichkeit, das ganz in ihre Tiefe hineinreicht und deshalb von vielen Menschen gar nicht gesehen wird, ist das Erkennen ihrer seelisch-geistigen Entwicklungsstufe. Auch hierzu brauchen wir zweckmäßigerweise *ein eigenes Schema* ⑤, das uns die möglichen Stufen und Fortschritte klarer aufzeigt, als es die soeben behandelte Tabelle ④, die 100 %-Skala oder das A-B-Schema tun würden.[26]

Dieses Schema hält sich an eine altbewährte Methode, die sich auf der Zahl Sieben aufbaut, die in weiten Kulturbereichen unserer Erde als so etwas ähnliches wie eine heilige Zahl gilt. In 5 x 7 Entwicklungsstufen läßt sich der Grund des Fortschreitens in unserer inneren Entwicklung oder Reifung oder Vervollkommnung relativ klar erkenntlich machen, wobei für uns in dieser materiellen Welt, in der wir nun einmal leben, von ganz seltenen Ausnahmen abgesehen, nur die ersten 3 x 7 Stufen von praktischer Bedeutung sind. Die letzten 2 Gruppen von je 7 Stufen habe ich in dieses Schema trotzdem aufgenommen, obgleich sie sich nahezu ausschließlich nur in der reinen Geisteswelt vollziehen können:

Zum ersten, weil sie uns ständig mahnen, an unsere eigene Unvollkommenheit zu denken und es uns auf diese Weise leichter machen, uns vor Hochmut zu hüten und in Demut vor der unendlichen, über allem stehenden Kraft zu verharren. Und zum andern aus dem ganz praktischen Grund, der besonders für den noch weniger Geübten seine Bedeutung hat, daß das richtige Ablesen der Hin- und Herbewegungen des Pendels hier wegen der fast voll erhaltenen Halbkreisform leichter und sicherer ist. Zudem gewinnen wir so eine klar und leicht abzulesende Zahlenskala in dem oft gebrauchten Bereich von 1–35.

Wenn Sie den ersten Teil dieses Buches aufmerksam gelesen und ihn geistig verarbeitet haben, dann wird Ihnen die Übersicht in diesem Schema bald ganz selbstverständlich sein, weil Sie tief von seinem *geistigen Hintergrund* überzeugt sein können. Dann befreien Sie sich von der so oberflächlichen Betrachtung dieser Welt und unseres geheimnisvoll in sie hineingestellten Lebens, die die Welt und das Leben nur als materielles Geschehen sieht und aus bloßer Bequemlichkeit und Trägheit des Denkens nicht nach den Hintergründen und der wahren Quelle allen Seins fragen will. Die innere oder geistige Entwicklung vollzieht sich in der Regel in kleinen Schritten, die den ernsthaft Strebenden langsam, aber sicher in seiner Reifung nach oben führen. Es wird uns Menschen in dieser Welt nichts geschenkt, und wir müssen uns Stufe für Stufe emporarbeiten.

Betrachten Sie nun das Schema ⑤. Es zeigt die entscheidenden Teilabschnitte dieses langen Weges deutlich auf. Hier zum besseren Verständnis noch der Hinweis auf die darin aus Platzgründen nicht aufgeführten Stufen oder Übergänge:
3–4: Das Erwachen zur geistigen Welt.
10–12: Hier können echt geistige Erlebnisse in uns einsetzen.
14/15: Der Übergang zur Erkenntnis der wahren geistigen Welt, das »Tor zur Weisheit« (Mlaker).
Ab 18. Stufe beginnt die Möglichkeit der »unio mystica« der christlichen Mystiker, von Satori im Zen, Samadhi der Inder, in unserer Sprache zumeist Erleuchtung genannt: die innere Ver-

einigung mit »Gott«, die Erkenntnis der Alleinheit allen Seins. 21: Die in dieser Welt höchst erreichbare Vollkommenheit. Und über allem steht das Gebot der Achtsamkeit: die unausgesetzte Aufforderung zum rechten Denken und Tun.

Jeder von uns steht in diesem Leben irgendwo zwischen 1 und 21. Ganz selten mögen ungewöhnlich hoch entwickelte Menschen schon in unserer stofflichen Welt noch etwas darüber stehen. Im allgemeinen mag es unserer Geist-Seele in einer Inkarnation bei unserer Bemühung um das Wahre, Rechte und Schöne gegeben sein, eine – vielleicht auch zwei – Stufen weiter zu kommen. Bei ganz besonderer Bemühung um ständige Vervollkommnung und Reifung, wie im einleitenden Buchteil beschrieben, mögen es auch mehrere sein.

Aber jeder muß auf der Hut sein, im Sinn des eben betonten Gebotes der Achtsamkeit, daß er nicht den Versuchungen der materiellen Welt erliegt und auf seinem Weg nach oben erneut nach unten fällt. Wenn Sie in aller Stille mit Ihrem Pendel den Weg von Machtmenschen in dieser Welt verfolgen, dann wird Ihnen gar manches kund und bewußt. Auch und gerade dann, wenn diese Machtmenschen in ihrer Sprache ständig den Namen Gottes im Munde führen, vielleicht selbst in früherer Zeit ihres Lebens durch aufrichtiges Bemühen eine recht hohe Stufe erklommen und viele Gefolgsleute hinter sich scharen konnten, um dann ihre Macht über ihre Anhänger bzw. die ihnen ergebenen Volksmassen zu spüren und ihr zu erliegen. Jedem von uns droht in seinem kleinen und bescheidenen äußeren Rahmen das gleiche, wenn wir nicht in unaufhörlicher Achtsamkeit unseren Lebensweg gehen. Dabei kann uns der Pendel ein unersetzliches Hilfsmittel werden. Und wir lernen, gar manches den Augen Unsichtbare zu sehen und zu schweigen. Denn das Reden darüber wäre eine Entweihung des Innersten, es sei denn in einer ganz besonderen Stunde einem gleichgesinnten, aufrecht suchenden Menschen gegenüber.

Nichts ist einfacher als das präzise Ergebnis festzuhalten, z. B.
ES 12, 12/13, A 12 (= Anfang 12), E 12 (= Ende 12),

also die Stufe, wo etwa echtes geistiges Leben in Anfängen einsetzt.

Das selten in seiner ganz tiefen Bedeutung verstandene Wort der Bibel »Was nützt es dem Menschen, wenn er die ganze Welt gewinnt, an seiner Seele aber Schaden leidet?« (Matth. 16,26) sagt das Wesentliche ungeschminkt.

»Das Reich Gottes ist inwendig in euch« (Lukas 17,21) und nicht irgendwo in der Welt oder in den Lüften: Es liegt nur an uns selbst, es uns zu erdienen. »Tretet ein durch die enge Pforte! Denn weit ist die Pforte und breit der Weg, der ins Verderben führt, und viele wandeln auf ihm. Wie eng ist die Pforte und wie schmal der Weg, der zum Leben führt, und nur wenige sind es, die ihn finden!« (Bergpredigt, Matth. 7,13). Ist in diesem Wort nicht alles gesagt? Übrigens ganz im Sinne der mehrjahrtausendealten Lehre von Karma und Wiedergeburt?

Praktischer Nachtrag: Die ganz sauber abzulesende Aufreihung der Zahlen von 1–35 kann überall da ausgenutzt werden, wo es auf eine ganz klare Zahlenangabe ankommt, auch wenn es nicht um die seelisch-geistige Entwicklungsstufe geht. Das ist in der Praxis oft der Fall.

Die Chakren oder Energiezentren (Ch) ⑥

Wer sich mit der jahrtausendealten Chakrenlehre ausreichend beschäftigt hat, der weiß von *ihrem Wert für die Erkennung des inneren Menschen* und von den Ausstrahlungen dieser Energiezentren in den Körper hinein. Auch hier begegnet uns wieder die Einheit von Seele und Körper. Nicht umsonst entdeckt auch die westliche Medizin langsam mehr und mehr, wie sehr die Chakren mit den wichtigsten Steuerungszentren unseres Organismus, vor allem den lebenswichtigen endokrinen Drüsen, engstens verbunden sind, von der Hyphophyse (Scheitelzentrum) bis zu den Nebennieren und Geschlechtsdrüsen (Wurzel- und Sakralzentrum).

Es würde entschieden zu weit führen, den gesamten so weit greifenden Zusammenhang hier nochmals darzustellen. Das ist in knapper Form an anderer Stelle schon ausreichend geschehen[27]. Nur so viel sei hier gesagt: Die harmonische Entwicklung und die entsprechenden Funktionen dieser Energiezentren bestimmen wesentlich ebenso das körperliche Geschehen wie unsere geistige, spirituelle und ethisch-moralische Einstellung und das entsprechende Verhalten.

Anhand der Übersicht ⑥ lassen sich die einzelnen Chakren in *ihrer Wertigkeit oder dem erreichten Entwicklungsgrad* und dem sich daraus ergebenden Verhältnis zueinander auspendeln. Die Beobachtung ihrer Entwicklung mit dem Pendel über Jahre hinweg zeigt das großartige Zusammenspiel, das Einssein dieser Energiezentren mit dem Kern der Persönlichkeit. Es zeigt auch die schwerwiegenden Auswirkungen von Chakrenstörungen oder teilweiser Unterentwicklung. Besonders wichtig ist etwa, daß zuerst die unteren Chakren als die Wurzeln oder das Fundament unserer Persönlichkeit voll oder mindestens ausreichend entwikkelt sind, bevor wir mit den oberen, den geistigen bewußt arbeiten können. Viele tiefgreifende Persönlichkeitsstörungen sind hier begründet, wenn das nicht der Fall ist.

Es ist nur zu natürlich, daß diese Ergebnisse *nur von solchen Pendlern erreicht werden, die selbst eine ausreichende innere Entwicklung* durchlebt haben und dadurch in gewissem Sinn »über der Sache stehen«. Das muß ja verständlicherweise für alles Erkennen von höheren Entwicklungsstufen gelten. Je mehr indessen der Pendler im Laufe der Zeit selbst in diese geistigen Bereiche hineinwächst, um so weiter greifen und um so sicherer werden auch seine Pendelergebnisse. Wer es auch nur in Anfangsstufen erlebt, der weiß es als unbezweifelbares Faktum in der Tiefe seines Wesens, und er erlebt die Segnungen für seine eigene Reifung.

Wie gehen Sie hier mit dem Pendel vor? Fragen Sie auf der Übersicht ⑥ die Reihenfolge in der Entwicklung der Chakren ab: »Welches der sieben Chakren ist bei X am stärksten (an zweiter usw. Stelle, am schwächsten) ausgebildet?« Und fragen Sie dann zur genauen Ermittlung der Wertigkeit der einzelnen Energiezentren eines nach dem anderen auf der 100 %-Skala ab, wobei Sie wie üblich für 100 % ausgehen vom höchstmöglichen Entwicklungsgrad. Geht die Antwort über 100 % hinaus, dann liegt (ungesunde) Überentwicklung oder Überfunktion vor. Um eine einfache, knappe und übersichtlich klare Notiz zu bekommen, kennzeichnen Sie die einzelnen Chakren wie allgemein üblich und auch im Schema ⑥ von unten nach oben gemäß Ihrer Zahl von 1 bis 7. Dann kommen Sie etwa zu folgendem Aufschrieb:

Ch 7:1, 1:2, 3:3 usw. *oder* Ch 1/75, . . . 7/80
oder Ch 7:1/80, 1:2/75, usw.

Das bedeutet: Chakra 7 ist am meisten ausgebildet zu 80 %, Chakra 1 an zweiter Stelle zu 75 %, usw. Diese von mir hier vorgeschlagene Kennzeichnung mag Sie auf den ersten Blick etwas verwirren. Wenn Sie sich jedoch intensiver mit den so hochinteressanten und lebenswichtigen Chakren beschäftigen, werden Sie rasch merken, daß Sie kaum eine einfachere und zugleich klarere finden können.

Die Kerneigenschaften des Menschen ⑦

Für das klare Erfassen und die treffende Beurteilung eines Menschen gilt es im konkreten Fall, die unendliche Vielfältigkeit und sonst unüberblickbare Zahl von menschlichen Eigenschaften und Verhaltensweisen durchschaubar zu machen und sie klar in den Griff zu bekommen. Dabei kann man von den wesentlichen Grundgegebenheiten ausgehen, ohne sich in Einzelheiten zu verlieren. Dazu gibt es bis heute kaum eine bessere Hilfe als die von Ludwig Klages entwickelten 6 Stammbegriffe der menschlichen Persönlichkeit[28]. Sie müssen zweckmäßigerweise nur durch 5 zusätzliche Gegensatzpaare erweitert werden, dann haben wir den Kern einer jeden Persönlichkeit in ihrer noch so ausgeprägten Verschiedenheit recht klar vor uns. Deshalb nenne ich diese Eigenschaften gern *die »Kerneigenschaften«*, die ich an anderer Stelle im Detail aufgeführt habe[29].

Natürlich ist hier nicht der Ort, das vom Grund auf darlegen zu können. Zum Grundsätzlichen hier nur so viel: Klages betrachtet den Menschen in seinen zwei Schichtungen: Zum ersten ist er ein die Welt mehr passiv aufnehmendes »sensorisches« oder »rezeptorisches« und zugleich ein die Welt aktiv gestaltendes »motorisches« Wesen. Und zum zweiten weist er die 3 Ebenen: Leib, Seele und Geist auf. In ihnen müssen sich jeweils die beiden zuerst genannten Seiten seines Wesens kundtun.

Betrachten Sie jetzt *das Schema* ⑦ (das nur auf den ersten Blick wegen der vielen Striche im oberen Teil unübersichtlich wirkt): Da finden Sie *in der unteren Hälfte* diese 6 Stammbegriffe in der von Müller/Enskat[30] gewählten Aufgliederung, die für die Lebenspraxis wohl noch etwas geeigneter ist als die von Klages ursprünglich gewählte. Links unten finden Sie die vital-leibliche Ebene in ihrer sensorischen und motorischen Seite und darüber die ihr entschieden mehr zugeordnete geistige Ebene in Gestalt des bewußten Zweckwillens. Und rechts unten befindet sich die vital-seelische Ebene wiederum in ihrer sensorischen und motorischen Seite und darüber die ihr entschieden mehr zugeordnete geistige Ebene in Gestalt des begrifflichen Denkens, also unserer menschlichen Ratio, unseres Verstandes.

Um das sofort an dieser Stelle zu klären: *Unsere geistig-spirituelle Seite*, also unsere Verbindung zur großen, allgewaltigen Kraft über uns, steht über allem. Sie ist nicht nur in unserem Denken lebendig, sondern sie erfaßt genauso Seele und Leib. Denn in diesem Sinn sind wir als ganze Menschen in allen unseren Ebenen »durchgeistet«. Erinnern Sie sich an das Stichwort: »Der Tropfen aus dem Ozean der Ur- oder göttlichen Kraft: alles ist uns rätselhafte schwingende, fließende Energie!«.

In der oberen Hälfte des Schemas ⑦ begegnen Ihnen 5 Gegensatzpaare, die zwar alle in den 6 Stammbegriffen enthalten sind, aber mit einer Ausnahme so versteckt, daß Sie sich nicht ohne weiteres erkennen lassen. Dabei sind sie für den Kern der besonderen Wesensart eines Menschen wiederum ganz entscheidend. Wie Sie auf einen Blick sehen, hat jede dieser Gegensatzpaare *eine doppelte Zuordnung*: einmal in sich selbst in der ihm innewohnenden Polung und zum anderen zum Mittelpunkt des gesamten Schemas. *Die erstgenannte* Zuordnung erlaubt uns das Abfragen jedes einzelnen Gegensatzpaares, welche Seite den Menschen vorwiegend kennzeichnet. Dabei können Sie jedes Mal das ihnen nun geläufige A-B-Schema beiziehen, um den Grad des Vorwiegens der einen Seite gegenüber der anderen genau ablesen zu können. Von ganz besonderer Bedeutung ist das zum Beispiel dafür, das genaue Verhältnis von Selbstlosigkeit (Idealismus, Uneigennützigkeit oder Altruismus) zu Selbstsüchtigkeit (Egoismus, Eigennützigkeit) festzustellen, das ja besonders weittragende Folgen für die gesamte Lebensumgebung hat. Und *die zweitgenannte Zuordnung* zum Mittelpunkt des gesamten Schemas gibt Ihnen die Möglichkeit, etwa von Anfang an nach der Kerneigenschaft zu fragen, die für diesen Menschen in erster Linie kennzeichnend ist, dann nach der zweiten und weiteren bzw. nach denen, die für ihn ohne oder nur von geringer Bedeutung sind.

Wenn Sie sich mit den 6 Stammbegriffen in der unteren Schemenhälfte mit ihrem Zusammenspiel und dem Verhältnis aller aufgeführten Kerneigenschaften zueinander genauer vertraut machen, werden Sie bald merken, was Sie damit für *ein hervorragendes Werkzeug zum Erfassen der wesentlichen Züge* einer menschlichen Persönlichkeit vor sich haben. Und je mehr Sie auf diese Weise in die seelischen Grundlagen des Menschen eindringen, um so leichter wird es für Sie werden, dann entsprechende Folgerungen zu ziehen aus dem Ineinanderwirken dessen, was da und was nicht da ist. Sie können oft in verblüffend erscheinende Einzelheiten hineingehen.

Wer mit einer anderen »Typologie«, welcher Art auch immer, zu arbeiten gewöhnt ist, die ihm mehr zusagt, z. B. die C. G. Jungschen Funktionstypen, mag sich aufgrund der Anregungen dieses Kapitels selbst eine dafür geeignete Übersicht machen, die ihm in ähnlicher Weise bei der Erfassung der menschlichen Wesensart entscheidend weiterhilft.

Besondere Hinweise zum knappen Festhalten des Pendelergebnisses möchte ich hier nicht geben. Wem sich das Schema ⑦ besonders im unteren Teil fest eingeprägt hat, der kann sich mit ihm genau entsprechend der Plazierung von ganz klein bis zu recht groß geschriebenen Pluszeichen helfen. Aber bei der Vielfalt von Gesichtspunkten wird auch er um Notizen mit Abkürzungen nach eigenem Geschmack kaum herumkommen.

Auswertung von Träumen und Visionen ⑧

Heute gibt es fast eine Flut von Büchern allein über Traumdeutung. Es ist bezeichnend, daß sie nicht immer die gleichen Ansichten vertreten. In der Tat kann aber kein Zweifel sein, daß *unsere Träume eine große Bedeutung für uns haben.* Was der Stuhlgang für unseren Körper, nämlich die Ausscheidung der nicht verwertbaren oder der ausgewerteten Stoffe, das sind die Träume für unsere Seele: die Einordnung der sonst nicht einordnungsfähigen Eindrücke, die wir in der heutigen Reizüberflutung an einem einzigen Tag wahrhaft zahllos in unsere unterbewußten Schichten bekommen, aus denen heraus unser Gedächtnis und unser Denken gespeist werden. Aufgrund vieler Experimente steht fest, daß die Träume lebenswichtig sind. Ihre Unterbindung führt nach relativ kurzer Zeit zu geistiger Störung. Übrigens: Jeder Mensch träumt. Wer das Gegenteil von sich behauptet, hat nach dem Aufwachen seine Träume schon wieder vergessen. Das ist im Zeitalter der heutigen Schlaf- und Traumüberwachung per EEG vieltausendfach bewiesen.

Aber nicht alle unsere Träume sind gleich wichtig. Wir müssen unterscheiden zwischen der Unzahl von oberflächlichen, rasch verfliegenden und einer relativ kleinen Zahl von *aus der Tiefe kommenden Träumen,* die sich anzeigen:

- durch ganz besondere Intensität: ihre packende Lebendigkeit, die uns innerlich tief bewegt und aufrührt, so daß sie uns, wenn wir darüber aufwachen, noch lange »nachgehen« können;
- durch ihre Wiederholung, sei es nach vorübergehendem Auf-

wachen noch in der gleichen Nacht oder in späteren Nächten;

- durch einen zwar flüchtig gesehen verschiedenen Inhalt, der jedoch in der Traumfolge stets auf das Gleiche hinweist.

In jedem dieser Fälle sollten wir den wesentlichen Verlauf, oft auch in bemerkenswerten Kleinigkeiten, sofort aufschreiben und uns nicht mit dem guten Vorsatz begnügen: »Das muß ich mir merken«. Denn in der großen Mehrzahl der Fälle bleibt am Morgen davon nur noch wenig oder gar nichts mehr übrig, was uns verwertbar wäre (Papier und Bleistift am Bett liegen haben!). Manche Traumdeuter meinen, speziell die Morgenträume seien besonders wichtig: Dem kann ich mich nicht anschließen, es sei denn, einer der eben aufgeführten Fälle träfe auch für sie zu.

Dann gibt es natürlich auch *»Tagträume«,* vor allem spontan aufkommende Bilder von starker Intensität, häufigerer Wiederholung bzw. gleichen Hinweisen, die sich bei mehr oder minder vollem Bewußtsein einstellen. Sie werden zuweilen als *Visionen* bezeichnet, besonders wenn sich Bilder auf Zukünftiges oder Vergangenes oder auf räumlich entfernte gleichzeitige Ereignisse beziehen. Auch sie gehören mit in unsere Betrachtung.

Träume dieser Art kommen im allgemeinen unmittelbar aus den unterbewußten Tiefen, aus den geheimen Steuerungszentren unseres unbewußten Wesens, unseres tiefverankerten SELBST (im Gegensatz zum bloß verstandesmäßigen ICH). Darin liegt ihr großer Wert für uns als Kundgabe von ganz entscheidenden Hinweisen, die wir nur richtig »lesen« und verstehen müssen. Gerade für den, der sich um geistige Weiterentwicklung bewußt bemüht, erweist sich ihre Auswertung oft als wichtige Hilfe. *–Frage:* Aus welcher Grundhaltung besonderer Art heraus hat sich dieser Traum entwickelt?

Die Sprache aller Träume ist die Sprache der Symbole. Sich in sie richtig einzuleben, erfordert viel Feingefühl, Geduld und Erfahrung. Auch das beste Symbollexikon kann nur in beschränkter Weise helfen, weil die Symbolsprache des einzelnen Menschen je nach seiner höchstpersönlichen Art und und seinem höchstpersönlichen Erlebnis- und Erfahrungsschatz immer wieder verschieden ist, ja verschieden sein muß. Das liegt in der Natur der Sache. Nur ganz selten erfolgen in diesen aus der Tiefe kommenden Träumen direkte Kundgaben in klarer Sprache, die die davon betroffenen Menschen zu allen Zeiten als strikte Weisungen für sich oder als Schlüsselmitteilungen für die Lösung von schweren Problemen empfunden haben. In ihnen direkte Äußerungen der uns umgebenden geistigen Helfer zu sehen, ist für diese Menschen von zumeist relativ hoher Entwicklungsstufe fast selbstverständlich. Sie haben das in der Tiefe ihres Wesens in solcher Klarheit und Eindringlichkeit erlebt, daß für ihren bewußten Verstand nicht der geringste Zweifel daran herrschen kann. Nicht umsonst wird in den »heiligen Büchern« aller Religionen auf der ganzen Erde immer wieder von solchen Kundgaben berichtet.

Für die Auswertung der Träume ist der Pendel wiederum eine geradezu großartige Hilfe, die nur mit entsprechendem Verständnis und auch hier nicht ohne Selbstkritik benutzt werden darf. Die beiden Tabellen ⑧ brauchen über diese Feststellung hinaus wohl keiner besonderen Erläuterung mehr. Es versteht sich wohl von selbst, daß als erste die Frage zu stellen ist: »Wie ist der Traum zu verstehen?«, an den man sich jetzt mit höchster Lebendigkeit zurückerinnert, bevor man sich der zweiten Frage zuwendet: »Was bedeutet der Traum?«

Kennworte für Meditation und Selbstbeeinflussung ⑨

Eine weitere große Hilfe für den geistig weiterstrebenden Menschen ist der Pendel dann, wenn es darum geht, die Richtung im einzelnen festzulegen, in der *die Arbeit an sich selbst* für längere Zeit erfolgen soll. Das trifft besonders für den zu, der sich die bewährte Methode eines Meditations-Kennworts ausgewählt hat, um seine unbewußten Schichten wirkungsvoll zu beeinflussen[31]. In ihnen sitzen ja die Hemmnisse, die uns ständig beengen und an unserer freien Entfaltung und so auch an unserer positiven

Weiterentwicklung hindern. Der Pendel, der aus dem Unbewußten schöpft, erfaßt diese unsere geheimsten Wünsche und Sehnsüchte und macht sie uns sichtbar.

Auch jeder, der sich genauer mit der richtigen Technik der gezielten Selbstbeeinflussung (Autosuggestion) beschäftigt hat[32], findet durch den Pendel in gleicher Weise *die präzise Zielrichtung* für seine Bemühungen. Ihm wird es ebenso wie dem Meditierenden leicht gemacht, im ständigen Fortschreiten seiner Bemühungen dann, wenn es wieder an der Zeit ist, für den nächsten Arbeitsabschnitt das dann optimale Kennwort bzw. die spezielle Zielvorgabe zu finden.

Nehmen Sie die Kennworte der Tabelle ⑨ *nicht als vollständige Aufzählung* aller möglichen. Nehmen Sie sie nur als Anregung für ihr spezielles Problem, wenngleich sie die häufigsten inneren Schwierigkeiten und Störungen abdecken dürften. Hat sich das in ihrer praktischen Anwendung auch gezeigt, so muß es doch nicht immer so sein. Überlegen Sie sich also weitere Worte. – Übrigens: »Namu Amida Butsu« in Tabelle 9 (aus dem japanisch-buddhistischen Amidakult) bedeutet etwa »Ich baue auf die Allmacht und Güte Gottes«.

Das rechte Maß (Spannungszustand oder Yin-Yang) (a/i oder i/a) ⑩

Diese Tafel ist wiederum ganz besonders wichtig, weil sie uns – ähnlich wie die 100 %-Skala die Lebenskraft – z. B. den so folgenreichen Spannungszustand der Lebenskraft erkennen läßt. Wenn Sie das Schema ⑩ genauer betrachten, sehen Sie sofort, daß es auf der 100 %-Skala aufgebaut ist, welche Sie gleich zweimal jedoch mit gemeinsamer Null-Linie vorfinden. So können Sie überall da, wo eine *Polarität* vorliegt oder noch allgemeiner gesagt: *Wo ein Zuviel oder ein Zuwenig gegeben sein kann,* mit dem Pendel das jeweils gegebene Maß ablesen. Das rechte Maß liegt immer in der Mitte, im Ausgleich. Die Natur duldet nun einmal keinerlei Störung des Gleichgewichts: die Erhaltung der Harmonie ist eines ihrer fundamentalen und ausnahmslos gültigen Grundgesetze.

Ein Blick genügt, und Sie sehen mit Hilfe dieser so vielseitig anwendbaren Tafel auf der Stelle, wie weit Sie von dieser Harmonie, von diesem rechten Maß entfernt sind: Ob es sich um seelisch-geistige Zusammenhänge dreht wie:

- die Sensibilität (mit der rechten Mitte zwischen Aufgeschlossenheit und Gleichmut),
- das Temperament (mit der rechten Mitte zwischen Lebhaftigkeit und eher in Gelassenheit einsetzender Reaktion),
- die Erweckung unserer Chakren oder Energiezentren (zu wenig oder zu viel), auch im wünschenswert harmonischen Verhältnis zueinander,
- oder ob vielfältige körperliche Vorgänge zur Frage stehen, worauf im Vorgriff auf den nächsten Buchteil schon jetzt hingewiesen sei.

Hier ist nicht der Ort, *die Lehre vom rechten Spannungszustand* darzulegen, die die alten Chinesen in Gestalt der Yin-Yang-Erkenntnis (daß heißt der Erkenntnis vom naturgegebenen rhythmischen Wechsel von Lösung und Spannung der Lebensenergie) schon vor Tausenden von Jahren in ihrer so weit tragenden Bedeutung für uns Menschen erfaßt und dargestellt haben. An anderer Stelle habe ich diese Lehre von ihrer Wurzel her und in ihren reichen Folgerungen ausführlich behandelt[33]. Jeder Mensch, der an sich selbst und mit anderen arbeitet, sollte diese wahrhaft fundamentalen Zusammenhänge im Griff haben. Das muß hier aus verständlichen Gründen vorausgesetzt werden.

Ähnlich wie wir bei der *Betrachtung der Lebenskraft* rasch einen tiefen Einblick in die besondere Wesensart gewinnen konnten, indem wir lernten, die ursprünglich in die Wiege gelegte Lebenskraft zu unterscheiden von der jeweils bloß verfügbaren (siehe das 1. Kapitel dieses Buchteils), so ist es auch hier hinsichtlich *ihres besonderen Spannungszustandes*. Auch hier ist diese Unterscheidung von größtem Wert. Denn mit ihrer Hilfe können wir rasch zur Wurzel von Störungen durchstoßen. Fragen Sie Ihren Pendel, indem Sie ihn auf den Mittelpunkt der Skala halten, etwa: »(Ich bitte um Auskunft:) In welchem Spannungszustand (oder: An welcher Stelle zwischen Yang und Yin) befindet sich die Lebenskraft von X seiner (ihrer) ursprünglichen Konstitution nach?« Die Antwort möge bei 10 % auf der Yang- oder Spannungsseite liegen.

Dann folgt Ihre 2. Frage: »Und wie ist der Spannungszustand der Lebenskraft von X heute?« Es mag sein, daß der Pendel dann auf die 20 % oder noch mehr der Yin- oder Lösungsseite zeigt. Dann wissen Sie sofort: Es ist ein Persönlichkeitsproblem erster Ordnung für X, seine Kräfte wieder stärker zu spannen, das heißt, sich weniger gehenzulassen, seine Kräfte mit bewußter geistiger Steuerung (»Wille«) auch bei solchen Arbeiten und Aufgaben gezielt einzusetzen, wo es ihm gerade nicht leicht fällt, im echten Zen-Stil zu meditieren usw. Wie man wieder in die Mitte kommen kann, das ist besonders in den Büchern nachzulesen, auf die die letzte Anmerkung 33 speziell hinweist.

Es bleibt noch das klare und einfache *Festhalten des Pendelergebnisses* vor allem im Rahmen einer systematischen Untersuchung zu klären. Bei der zuletzt behandelten Frage des ursprünglichen und des jetzigen Spannungszustandes der Lebenskraft brauchen Sie nur zu notieren:

10a/20i.

a steht dann immer für Yang oder Spannung und i für Yin oder Lösung. Die an 1. Stelle stehende Zahl ist immer der ursprüngliche, die hinter dem Schrägstrich stehende der jetzige Zustand. Sie können etwa bei der Nachforschung einer schweren Störung, die sich in Jahren entwickelt hat, auch nach jedem dafür interessanten Zeitpunkt fragen und dann entsprechend einfach notieren, z. B.:

15i/1.78:20i/1.82:25i/1.85:30i/35i.

Das würde besagen: Spannungszustand gemäß der ursprünglichen Konstitution 15 % auf der Yin- oder Lösungsseite, Steigerung im Januar 1978 auf 20, im Januar 1982 auf 25, im Januar

1985 auf 30 und heute auf 35 %. Das könnte etwa für die Entwicklung eines lebensuntüchtigen, jede konzentrierte Arbeit scheuenden, ansonsten vielleicht liebenswerten Menschen typisch sein.

Dieses Kapitel des rechten Maßes habe ich bewußt an die letzte Stelle der in diesem Buchteil aufgeführten Übersichten gesetzt. Er beschäftigt sich in erster Linie mit dem Erfassen der menschlichen Persönlichkeit, während die Tafel ⑩ darüber hinaus auch für die noch folgenden Kapitel von großer Bedeutung ist, die sich mit unserer Gesundheit auseinandersetzen. Sie finden z. B. in dem Schema bei bestimmten Prozentzahlen die Buchstaben a bis d eingetragen. Die so gekennzeichneten Werte sind für das Erkennen der Ionenkonzentration der Zellenergie wichtig. Sie werden im 13. Kapitel des nächsten Buchteils besprochen.

Besondere Hinweise

Wenn Sie Ihre Pendeltafeln nicht bei sich haben und aus einer nicht zu großen Zahl von Möglichkeiten die beste herausfinden wollen, dann stellen Sie sich nacheinander geistig auf jede dieser Möglichkeiten ein. Dabei fragen Sie jedes Mal, ob diese Möglichkeit die richtige sei: Ja oder Nein. Bei der richtigen kommt die Antwort »Ja«, bei allen anderen »Nein«.

Pendeln über eine dritte, Ihnen unbekannte Person über jede Entfernung hinweg: Es möchte z. B. jemand über seinen Freund oder ein Kind Genaueres wissen, sie kennen die betreffende Person selbst aber nicht. Dann brauchen Sie den fragenden Mittelsmann nur zu bitten, er möge sich die betreffende Person ganz lebendig vorstellen und dadurch den Bezug zu ihr herstellen. Je mehr dieser sein Denken ganz darauf zu sammeln weiß, um so sicherer haben Sie dann über ihn die gesuchte Verbindung zu dem Ihnen Unbekannten. Das kann auch durch ein Telefongespräch über beliebige Entfernung hinweg geschehen. Erinnern Sie sich an den 3. der Beispielsfälle aus der Pendelpraxis, die Sie unmittelbar nach der Einführung zu diesem Buch gelesen haben!

Pendeln über Handschriften, Photos von Menschen: Die Ausstrahlung oder Aura eines Menschen überträgt sich auf alles, womit dieser Mensch in engere Berührung kommt, z. B. seine Kleider oder sein Tascheninhalt, und genauso auch auf seine von ihm selbst mit seinen ganz spezifischen Bewegungen erzeugte Handschrift. Die Wesenheit des Menschen geht unverwechselbar in sie ein, weshalb eine Million Menschen eine Million verschiedene Handschriften haben. Ähnlich ist es mit Photographien, die im Augenblick der Ablichtung den Wesensgehalt eines Menschen ebenso unverwechselbar an sich ziehen. Wenn im Islam und bei nicht wenigen Naturvölkern bildliche Darstellungen von Menschen allgemein und ganz besonders von Gott absolut verpönt sind, so deshalb, weil man das dort von früh auf intuitiv erkannte: Der bildlich Dargestellte gibt ein Stück seiner Wesenheit von sich weg und gibt es gewissermaßen anderen Menschen und deren Willkür preis. Fest steht, daß erfahrene Pendler anhand von Handschriften, Photos, einem Tropfen Blut oder höchstpersönlichen Gegenständen einer bestimmten Person genauso erfolgreich arbeiten können wie mit der betreffenden Person direkt. Dem muß eine Gesetzmäßigkeit zugrunde liegen, die wie beschrieben gut verständlich ist.

Da alles – »lebender« Mensch wie »tote« Materie – schwingende, fließende Energie ist, treffen diese Ausführungen natürlich auch für Gegenstände wie Bücher, Werbeanzeigen usw. zu. Erinnern Sie sich bitte an das kurze Kapitel über den geistigen Wert (GW), und lesen Sie es nochmals nach!

Dazu noch der Hinweis: Aus dem gleichen Grund ist es ratsam, solche Gegenstände, die als Grundlage zum Pendeln dienen, nicht in enger räumlicher Nachbarschaft zu anderen Gegenständen aufzubewahren, damit sie nicht durch deren spezifische Schwingungen beeinträchtigt und verfälscht werden können. Im Zweifelsfall lassen Sie sie vor der Verwendung 5 – 10 Tage von allem anderen getrennt, also ganz für sich liegen, oder hängen Sie sie an einer geeigneten Stelle an einer dünnen Schnur so lange entsprechend auf.

Praktische Beispiele zum richtigen Vorgehen (Fragetechnik beim Pendeln)

Ein Wort voraus: Wie bei allen nicht ganz einfachen Arbeiten, die man sich im Lauf seines Lebens vorgenommen hat, so kann einem auch beim Erlernen des Pendelns niemand *die mehr oder weniger mühselige Einarbeitungsphase* abnehmen. Zu viele Unklarheiten liegen vor einem und zu oft spürt man seine anfängerhafte Unsicherheit und echte oder vermeintliche Mißerfolge. Allzu viele geben – wie überall in solchen Fällen – dann allzu früh auf: »Ich kann das eben nicht, das ist ja sowieso alles zweifelhaft oder Unsinn!« Wenn sich solche durchaus verständliche Gedanken in Ihnen breitmachen wollen, dann werden Sie nicht mutlos: Es liegt in der Natur der Sache, daß Sie sich auch auf diesem Gebiet jeden Fortschritt erarbeiten müssen. »Aller Anfang ist schwer.« Durch diese Phase muß jeder einmal hindurch. Blättern und lesen Sie dann nochmals in den beiden ersten Teilen dieses Buches, und Sie werden wieder Mut fassen zum weiteren Arbeiten – reicher Lohn wartet auf Sie!

Zuerst ein ganz praktisches Beispiel, das Ihnen das Erlernen des richtigen Vorgehens, im besonderen des richtigen Fragens beim Pendeln leichter machen soll: Ein Mann, 45 Jahre alt, der von klein auf selbstkritisch ist und das Rechte tun möchte, bittet Sie, ihm Genaueres über sich zu sagen. Es kann auch sein, daß Sie sich von sich aus aus ernsthaften Gründen mehr Klarheit über ihn verschaffen möchten.

Zu Beginn: innere Sammlung zur Ruhe, innere Sammlung auf den betreffenden Menschen, Einstellung auf den Pendel, tief empfundene Bitte um richtige Auskunft, alles wie früher im einzelnen besprochen.
1. Frage, Tafel ②: »Wie groß ist die ursprüngliche, Herrn X in seine Wiege gelegte Lebenskraft?« – 80 % – »Wie groß ist die ihm jetzt zur Verfügung stehende Lebenskraft?« – Etwa 68 % – Notiz: *LK 80/68.*

2. Frage, Tafel ⑩: »Wie ist der Spannungszustand der Lebenskraft von Herrn X in seiner ursprünglichen Konstitution, wo steht er von seiner Natur aus in der Polarität von Yang und Yin?« – 5 % auf Seite der Spannung. – »Und wie ist der Spannungszustand seiner Lebenskraft heute?« – 15 % auf der Seite der Spannung. – Notiz: *5a/15a.*

3. Frage, Tafel ④: »Wo befindet sich Herr X in seiner derzeitigen Entwicklung im Rahmen der hier aufgezeigten 4 prinzipiellen Menschentypen?« – Ziemlich dicht vor dem Strich III. – Kontrolle mit Tafel ③: »Wenn A grober Materialismus und B vollendete Geistigkeit ist: Wo befindet sich Herr X zwischen diesen beiden Polen? Ich wiederhole: A niederer Materialismus, B höchste Geistigkeit?« Etwa 57 % Richtung B – Kurze Notiz: *A III, 57 Richtung Geistigkeit.*

4. Frage, Tafel ⑤: »Wie hoch ist die seelisch-geistige Entwicklungsstufe von Herrn X?« – Genau zwischen 12 und 13. – Kontrolle mit Tafel ②: »Wie hoch ist die geistig-spirituelle Erkenntnisfähigkeit von Herrn X?« – Etwa 55 % – Notiz: *ES 12/13, GE 55.*

5. Frage, Tafel ⑦, 1. Teil: »Welcher der im unteren Teil dieser Übersicht aufgeführten Stammbegriffe ist für Herrn X in erster Linie kennzeichnend?« – Willenskraft – »Welche in zweiter Linie?« – Gefühlslebendigkeit – »Welcher in dritter Linie?« – Antriebskraft (Energie) – Notiz: *1. Will. 2. Gef. 3. Antriebskr.*

2. Teil: »Welcher der im oberen Teil dieser Übersicht aufgeführten Kernbegriffe ist für Herrn X in erster Linie kennzeichnend?« – Nach längerem Zögern einpendeln auf Idealismus, was anzeigt, daß dieser die anderen Kerneigenschaften nur mäßig übersteigen dürfte. – Daher Einstellung des Pendels auf das unterste Gegensatzpaar und Frage: »Welcher dieser beiden Kerneigenschaften ist bei Herrn X derzeit stärker entwickelt?« – Idealismus – Kontrolle mit Tafel ③: »Wenn A Egoismus und B Idealismus ist: Wo befindet sich Herr X derzeit zwischen diesen beiden Polen? Ich wiederhole A Egoismus, B Idealismus?« – 60 % Richtung B:

Idealismus – Weitere Frage Tafel ⑦: »Ist irgendeine der anderen im oberen Teil dieser Tafel aufgeführten Kernbegriffe noch in besonderer Weise charakteristisch für Herrn X?« – Nein – Notiz zum 2. Teil: *60 Idealismus, 40 Egoismus*. (Nehmen Sie den Begriff Egoismus weniger moralisch, sondern mehr im Sinn der zunächst natürlichen Selbstbehauptung eines jeden Lebewesens in dieser Welt).
(Zwischenbemerkung: In anderen Fällen werden Sie die Tafel ⑦ ungleich mehr ausschöpfen können bzw. müssen: Merken Sie, wie weit sich Ihnen die besondere Wesensart eines Menschen hier öffnet?)

6. Frage, Tafel ②: »Wie hoch ist die Gefühlstiefe bei Herrn X ausgeprägt?« – Etwa 82 % – Notiz: *GT 82*.

7. Frage, Tafel ②: (X ist verheiratet): »Wie hoch ist die eheliche Übereinstimmung zwischen Herrn X und seiner Frau Lisa?« – 65 % – Notiz: *EÜ 65*
2. Teil der Frage (X hat einen gleichberechtigten Geschäftspartner): »Wie hoch ist die partnerschaftliche Übereinstimmung von Herrn X mit seinem Kollegen Y?« – 85 % – Notiz: *PÜ 85*.

Auswertung: Herr X hat von Natur aus schon eine etwas überdurchschnittliche Lebenskraft, deren praktischer Einsatz jedoch fühlbar gehemmt ist (1. Frage). Der Grund: relativ wenig glückliche Eheverhältnisse mit wohl ständiger latenter Spannung, während ihm seine Geschäftspartnerschaft sehr viel mehr innere Freude und Befriedigung gibt. Ungeschminkt ausgedrückt: Er ist im Grunde lieber im Beruf als zu Hause (7. Frage). Das bestätigt sich durch den um 10 % gestiegenen Spannungszustand: Herr X ist unbewußt in einer Art ständiger Hab-acht-Stellung, er ist vorwiegend »gehalten«, er kann nicht ohne weiteres loslassen (2. Frage). Das wird um so verständlicher, als er die Dinge nicht leicht nimmt, denn er ist kein oberflächlicher Mensch, er braucht einige Zeit für die innere Verarbeitung seiner Erlebnisse (6. Frage). Deshalb fängt er auch an, nach dem Sinn von allem zu fragen (3. und 4. Frage: 4 im Prinzip gleich lautende Ergebnisse).

Derzeit ist er in seinem inneren Konflikt zwischen dem bewußten Zweckwillen und seiner Gefühlslebendigkeit/Sensibilität noch etwas mehr von dem ersteren beherrscht, der seine unbewußten, relativ starken Antriebskräfte, seine Energie noch stärker auf sich zieht (5. Frage, 1. Teil). Jedoch ist unverkennbar, daß seine innere Reifung – wie bei vielen Menschen in seinem Alter – langsam Gestalt annehmen will: Herr X beginnt über sein Ego hinauszuschauen (5. Frage, 2. Teil). Er erkennt mehr und mehr, daß ihn die bloße Äußerlichkeit seines Lebens im Grunde gefangenhält. Er erkennt die Oberflächlichkeit seiner »normalen« Lebensführung, und er fühlt, daß auch hinter seinem im großen gleichförmigen Lebensablauf ein Sinn liegen muß. So will er wissen, wo und wie er in der großen Ordnung eigentlich steht. – Fast ein Alltagsfall, nicht wahr?

Im 2. praktischen Beispiel brauche ich die allgemeingültigen Einzelheiten über das präzise Vorgehen und die präzisen Formulierungen nicht zu wiederholen, die ich soeben gebracht habe. Der Fall: ein Mann, Mitte 30, Asiate, der seit reichlich 15 Jahren in Westdeutschland lebt, nachdem er als noch Jugendlicher durch die Kriegsereignisse in seiner Heimat ganz allein von einem Tag zum anderen mit dem Flugzeug in ein deutsches Auffanglager kam:
Lk ② 80/75–60, ES ⑤ 14, GT ② 82, Spannungszustand ⑩ 25i/20a. Wegen des auffallenden Unterschieds von 45 % genaueres Erfragen des Schwankungsgrades des heutigen Spannungszustands ⑩: Von 5i bis zu 50a. Diese 50 % auf der Spannungsseite können nur als ausgeprägte Überspannung von schon Verkrampfungscharakter[33] bezeichnet werden. Die Frage nach der Kerneigenschaft, die im Rahmen der Gesamtpersönlichkeit am bedeutungsvollsten ist ⑦, ergibt Idealismus, der gemäß A-B-Schema ③ zu 67 % vorherrscht, während nur 33 % der inneren Einstellung in Richtung Egoismus, also Selbstdurchsetzung, gerichtet sind. Die geistig-spirituelle Erkenntnisfähigkeit GE ② = 90 %, der Intelligenzindex II ② (siehe 7. Kapitel) 92 %.

Auswertung: Die starken Schwankungsgrade von Lebenskraft und Spannungszustand zeigen das fehlende Gleichgewicht, um nicht zu sagen, die innere Zerrissenheit dieses Menschen. Sie wird verständlich, wenn man seinen Lebensweg kennt: Kindheit und Jugend in größter Armut, harte, streng autoritäre Erziehung durch den Vater, tiefreligiöse Beeinflussung durch Mutter und Großeltern. Erleben aller denkbaren Kriegswirren und Scheußlichkeiten als Kind, ganz plötzlich allein und einsam in der westlichen Welt, hier ausgeprägter Bildungshunger und mühsames Emporarbeiten unter ständigen Entbehrungen zu einigermaßen tragfähiger Lebensgrundlage. Die innere Kraft, das alles durchzustehen, wuchs diesem Menschen wohl nur zu aus seiner hohen geistig-spirituellen Erkenntnisfähigkeit von 90 % und seiner tiefinneren Entwicklung am Übergang zum Erfassen der geistigen Welt, in der wir Menschen auch auf unserer Erde hier in Wahrheit leben. Er steht indessen noch immer am Übergang, am »Tor zur Weisheit«: Noch hat er es nicht durchschritten. Daher seine Zerrissenheit und sein inneres Leid, das durch die beachtliche Gefühlstiefe um so intensiver erlebt wird. So ist er hin- und hergerissen zwischen wohl seltenen Zuständen einer wahren Gelassenheit seinem Schicksal gegenüber (5 % auf Seite der Lösung seiner Lebenskraft) und äußerster Zusammenraffung aller seiner Energie zur Selbstbehauptung in der Einsamkeit seiner neuen Welt, in der er noch immer nicht ganz daheim sein kann (50 % auf der Spannungsseite). – Ein im Grunde tief bedauernswertes Schicksal gewisser Menschen in unserer Zeit, vor dem viele ihre Augen verschließen.

Zum Schluß noch ein praktisches Beispiel zur Überprüfung der ehelichen Übereinstimmung (EÜ). Für eine ebenso rasche wie durchaus begründete Überprüfung genügt im allgemeinen die direkte Frage nach der ehelichen Übereinstimmung auf der 100 %-Skala ②, die sich dann anhand der folgenden 4 Fragen über die beiden Partner noch wesentlich präzisieren läßt: Lebenskraft LK ② – Seelisch-geistige Entwicklungsstufe ES ⑤ – Gefühlstiefe GT ② – Das rechte Maß im Spannungszustand a bzw. i ⑩.
Der praktische Fall: Beide Ehepartner, 29 Jahre alt, haben auf

der 100 %-Skala die EÜ etwa 82 %. Zur Präzisierung die eben erwähnten Werte:

	LK Lebenskraft	ES Entwicklungsstufe	GT Gefühlstiefe	Spannungszustand
Mann	85/71	11/12	75	33i/10i
Frau	70/67	12	65	0/13a

Wenn Sie noch einen Schritt weitergehen wollen, fragen Sie den Pendel nach den menschlichen Kerneigenschaften ⑦. Die Antwort in unserem Beispielsfall:
Mann: Besonders stark ist der Verstand ausgebildet, am relativ schwächsten das Empfinden. In der oberen Hälfte des Schemas ergibt sich der Egoismus, also das Gebundensein in sich selbst, als das ausgeprägteste Moment und der Idealismus, also die reine Zuwendung zur Sache und zu anderen Menschen, als das relativ schwächste. Die Kontrolle im A-B-Schema ③: »Wo befindet sich dieser Mann zwischen Idealismus, reinem, selbstlosem Handeln = A und Egoismus, selbstsüchtigem Denken und Handeln = B?« ergibt 75 % Egoismus gegenüber 25 % Idealismus.
Frau: Auch bei ihr ist der Verstand der am stärksten ausgeprägte Stammbegriff, während Gefühl, Sensibilität im Verhältnis zu den anderen am schwächsten sind. Die obere Schemahälfte weist die Labilität, also Unfestigkeit im Gefühlsunterbau, als ganz besonders bedeutungsvoll auf und als am relativ wenigsten ausgeprägt das Selbstgefühl.

Fazit aus diesen Feststellungen (Auswertung nur der wichtigsten Punkte): Die gute eheliche Übereinstimmung beruht im wesentlichen auf der hohen Verstandesbestimmtheit beider Partner. Sie ist ein unkomplizierter, von Natur aus gleichgewichtiger Mensch (LK kaum gehemmt, Spannungsausgleich) von relativ geringer Störbarkeit (verhältnismäßig wenig sensibel) und nicht sehr tiefem Gefühl. Sie ist also keine in welcher Richtung auch immer besonders ausgeprägte »Persönlichkeit« und demgemäß auch nur von einem bescheidenen Selbstgefühl getragen. So hat sie es

leicht, sich verstandesmäßig gesteuert an verschiedenartige Lebenssituationen anzupasssen, was sie übrigens als eines von 7 Kindern von kleinst auf gelernt hat.
Der Mann ist hier der weitaus Problematischere (stark eingeengte Lebenskraft) und zugleich der vorwiegend führende Teil von fühlbar stärkerer Intensität des Erlebens (größere GT). Die Menschen allgemein und seine Frau im besonderen haben es mit ihm nicht immer leicht, denn er ist trotz der im Leben gelernten Bezwingung seiner Gefühlsantriebe (gehemmte LK, Verstandesbestimmtheit, ganz beachtliche Steigerung des Spannungszustands gegenüber der ursprünglich starken Gelöstheit) noch immer unter dem richtigen Spannungsmittelmaß (10 % auf Seiten von Yin). Alles wird verständlich, wenn man von seiner schweren Kindheit unter wirklich üblen Verhältnissen weiß, die ihn ganz auf sich selbst zurückgeworfen haben. Daher sind die auf den ersten Blick bescheiden erscheinenden 25 % Idealismus in Wahrheit doch recht bemerkenswert, wenn Sie an sein Alter sozusagen noch am Rand des Jugendlichen denken.
Die gute eheliche Übereinstimmung liegt also in der vorwiegend glücklichen Gleichartigkeit bzw. Ergänzung (er unruhiger und sie ruhevoller) begründet.

Wenn Ihnen nach einiger Zeit des praktischen Übens die hier verwendeten Begriffe ganz geläufig, sozusagen in Fleisch und Blut übergegangen sein werden, dann werden Sie mit steigender Übung und Erfahrung mehr und mehr in die Lage versetzt, einen anderen Menschen in recht kurzer Zeit in seinen wesentlichen Zügen zu erfassen. Dann vergessen Sie bitte niemals die am Kopf dieses Buchteils stehenden Worte von Thomas Carlyle: »Wir wollen das Geheimnis einer Persönlichkeit mit Achtung behandeln. Rennet doch nicht ehrfurchtslos in eines Menschen innerstes Heiligtum!« Ich wiederhole sie hier ganz bewußt. Und lernen Sie zu schweigen! Nur dem betroffenen Menschen gegenüber darf es durchbrochen werden, und auch das nur so weit, wie es nach Ihrer besten Beurteilung für ihn selbst gut ist. So werden Sie ständig weiterwachsen in Ihrem Verständnis für Ihre Mitmenschen und in Ihrer Selbstbescheidung, weil Sie die tiefe Wahrheit des chinesischen Sprichworts erleben: »Vergiß nicht, wenn Du mit einem Finger auf einen anderen deutest, daß drei Deiner Finger auf Dich selbst weisen.« Oder, wie es Martin Luther schlicht ausdrückte: »Wir sind allzumal Sünder.« Da ist für Überheblichkeit gewiß kein Platz.

Gesundheitliches Pendeln

Erfassen von körperlicher und seelischer Krankheit

> *»Alle Patienten tragen ihren eigenen Arzt in sich. Sie kommen zu uns, ohne diese Wahrheit zu kennnen. Wir sind dann am erfolgreichsten, wenn wir dem Arzt, der in jedem Patienten steckt, die Chance geben, in Funktion zu treten.«*
> Albert Schweitzer

Nach der Erforschung von Seele-Geist geht es jetzt um unseren Körper, der unsere unsterbliche Wesenheit so lange in dieser materiellen Welt beherbergt, wie es sein Gesundheitszustand erlaubt. In dieser Welt sind wir eine *absolute Einheit von Körper und Seele-Geist.* Gesund sind wir dann, wenn diese Einheit ungestört ist, wenn wir in der inneren Harmonie, wenn wir eins mit uns selbst sind, wenn unsere Lebensenergie im unablässigen rhythmischen Wechsel ihres Spannungszustandes ungehindert fließen kann. Fallen wir aber aus unserer Mitte heraus, verlieren wir diese Harmonie, die die innere Freiheit in sich trägt, kommt die Angst über uns, bleiben wir nicht in der kosmischen Grundordnung: Dann wird der Energiefluß in unserem Organismus nachhaltig gestört. Dann beginnt unweigerlich das Kranksein. Dann sind unsere Abwehrkräfte entscheidend geschwächt. Und erst jetzt können sich die allgegenwärtigen Krankheitserreger, die tausenderlei Viren und Bakterien gegen den zuvor gesunden Organismus durchsetzen und damit die Krankheit »hervorrufen«, in Wirklichkeit nur sichtbar machen. Von der absoluten Gesetzlichkeit, von der Lebensenergie her gesehen kann daran kein Zweifel sein. An anderer Stelle habe ich diese Zusammenhänge in ihren Abläufen im einzelnen nachgezeichnet[34]. Darauf kann ich hier natürlich nicht genauer eingehen.

Auch in der heutigen, vor allem der psychosomatisch orientierten Medizin setzt sich diese Erkenntnis zwar langsam, aber doch mehr und mehr durch. Hier spricht man davon, daß ein hoher, wenn nicht *der überwältigende Prozentsatz aller Krankheiten seelisch bedingt ist.* Das bedeutet: Die seelischen Kräfte des körperlich kranken Menschen sind fehlgesteuert. Der Pendel zeigt das unmißverständlich auf. Es gilt, diese seelischen Kräfte in ihrer Aktivität wieder in der für sie richtigen Weise zu steuern. Eine Hilfe dafür sind *die homöopathischen Mittel,* die mit ihren allerfeinsten Schwingungen die Lebensprozesse regulieren helfen. In der hervorragenden Einführung zu seinem »Medizinischen Pendelbuch« stellt das Dr. med. Georg Jakob sehr überzeugend heraus. Jedem der hier besonders interessierten Leser sei die aufmerksame Lektüre dieses Buches – wie gesagt: im besonderen der Einführung – warm empfohlen[35]. Dort ist auch eine bewährte Methode des Vorgehens genau beschrieben, wenn Sie in einem besonderen Fall speziell das oder die richtigen homöopathischen Mittel erpendeln wollen. Wenn ich im folgenden auch eine andere, für meine Begriffe einfachere Methode für Diagnose und Therapie darstelle, so möchte ich unter keinen Umständen den Hinweis auf dieses Buch versäumt haben. Speziell für das Erpendeln von homöopathischen Mitteln ist es kaum entbehrlich. Übrigens betont auch sein Verfasser als Mediziner aus seiner langjährigen Erfahrung heraus den engen Zusammenhang, der zwischen den 7 »Kraftzentren« (Energiezentren oder Chakren) und den Hormondrüsen auf der seelisch-geistigen und der körperlichen Seite der Erkrankung besteht.

Im Sinn der vorbeugenden Medizin ist der Pendel eine hervorragende Hilfe und von großem praktischen Wert. Denn er zeigt oft schon geraume Zeit vor dem äußerlichen Ausbrechen der Erkrankung jede Energiestörung und damit die akute Gefahr an. Es geht dabei nur darum, die frühzeitig auftretenden feinen Störungen zu erkennen und ernstzunehmen, was leider häufig nicht geschieht. Wer solche Hinweise jedoch hinreichend wachsam und kritisch aufgreift, der kann eine aufkommende Erkrankung schon in ihrem Vorfeld, noch in der Phase ihrer Entwicklung erkennen und ihr dann entsprechend vorbeugen. Deshalb muß er nicht gleich zum Hypochonder werden, der in ständiger Angst vor möglicher Erkrankung dahinlebt und so ein gutes Stück des besten Menschentums preisgibt.

Wie weit sind präzise medizinische Erkenntnisse erforderlich?
Wenn die Möglichkeit einer ernsthaften gesundheitlichen Bedrohung besteht, sind sie selbstverständlich unerläßlich. Daher ist im Zweifelsfall stets ein für die Ganzheit des Menschen aufgeschlossener Arzt oder Heilpraktiker zu Rate zu ziehen. Jedoch wird auch von ärztlicher Seite im Zeichen der Explosion der Krankheitskosten mehr und mehr betont, daß man sich bei den Bagatellkrankheiten des Alltags mit den bewährten alten Hausmitteln selbst gut helfen kann. Nicht selten berichten praktische Ärzte, daß von 100 Patienten allerhöchstens 20 wirklich ärztliche Hilfe benötigen. Das ändert jedoch nichts daran, daß der Rat des erfahrenen medizinischen Fachmanns unentbehrlich ist, um unliebsamen und vielleicht gefährlichen Entwicklungen vorzubeugen. Deshalb wäre es im akuten Gefährdungsfall absolut unverantwortlich, z. B. die großartigen modernen Diagnose- oder chirurgischen Möglichkeiten von heute außer acht zu lassen.

Das Interessante dabei, was auch der vor kurzem erwähnte Dr. Jakob betont: *Beim guten Pendler stimmen Pendel und medizinische Erkenntnisse durchweg überein.* Das wird ebenso von anderen pendelnden Ärzten immer wieder bestätigt. (Davon gibt es viel mehr, als man im allgemeinen glaubt!) Am Schluß der Einführung zu seinem Buch bringt Dr. Jakob eine Reihe präziser und überzeugender Beispiele für die Treffsicherheit der medizinischen Pendelarbeit. Dabei darf man natürlich nur nicht vergessen, daß die Treffsicherheit des Pendelns im wesentlichen von der hohen Pendelkraft und diese von entsprechend hoher seelisch-geistiger Entwicklung abhängt. Das habe ich früher ja schon deutlich herausgearbeitet. Es kann also kaum einer auf Anhieb derartig »perfekte« Ergebnisse erzielen. Doch lohnt sich langfristig die echte Bemühung darum in der Arbeit an sich selbst, und das aus vielerlei Gründen.

Im folgenden sollen nun *die ganz praktischen Erkenntnismöglichkeiten* der Reihe nach behandelt werden: Im 1. Teil für das Erkennen der Störungsquellen (Diagnose) und im 2. Teil die uns zur Verfügung stehenden, zumeist einfachen Hilfen (Therapie), soweit sich diese nicht ganz selbstverständlich aus den im 1. Teil gewonnenen Erkenntnissen ableiten, wie z. B. beim Erfassen gewisser Ernährungsmängel. Sie verlangen ja von ganz allein die Zufuhr der mangelnden Stoffe. Auch wird hier die medizinische Fachsprache nicht bemüht, soll doch jeder geistig geweckte Mensch mit allem arbeiten können. Den im Zweifelsfall zu Rate gezogenen Arzt wird das gewiß nicht stören.

1. Teil: Erkennen der Störungsquellen (Diagnose)

Das Pendeln direkt über oder am Körper des Kranken ist weitgehend eine Frage der persönlichen Erfahrung und Einübung: Die besonderen Pendelbewegungen oder -ausschläge sind individuell verschieden. Deshalb lohnen sich Verallgemeinerungen nach meiner Überzeugung auf keinen Fall. Auch wenn der Pendel über gesunden Körperteilen oder Organen im allgemeinen in kräftige Rechtsdrehung übergeht, also Kreise im Uhrzeigersinn macht, bei gesundheitlichen Störungen Linkskreise, Ellipsen oder sonstige Figuren zeigt oder auch ganz einfach stillsteht, so muß das im einzelnen besonderen Fall durchaus nicht immer sein. Jeder Pendler muß sich die Reaktionen seines Pendels persönlich erarbeiten.

Einfacher ist das Verfahren, den Pendel über die einzelnen Körperteile und Organe zu halten und im Sinne der Ja- oder Nein-Frage die Gesundheit, Funktionstüchtigkeit oder Ungestörtheit zu ermitteln. Übrigens wird bei diesem Vorgehen des öfteren berichtet, daß besonders sensible Pendler dann fast unverzüglich an ihrem eigenen Körperglied oder -organ die Schmerzen oder Störungen des bependelten Kranken verspüren. Die einfache Erklärung: Alles ist schwingende, fließende Energie! Die »schlechte«, aus ihrer Ordnung gefallene Energieschwingung geht sogleich auf den allzu sensiblen Pendler über und »bemächtigt sich« seines entsprechenden Körperteils, welcher das sofort durch Störung oder Schmerzen anzeigt. Sollte Ihnen etwas Derartiges begegnen, so brauchen Sie sich nicht zu beunruhigen. Leiten Sie diese Ihnen zugeflossene Überspannung ganz einfach voll bewußt über Ihre Füße in die Erde ab, und Sie sind das eigenartige Phänomen sofort los!

Hier zeige ich *im folgenden wohlüberlegt einen anderen Weg* auf, der nach meiner Überzeugung und aller meiner Erfahrung einfacher und auch sicherer ist. Er hat zudem den Vorteil, daß Sie nicht unmittelbar am Körper des Kranken zu arbeiten brauchen, was manche nicht schätzen, und was gelegentlich auch zu Peinlichkeiten führen kann, zudem juristisch mindestens zweifelhaft ist. Außerdem verlangt dieses Verfahren nicht einmal die Anwesenheit des Kranken: Es ist das gleiche wie bei Fernermittlung von persönlichen Störungen. In jedem Fall sammelt sich der anwesende oder nur durch das Telefon angeschlossene Kranke auf seine persönliche Schwierigkeit, während Sie für ihn pendeln. Ist der Fragesteller eine 3. Person (Ehepartner, Elternteil, Freund), so stellt sich diese ganz auf die Schwierigkeit des ihm wohlbekannten kranken Menschen ein und stellt so die nötige Verbindung zu Ihnen her. Bei dieser Methode wird lediglich mit *gründlich erarbeiteten Tafeln:* Tabellen, Übersichten oder Schemata, gearbeitet, die sich in der Praxis längst tausendfach bewährt haben, und die Antworten des Pendels sind stets eindeutig klar. Diese Tafeln werde ich nun eine nach der anderen vorstellen und sie soweit nötig durch Erklärungen in knappster Form ergänzen.

Nutzung der 100 %-Skala ②, z. B. Gesundheitsindex (GI)

Gleich an erster Stelle muß ich Sie an das wohl wichtigste Schema der 100 %-Skala ② erinnern, das Sie jetzt schon recht gut kennen. Im vorliegenden Zusammenhang ist es vor allem einzusetzen für:

a) *Das Erfassen des Gesundheitsindex (GI),* das heißt des Grades der Gesundheit in der allgemeinsten Form: »Wie hoch ist der Gesundheitsindex von X?« 100 % ist wie üblich das theoretisch absolute Höchstmaß, das in der Lebenspraxis sehr selten vorkommt. 65 % ist etwa der durchschnittliche Wert, während das absolute Minimum bei 25 % liegt. Hier endet mit dem geringstmöglichen Maß an Gesundheit auch die Lebensfähigkeit des Menschen.

b) *Das Erkennen der Fehlsteuerung von Lebenskraft (LK:F):* »In welchem Prozentsatz ist die Lebenskraft von X derzeit fehlgesteuert?« Schon ab etwa 10 % liegt eine akute Erkrankungsgefahr vor, der Sie im Sinn der folgenden Ausführungen nachpendeln sollten. Sie können der Fehlsteuerung der Lebenskraft speziell aus der diesseitigen Sicht, also aus der heute allgemein gebräuchlichen Lebensbetrachtung heraus, nachforschen und ebenso aus der geistig-spirituellen Sicht. Wahrscheinlich werden Sie sich über das Ergebnis wundern, es bei genauerem Nachdenken jedoch akzeptieren müssen.

c) *Die Beobachtung des Ablaufs einer Erkrankung (oder irgendeines Geschehens):* Zum Beispiel gibt das wiederholte Erfragen des Grades der im jetzigen Zeitpunkt zur Verfügung stehenden Lebenskraft ein klares Bild über Auf und Ab einer Erkrankung hinsichtlich Verschlechterung, gleichbleibendem Zustand, Besserung, Rückfall, Erholung und dergleichen. (Das gleiche gilt sinngemäß für den jeweiligen Zustand einer persönlichen oder geschäftlichen Verbindung mit anderen Menschen usw.) Ebenso, wenn Sie einen ganz bestimmten Krankheitszustand zu einem bestimmten Zeitpunkt gleich 100 setzen und unter Bezug darauf den Grad des jetzt eingetretenen Zustands erfragen: »Wenn die Schwere der Erkrankung von X am . . . gleich 100 war, wie hoch ist sie bezogen auf diese 100 im jetzigen Zeitpunkt?«

d) *Die jeweilige zeitliche Einordnung im Krankheitsverlauf:* »Wenn der normale Verlauf der Erkrankung von X bis zu ihrer Überwindung insgesamt 100 Zeiteinheiten umfaßt, wo steht der Krankheitsverlauf dann im jetzigen Zeitpunkt bezogen auf diese 100 Zeiteinheiten?« Bei Antwort 40 ist also die Hälfte noch nicht erreicht, bei Antwort 75 liegen ¾ der Erkrankungszeiten schon hinter dem Patienten, jedenfalls was den normalen Verlauf anbelangt.

e) *Das Erfassen der bestgeeigneten Methoden aus mehreren Möglichkeiten:* »Wenn das Verfahren A 100 % an Linderung oder Hilfe bietet, wie groß ist die Linderung oder Hilfe, die das Verfahren B bringt, bezogen auf diese 100 %?«

Wo sind organische Störungen ⑪ und welcher Art sind sie ⑫?

Beim Auftreten irgendeiner Erkrankung oder Störung oder Gefährdung des Organismus geht es zunächst immer um die möglichst genaue Lokalisierung des Übels und um die möglichst genaue Erkennung der besonderen Art der Störung. Das läßt sich mit Hilfe der beiden Übersichten ⑪ und ⑫ leicht klären.

In vielen Fällen genügt *beim Befragen von* ⑪ die Angabe eines einzelnen Organs nicht, weil mehrere in Mitleidenschaft gezogen sind. Daher sollte der 1. Frage: »Wo ist die organische Störung?« eine zweite folgen: »Wirkt sich diese Störung noch in einem anderen Organ bzw. Teilbereich des Körpers aus? Wenn ja, bitte ich sie anzuzeigen.«
Entsprechend sollten Sie *beim Befragen von* ⑫ vorgehen: Stellen Sie zuerst die Frage »Welcher Art ist die organische Störung?« oder: »Welcher der hier aufgeführten Begriffe trifft den Kern dieser Störung am besten?« – und fahren Sie dann fort: »Welcher der anderen hier aufgeführten Begriffe trifft den Kern der Störung auch noch gut?« oder »Ist noch eine andere sprachliche Be-

zeichnung von Aussagekraft für das Erkennen dieser Störungsart verzeichnet? Wenn ja, bitte anzeigen. Wenn nein, bitte antworten mit (z. B.) Linksdrehung, also der Antwort ›Kann ich nicht beantworten‹.« (Durch diesen pendlerischen Kunstgriff ersparen Sie sich ein mehrfaches Ja-Nein-Fragen!) Oft klärt sich der wahre Sachverhalt erst durch dieses zusätzliche Fragen in vollem Umfang.

Eine andere einfache Möglichkeit – die jedoch schon erhebliche Sicherheit im Pendeln voraussetzt –, wenn es sich um jemand handelt, von dem Sie *eine Handschrift oder eine Photographie* zur Verfügung haben: Sie können (wie schon im Prinzip im Kapitel »Erkennen des geistigen Wertes« beschrieben) Ihre linke Hand knapp darüberhalten bzw. lose darauflegen und mit Ihrer rechten den Pendel über eine anatomisch exakte Darstellung des menschlichen Knochensystems, der inneren Organe usw. halten und bei jedem Organ die Ja-Nein-Frage zu seiner einwandfreien Funktion stellen.
Wenn Sie zuerst der einen der jetzt beschriebenen 2 Methoden folgen und nach einiger Zeit, wenn Sie das Ergebnis vergessen haben, der anderen, so werden die beiden Ergebnisse exakt übereinstimmen! Natürlich kann es auch einmal vorkommen, daß Sie ihr 1. Ergebnis dann noch erweitern, wenn Sie beim ersten Mal etwas übersehen haben sollten.

Das in den Tabellen bei manchen Begriffen angefügte Zeichen ♂ weist auf eine eigene Übersicht zu diesem Fragenkomplex hin, die dann natürlich anschließend zu Rate zu ziehen ist.

Erkennen von tieferliegenden Ursachen ⑬

In den meisten Fällen lohnt es sich, dann sofort nach der tieferliegenden Ursache für die Erkrankung oder Störung oder Gefährdung zu forschen. Das ist *oft die wichtigste Frage,* um den wahren Grund der Schwierigkeit zu erfassen und nicht bloß in ihrem äußeren Symptom hängenzubleiben. Denn mit dessen Beseitigung ist langfristig gar nichts gewonnen, wenn die wahre Ursache dann nach einiger Zeit zu neuen Krankheitssymptomen oft nur anderer Art führt.

Das Vorgehen ist prinzipiell das gleiche wie soeben bei ⑪ oder ⑫, etwa die Frage: »Ist eine tieferliegende Ursache für die Erkrankung oder Störung oder Gefährdung gegeben, die bis jetzt noch nicht bekannt ist? Welche im Hintergrund stehende Ursache ist das?« Es folgt sicherheitshalber dann immer das Forschen nach zusätzlichen Erklärungen, wie vor kurzem beschrieben.

Im übrigen sollten Sie *stets nach weiteren Hintergründen oder genaueren Einzelheiten forschen,* auch wenn das Zeichen ♂ nicht aufscheint, welches ja auf eine eigene diesbezügliche Übersicht verweist. Z. B. kann und sollte bei der Antwort »Schlechte Ausscheidung« sogleich nach allen Möglichkeiten gefragt werden: Ausscheidung über Darm, Nieren, Blase, Lunge, Haut. Schreiben Sie in einem solchen Fall die paar Worte nach Art der vorliegenden Tabellen auf einen Zettel, und fragen Sie diese dann ab.

Skelett, Knochen, Gelenke ⑭
Bauch- und Verdauungsorgane ⑮
Drüsen ⑯
Kopf ⑰

Diese 4 Tafeln bedürfen im Grunde keiner zusätzlichen Erklärung. Wenn auf sie hingewiesen wird, sind sie in der gewohnten Weise abzufragen. Beachten Sie immer:

- Auch hier gilt es, wie im 2. und 3. Kapitel beschrieben, *grundsätzlich nach weiteren Möglichkeiten auf der gleichen Tabelle zu fragen,* um volle Klarheit zu bekommen.
- *Wenn aus Platzgründen bei einem Anzeigepunkt mehrere Möglichkeiten verzeichnet sind,* müssen diese anschließend sofort überprüft werden, z. B. mit der A-B-Frage ③, damit sich der einzig zutreffende Punkt herausstellt. Wenn z. B. in der Tafel

⑭ der Pendel auf »Brustbein, Rippen, Brust-Wirbelsäule« zeigt, ist sofort zu fragen, welche dieser 3 Möglichkeiten zutrifft. Lautet die Antwort etwa »Rippen«, ist die nächste Frage: »Handelt es sich um eine Rippe auf der rechten oder auf der linken Körperseite?« (A-B-Schema ③). Bei der Antwort »Auf der rechten« folgt die Frage: »Die wievielte Rippe, von oben her gezählt, ist die betroffene?« (Die Zahlenreihe 0 – 10 in ③ oder die Zahlenreihe 1 – 35 in ⑤ gibt eine ganz klare Ablesemöglichkeit innerhalb dieser oft befragten Zahlen. Sie kann wie immer in derartigen Fällen ausgenützt werden).

- Wenn auf der Übersicht über die Drüsen ⑯ eine Drüse als gestört angegeben wird, sollte *die nächste Frage sofort auf die Feststellung und weitere Präzisierung,* hier von Über- oder Unteraktivität zielen: Das Schema »Das rechte Maß« ⑩ gibt das im jeweiligen Grad der Über- oder Unterfunktion sofort genau an. Sinngemäß trifft das gleiche für verschiedene Positionen auf der Übersicht »Bauch- und Verdauungsorgane« ⑮ zu.

Hauptnährstoffe ⑱ Ernährungsart/Diät ⑲

Die Aufstellung Hauptnährstoffe ⑱ zeigt die verschiedenen Arten der Nährstoffe auf, die erst in der Summe unseren Organismus lebensfähig machen.

Zum Begriff »Purinkörper«: Das sind gewisse organische Verbindungen, die mit Harnsäure verwandt sind. In der richtigen Menge sind sie für den Körper lebenswichtig. Wenn er jedoch zu viel Purine aufweist, so sind sie in gewissem Sinn als Giftstoffe zu bezeichnen und können sehr schädliche Folgen haben, z. B. Gicht und ähnliche Wohlstandskrankheiten hervorrufen oder fördern.

Aus gutem Grund habe ich bewußt *die seelische Lebenskraft* noch zugefügt, die bei der Einheit von Körper und Seele-Geist auch für das vermeintlich rein körperliche Geschehen von großer Bedeutung ist.

Mit dieser Übersicht läßt sich rasch erkennen, bei welcher Gruppe etwas nicht in Ordnung ist, sei es, daß der Körper davon zu wenig oder auch zu viel aufweist. Am einfachsten zeigt das im Detail auch hier die 100 %-Skala ② oder auch das Schema des rechten Maßes ⑩ auf. Was der Körper dann braucht bzw. was er loswerden muß, um wieder in seine ungestörte Ordnung zu kommen, ergibt sich dann von selbst.

Hier einige Hinweise zu dem außerordentlich weitgreifenden Thema der Ernährungsarten und der vielen Diäten ⑲, die heute von den verschiedensten Richtungen her empfohlen werden. Ganze Büchereien lassen sich mit der diesbezüglichen Literatur füllen. Ganz bewußt habe ich in diese Aufstellung nur die großen Linien der Ernährungsrichtungen und nur solche Diätarten aufgenommen, die nach jahrzehntelanger Beobachtung für bestimmte Fälle empfehlenswert sind:

- *»Mischkost«* meint die heute weitgehend übliche Mischung von Fleisch- und Gemüsekost.
- *»Gemäßigte Mischkost«* bedeutet Reduzierung des Fleisches auf eine bescheidene Menge, auf nur gelegentlichen Genuß.

Zum Thema Mischkost: Viele Menschen würden weniger oder gar kein Fleisch essen, wenn sie die Tiere, die sie verzehren, selbst töten oder dabei zuschauen müßten. Dann würde ihnen nämlich sehr viel mehr bewußt, was sie tun. Wem die innere Stimme den Genuß von Fleisch verwehrt, der möge auf sie hören.

Der Begriff der »vegetarischen Ernährung« schließt viele besondere Arten des Vegetarismus ein, von denen nur die wichtigsten aufgeführt sind.

- Als *»Rohkost«* ist die reine Rohkost zu verstehen, ohne jeden Koch- oder Backvorgang.
- Bei der *»Vollwertkost«* soll der volle, naturbelassene Wert des Lebensmittels erhalten werden, wie er z. B. im vollen Getreidekorn oder im ungeschälten Reis enthalten ist.

Die allgemeine Unterscheidung »Weniger trinken (Mehr Yang)« im Gegensatz zu »Mehr trinken (Mehr Yin)« ist von großer Wichtigkeit. Sie ist zugleich sehr bedeutungsvoll für die makrobiotische Ernährung.

Besonders wichtig für alle speziellen Ernährungsweisen, Diäten oder Kuren:
Versäumen Sie nie, danach zu fragen, wie lange Sie eine solche einhalten sollen! Vor zu lange oder gar dauerhaft eingehaltener einseitiger Diät muß nachdrücklich gewarnt werden: Schon viele Menschen haben sich dadurch schweren Schaden zugefügt, der später nicht immer wieder gutgemacht werden kann. Vorübergehend mögen besondere Diäten höchst segensreich sein, weil sie verlorenes Gleichgewicht wiederherstellen können. Auf die Dauer gesehen müssen Sie jedoch wegen der Einseitigkeit zu oft schweren Störungen und Mangelerscheinungen führen. Die Natur duldet nun einmal keinerlei Störung des Gleichgewichts! Im nächsten Kapitel wird sich das noch genauer zeigen.

Zum Schluß nur dieser Hinweis: *Wer in der Harmonie mit sich und seiner Welt lebt* oder wer sich im richtigen Geist auch nur darum bemüht[36], der kann – von dem soeben Gesagten abgesehen – getrost alles essen, was die Natur ihm im Rhythmus der Jahreszeiten bietet. Wenn er das in der richtigen Einstellung, nämlich bewußt-dankbar und bewußt-freudig zu sich nimmt, dann sorgen seine harmonischen Seelenkräfte für die richtige Aufnahme und Verarbeitung im Körper: Er wird sich ungestört alles aus der ihm so zugeführten Nahrung herausholen, was er braucht. *Und wer in hypochondrischer Weise* jeden Bissen, bevor er ihn einnimmt, ängstlich oder gar voll Angst auf Beschaffenheit und Menge hin überprüft, der muß sich nicht wundern, wenn er sich auf solche Weise nicht nur zum Sklaven seiner Nahrung macht, sondern darüber hinaus seine innere Freiheit als ungestörte Persönlichkeit aufs Spiel setzt oder gar verspielt. Eine solche sklavische Abhängigkeit vom Pendel will dieses Pendelbuch ganz gewiß nicht lehren. Sie ist etwas radikal anderes als etwa eine warnende Stimme des Pendels zu hören und sie nach gebührendem Überdenken zu befolgen.

pH-Wert ⑳

Der pH-Wert zeigt den Säureanteil im Zellwasser an. Er ist die Maßzahl für die Aktivität oder Konzentration der Wasserstoffionen und damit für den Säure- oder Alkaligehalt einer Lösung bzw. in den Körperzellen. Er gibt die aus der Sonne stammende bioenergetische Kraft an, mit der sich die Ionen, die kleinsten Bausteine aller Materie, gegeneinander bewegen. Man kann auch sagen: Er ist die Maßzahl für die elektrische Energie, die alles zusammenhält. Denn alles ist plus- oder minuspolig geladen und das bestimmt hochgradig unser Dasein: den Körper als Ganzes, unsere Nahrungsmittel und darüberhinaus alles, was uns unsere Sinne vermitteln, z. B. Töne, Farben (Grün = 7), Edelsteine, das Wetter usw. usw.

Ein pH-Wert von größer als 7 bedeutet alkalische oder basische, einer von 7 die neutrale und von kleiner als 7 saure Reaktion der Lösung. Durch Verdünnung oder durch Alterung, ebenso durch chemische Einflüsse kann sich der pH-Wert verschieben, z. B. bei Wasser von 7 auf 4 in Gestalt des sauren Regens.

Die +polige Säureseite spiegelt Anregung: Aktivität, Aggressivität bis zu Verwirrung wider, *die −polige alkalische Seite Abwehr:* Inaktivität, Müdigkeit, Unentschlossenheit, während bei der *neutralen 7* Ausgeglichenheit und Mäßigung vorherrschen. Je weiter die Entfernung von der richtigen Mitte, um so mehr kommen die Übersteigerungen zum Tragen, die wir wertmäßig als negativ empfinden. Im übrigen können Sie die ebenso hier gültige Grundgegebenheit dem Schema »Das rechte Maß« ⑩ entnehmen, wo Sie ja auch den Hinweis auf den pH-Wert finden.

Der pH-Wert ist von der größten Bedeutung für die Gesundheit, was leider allzu viele, sonst noch so geistig rege Menschen nicht erkennen. Allenfalls beachten sie es dann, wenn es zunächst zu spät, der Schaden schon eingetreten ist. Durch die richtige Auswahl der Lebensmittel ist er im allgemeinen auf einfache und nachhaltige Art zu beeinflussen und zu steuern. Die Nahrung wird um so verträglicher und gesünder, je mehr sie auch reich an Basen ist, und um so gefährlicher für die Gesundheit, je säurehaltiger sie wird. Säureüberschuß sollte auf jeden Fall vermieden werden.

In vielen Apotheken, Reformhäusern und Buchhandlungen finden Sie heute eine Auswahl von guter und verständlich geschriebener Literatur, die Sie in dieser Hinsicht über alles Notwendige informiert. Hier sei nur als grobe Richtlinie gesagt:

- Der Körper wird übersäuert durch zu viel, vor allem einseitigen Genuß von Fleisch, Zucker und Weißmehl.
- Der Körper kommt zu sehr auf die basische Seite durch zu viel, vor allem ganz einseitigen Genuß von Gemüse (auch Kartoffeln) und Milchprodukte.
- Bei den heutigen Ernährungsgewohnheiten ist die Gefahr der Übersäuerung wesentlich größer.

Seelisch-geistige Störungen ㉑ und ihre Ursachen ㉒

Es gibt *eine ganze Reihe von Gliederungen für die verschiedenartigen seelisch-geistigen Störungen der Persönlichkeit*, die von ihrem besonderen Blickpunkt aus alle ihren Sinn haben. Ich habe in der Übersicht ㉑ eine Einteilung gewählt, die möglichst für die Praxis des Lebens »griffig« ist, weil sie den notwendig begründeten Überblick über die Vielfalt gibt. Es braucht nicht betont zu werden, daß die Übergänge auf diesem Gebiet außerordentlich mannigfach sind und daß sich die einzelnen aufgeführten Störungen oftmals überschneiden. Das ändert nichts am praktischen Wert dieser Aufstellung für das Erkennen des Grundsätzlichen. Zum Vergleich: In der Psychoanalyse unterscheidet man zumeist den schizoiden, depressiven, zwanghaften und hysterischen Charakter mit allen auch hier gegebenen Überschneidungen.

Zur »Störung der Kritikfähigkeit«: Sie kann ganz verschiedenartig begründet sein durch Mißbrauch von Alkohol oder Drogen (heute weiter verbreitet, als man glauben möchte), durch Verkalkung (sie wird in höherem oder hohem Alter meist durch lebenslange falsche Ernährung begünstigt, wenn nicht hervorgerufen) oder durch tiefgreifende Störung im Selbstbewußtsein (mit ihren Verschiebungen im Denkprozeß).

Zur »hysterischen Neurose«: Die soeben angeführte tiefgreifende Störung im Selbstbewußtsein ist hier der Kern des Übels, das bis zur Flucht in die Krankheit führt. Der Mensch ist hier im eigentlichen Sinn nicht mehr er selbst, sondern durch die neurotische Verschiebung nur noch eine mehr oder minder weitgehende Verzerrung seiner Persönlichkeit.[37]

Zur angegebenen Ursache »karmisch bedingt«: Über das Karma ist im 1. Teil dieses Buches in knapper Form das Wichtigste gesagt. Je mehr Sie sich mit diesem Begriff des aktiven Tuns und seinen Folgen im »Rad der Wiedergeburt« vertraut machen, um so weniger werden Sie mit dem Schicksal hadern über die vermeintlichen Ungerechtigkeiten, von denen die Welt voll ist. Wegen der wahrhaft fundamentalen Bedeutung dieser Zusammenhänge möchte ich auch an dieser Stelle nochmals die Anmerkung 13 in Erinnerung rufen.

Abschließend der Hinweis: Wo immer wir mit sogenannten »seelischen« oder »inneren Konflikten« von nennenswerter Bedeutung, mit »Komplexen« und ähnlichen Begriffen zu tun haben, sind wir im Problemkreis dieser seelisch-geistigen Störungen. Es kann sich um Vorstufen oder um die vollentwickelte Problematik handeln. In jedem Fall wird sie sich Ihnen mit Hilfe des Pendels und dieser beiden Übersichten ㉑ und ㉒ wesentlich erhellen, die Sie nur voll auszuschöpfen brauchen.

Nutzung des Schemas »Das rechte Maß« ⑩

Nicht nur für psychologisches Pendeln, sondern *auch für das gesundheitliche* ist das Schema vom rechten Maß ⑩ von der größten Bedeutung. Darauf muß ich in aller Deutlichkeit hinweisen, damit Sie diese so wichtige Hilfe für den hier vorliegenden Zusammenhang nicht außer acht lassen. Das wäre ein schweres Versäumnis. Ganz besonders gilt das für alle die Fälle, wo ein Zuviel oder ein Zuwenig gegeben sein mag, z. B. für

- *viele organische Störungen* ⑪ (um sowohl ihren besonderen Charakter als auch ihr Ausmaß besser zu erfassen),
- *die Tätigkeit der alles steuernden endokrinen Drüsen* ⑯ (wo jedes Abweichen von der rechten Mitte, jede Über- oder jede Unterfunktion sofort Störungen nach sich zieht),
- *die Hauptnährstoffe* ⑱ (wo Mangelerscheinungen ebenso wie Übermaß sogleich sichtbar werden),
- *den richtigen Gehalt des Körpers an Vitalstoffen* ㉓ (Vitamine, Spurenelemente, Mineralstoffe),
- *die Zahl der roten und weißen Blutkörperchen* in unserem Organismus (mit allen ihren weittragenden medizinischen Folgen),
- *den Stoffwechsel* (in seinem erstrebenswerten, ausgeglichenen Ablauf),
- *die Wirkung von chemischen Medikamenten oder natürlichen Heilmitteln* (wiederum mit der Frage nach Zuviel oder Zuwenig) usw. usw.

Über die praktische Handhabung dieser Tabelle braucht an dieser Stelle wohl nichts mehr gesagt zu werden. Sie dürfte aufgrund der früheren Ausführungen nun problemlos sein.

Ionenkonzentration der Zellenergie (IK) ⑩

Hier folgt sofort ein weiteres und ganz wichtiges Beispiel für die vielseitige praktische Nutzung dieses Schemas vom rechten Maß ⑩. Es geht um die Erkenntnisse der Zellforschung in den letzten Jahrzehnten, die für unsere Gesundheit geradezu eine Schlüsselbedeutung haben: um die Ionenkonzentration in den Zellen unseres Körpers, um ihre Dosierung und ihre Wirkungsfaktoren. Das entscheidet über Gesundheit und Krankheit. Das Leben ist Energie, und die Energie unterliegt dem Gesetz der Polarität. *Gesundheit* ist nichts anderes als zellenergetisches Gleichgewicht, als die rechte Mitte zwischen plus- und minuspoliger Energie, also um ihre Ausgeglichenheit, ihre Balance. Und *Krankheit* tritt ein mit dem Verlust an diesem Gleichgewicht, wenn das Zellenergiepotential also durch einseitige Polung geschwächt wird. Dann schwinden die Abwehrkraft des Organismus, im Extrem bis zur völligen Erschöpfung, und damit selbstverständlich seine selbstheilenden »Mechanismen« mit allen ihren Regenerations- und Aufbaumöglichkeiten.

So mußten nach den ersten amerikanischen Raumflügen die Astronauten wegen schwerer gesundheitlicher Störungen wochenlang in Quarantäne gehalten werden, bis man entdeckte, daß ein unscheinbarer Minus-Ionen-Generator das zellenergetische Gleichgewicht in kurzer Zeit wieder voll herstellte. Nicht umsonst wird seit einigen Jahren etwa die absolute Notwendigkeit der richtigen Ionisierung der Luft in unseren Lebens- und Arbeitsräumen mehr und mehr herausgestellt.

Übrigens: Ionenkonzentration der Zellenergie darf *auf keinen Fall mit dem pH-Wert verwechselt* werden, der lediglich über das Säure-Basen-Verhältnis Auskunft gibt. Mögen zwischen beiden gewisse Beziehungen bestehen, so müssen sie doch scharf auseinandergehalten werden.

Das Schema vom rechten Maß ⑩ steht – wie Sie wissen – unter *dem Gesetz von Spannung und Lösung* oder mit den alten Chinesen gesprochen: *von Yang und Yin.* Diese unterschieden die Krankheiten bereits mit großem praktischem Nutzen nach Yang- oder übermäßigen Spannungs- und nach Yin- oder übermäßigen Lösungskrankheiten[38]. So können wir auch heute noch immer von *zwei großen Gruppen von Erkrankungen* sprechen:

Zunächst denen, *die auf Überspannung, also auf Verhärtung, Verkrampfung der Energie beruhen* und zu Stauung, Blockade, zu Muskelkontraktionen (Spasmen), zu Zusammenziehung und damit z. B. zu Gefäßverschlüssen führen. Sie sind für die verschiedenen Formen und Arten von Herzinfarkt und Schlaganfall typisch. Bezüglich der Ionenkonzentration der Zellenergie finden Sie das im Schema ⑩ auf der rechten Seite zum Stichwort Funktionshemmung gehörig. Wenn Sie – was sehr veständlich wäre – jetzt an der hier befindlichen Überschrift YIN, also »Lösung bis Auflösung der Kraft« Anstoß nehmen, so gedulden Sie sich kurze Zeit: Der vermeintliche Widerspruch wird sich bald auflösen. Das ist eine prinzipielle Gruppe von Erkrankungen.

Und die 2. Gruppe ist *die auf übermäßiger Lösung beruhende*, die zum überquellenden, im Extrem unkontrollierten, überschäumend-hemmungslosen Ausströmen der Kraft führt. Sie ist für Ausbreitung und Vermehrung, für das Aufsprießen und Wuchern (Proliferation) und damit z. B. für alle Geschwüre und geschwürartige Erscheinungen, vor allem für die ungesteuert wildwuchernde Krebsgeschwulst so typisch. Im Schema ⑩ finden Sie das auf der linken Seite mit dem Begriff der Funktionsbeschleunigung verzeichnet. Auch hier werden Sie vermutlich sofort den Widerspruch zur Überschrift YANG, also »Spannung bis Überspannung der Kraft«, empfinden. Das soll sofort geklärt werden.

Die jahrtausendealte und das gesamte Leben umfassende Yin-Yang-Gesetzlichkeit muß entweder ausnahmslos gültig sein, oder sie ist keine Gesetzlichkeit und hat keine Daseinsberechtigung. Daher muß der Tieferschürfende ernsthaft dem hier aufscheinenden Widerspruch nachgehen. Er hat auch mich lange beschäftigt, und ich bin mir heute seiner im Kern einfachen und geradezu zwingenden Erklärung sicher. Voraus nur die Frage: Wenn es um die Erklärung, um die Begründung für eine Erkrankung geht, soll man dann nur das Bild der vollentwickelten Krankheit sehen, oder ist es nicht viel wichtiger, der Entstehung des erst später aufscheinenden Krankheitsbildes genau nachzugehen? Ich glaube, diese Frage bedarf gar keiner Beantwortung.

Warum steht die Funktionsbeschleunigung des Krebses auf der Plus-, also auf der YANG-Seite, obwohl der Krebs doch durch die hemmungs- und steuerlose Wucherung der Gewebe eindeutig als Yin-Krankheit erscheint? Die Erklärung: Der Krebskranke zeichnet sich psychologisch durch seine Selbstentfremdung aus, die sich aus seiner zumeist langfristigen und durch Spannung gekennzeichneten Selbstbeherrschung ergibt.[39] Wird diese seine innere Spannkraft und Selbstdisziplin dann durch ein ihn im Inneren tiefgreifendes Ereignis überfordert (starker Streß, schwerer Verlust), dann bricht die schon krampfhaft gewordene Selbstdisziplin zusammen und weicht der nahezu totalen Auflösung der Kraft. Das Gesetz: »Die Gegensätze ziehen sich an« tritt in sein Recht, bei Überspannung bricht der Bogen![38] Dann ist die Yin-Krankheit Krebs in ihrer hemmungslosen Wucherung (Proliferation) äußerlich erkennbar ausgebrochen. Krebs ist also in seiner Entstehung eine Spannungs- oder eine YANG-Erkrankung und in den Symptomen des Ausbruchs dann eine typische YIN-Krankheit.

Und warum erscheinen Herzinfarkt und Schlaganfall auf der Minus-, also auf der YIN-Seite, obwohl die ihnen zugrundeliegende Verhärtung, Verkrampfung, Blockade in den Gefäßen doch eindeutig eine YANG-Krankheit ist? Auch hier ist die Erklärung einfach: Der vom plötzlich eintretenden Infarkt bzw. Schlaganfall Betroffene ist in aller Regel ein von seiner Arbeit Besessener, der sich über lange Jahre hinweg (vielleicht von kurzen und vorübergehenden Ermüdungsperioden abgesehen) *nicht zu seiner ständigen Aktivität gezwungen hat,* wie der oberflächliche äußere Anschein glauben macht. Hier schlägt wieder einmal der fast allseits übersehene Primat der Interessen, das heißt der inneren Antriebskräfte, durch[40]. In Wahrheit ist er seinem unermüdlichen Schaffen, hinter dem natürlich eine hinreichend starke Vitalkraft steht, »verfallen«, ihr ausgeliefert. Ähnlich wie der kraftvolle Säufer vom Alkohol oder der Sexsüchtige vom Reiz des anderen Geschlechts ist er nahezu total von der Arbeitssucht gepackt. (In der Praxis stehen ja nicht selten unbefriedigte eheliche oder Familienverhältnisse im Hintergrund, die Selbstentfaltung und Selbst-

bestätigung dann um so mehr in der Berufsarbeit suchen und finden lassen!). Er ist insoweit also eine YIN-Persönlichkeit (Der alte Fehler: Yin mit Schwäche zu verwechseln, statt es richtig als freigelöste Kraft zu erkennen!), und eines Augenblicks kann der körperliche Organismus in Gestalt der feinsten Gefäße im Herz- und Gehirnbereich der allzu starken kontinuierlichen Belastung nicht mehr standhalten. Er zieht sich gleichsam in sich selbst zurück, indem sich ganz einfach das am meisten anfällige, das bioenergetisch schwächste der überlasteten Gefäße stark zusammenzieht: Der Gefäßverschluß ist eingetreten. Die durch das Blut wegtransportierten Abfallprodukte stauen sich etwa in Gestalt des Thrombus, wie ihn das Röntgenbild aufweist.
Auch hier ist also wiederum das Gesetz wirksam: Die Gegensätze ziehen sich an. Dann tritt das äußere Bild der Verkrampfungs-, der Über-YANG-Krankheit in Erscheinung. Infarkt und Schlaganfall sind demnach in ihrer Entstehung eine Lösungs- oder YIN-Erkrankung der zumeist vitalstarken, in jedem Fall an ihrer Aufgabe höchst interessierten und von ihr »aufgefressenen« Persönlichkeit und dann im äußeren Sichtbarwerden des Zusammenbruchs die typische Verkrampfungs- oder YANG-Erscheinung.

Weil das bei der Betrachtung der YIN-YANG- oder Spannungslehre die häufigsten Fehler sind, die dann zu vielen Mißverständnissen führen (wie ich aus den Seminaren weiß), möchte ich der Klarheit halber nochmals deutlich herausstellen:
1) *YIN ist nicht Kraftlosigkeit, Schwäche,* sondern beim vitalstarken Menschen sogar sehr kraftvolle, frei gelöste Energieentfaltung, der es »nur« an verstandsmäßig-willensmäßiger Steuerung fehlt. Daher schießen die Kräfte unmittelbar in die unterbewußt gelenkte, von den körperlichen Trieben oder den seelisch-geistigen Interessen beherrschte Entfaltung ein.
2) *Der übermäßig Arbeitende, der »Wühler« oder »Schaffer«, ist das durchaus nicht immer aus Spannung,* praktisch also aus Überspannung (die YANG-Seite), sondern viel häufiger – wie eben gesagt – aus der mehr oder weniger unbeherrschten Antriebsseite: aus den Trieben, Instinkten, Interessen heraus. Stichwort: »Arbeitssucht«!

Und speziell zur hier behandelten Problematik noch der Hinweis: Eine gleichzeitige plus- *und* minuspolige Ionenkonzentration ist natürlich nicht möglich. Wohl kann in gewissen Fällen bei Streß oder Aufregung die eine Seite und nach dem Abklingen dann die andere Seite übermäßig ausgebildet sein. Dann läge allerdings eine Gefährdung des betreffenden Menschen in beiden Richtungen vor.

Jetzt haben wir die Voraussetzung dafür, daß wir uns wieder dem Schema vom rechten Maß ⑩ und *der Ionenkonzentration der Zellenergie* zuwenden können. Sie dürfen die folgenden Werte getrost als *Faustregel* nehmen, die allerdings noch auf breiter Basis zu verifizieren ist:

d) Wenn die Lebensunfähigkeit, also das Eintreten des *Todes*, sei es auf der Seite der Funktionsbeschleunigung oder der Funktionshemmung, also auf beiden Seiten, bei 100 % liegt,

c) dann ist auf der rechten Seite der Funktionshemmung ab 75 % mit dem *Eintreten von Herzinfarkt oder Schlaganfall* zu rechnen,

b) dann *beginnt* auf beiden Seiten, also bei Funktionsbeschleunigung und -hemmung, bei etwa 40 % *die schwere Erkrankung* sowohl in Richtung Herzinfarkt oder Schlaganfall als auch der bösartigen Geschwulst, während das sichere medizinische Erkennen der Krebsentwicklung in diesem Stadium im allgemeinen noch nicht möglich ist,

a) dann liegt schließlich *die äußerste Grenze der »Gesundheit«* vom Nullpunkt (Gleichgewicht, Harmonie) weg auf beiden Seiten bei etwa 25 %.

Diese Kennzeichnung a) bis d) der genannten Werte finden Sie bereits im Schema ⑩ eingetragen, so daß Sie sich nur ihre Bedeutung zu merken oder besser in unauffälliger Form in das Schema noch einzutragen haben. Das praktische Arbeiten damit ist wohl mit keinerlei Schwierigkeit mehr verbunden.

Vitalstoffe: Vitamine ㉓, Spurenelemente ㉔, Mineralstoffe ㉕

Vitamine ㉓: Für das Wachstum und die Erhaltung des Organismus unentbehrliche Stoffe, deren Fehlen in der Nahrung schwere Krankheiten bedingen. Kennzeichnung im allgemeinen mit Buchstaben.[41]

Vitamin

A: Retinsäure, Axerophthol – Wichtig für gesunde Augen und Sehfähigkeit; in Lebertran, Leber, Milch, Rahm, Butter, Eidotter, Frauenmilch, grünen Gemüsen, Wurzeln, Früchten und Palmölen enthalten. – Vorsicht vor medikamentöser Überdosierung!

B_1: Thiamin, Aneurin – Nervensystem, Herzmuskel; enthalten besonders in Hefe, Getreidekeimen, Ei und Leber.

B_2: Riboflavin, Lactoflavin – Gewebsatmung, Wachstum, Haut, Magen-Darm; in Molke, Hefe, Pflanzenkeimen, Leber, Niere, Eidotter und in grünen Pflanzen.

B_6: Pyridoxin, Pyridoxal, Adermin – Mangel führt zu Dermatitis (Hautentzündung), Anämie (Blutarmut) und Wachstumsstörungen; enthalten in den gleichen Substanzen wie bei PP-Faktor.

B_{12}: Cyanocobalamin, Erythrotin, Hämogen – Für Blutbildung und Stoffwechsel der Zelle; in Leber, Muskeln, Eigelb, Käse; Bildung in der Darmflora.

Pantothensäure: Filtratfaktor – Für Aufbau der Zellen und gewisse Enzyme; in Hefe, Getreidekeimen, Samen, Leber, Gelbei, Knollen, Wurzel, Milch; fehlt in der üblichen verfeinerten Kost!

PP-Faktor: Nicotinsäureamid – Für Kohlenhydratstoffwechsel, Zellatmung, Haut- und Magen-Darm-Funktion; bei fehlendem Vitamin-B-Komplex Mangelkrankheiten an Haut, Verdauungskanal, Nervensystem; in Hefe, Körnerfrüchten, Gemüse, Leber, Niere, Muskeln und Milch.

C: Ascorbinsäure, Hexuronsäure – Für Bildung der interzellulären Substanzen, Knochengewebe und Kapillarsystem; bei Mangel Skorbut, Frühjahrsmüdigkeit, Appetitlosigkeit, Herzbeschwerden, verzögerte Wundheilung, Zahnfleischbluten, verminderte Abwehrkräfte; in Früchten, besonders Zitrone, Kartoffel, grünen Pflanzen, Milch, Leber.

D-Gruppe: Calciferole – Für Skelettentwicklung und Darm; Mangel führt zu Rachitis, Schäden am Knochengerüst; enthalten in Hefen, Lebertran, besonders in Thunfischlebertran; Bildung bei Sonnen- und UV-Bestrahlung, Höhensonne. – Vorsicht vor übermäßiger Zufuhr!

E: Tocopherol, Antisterilitäts-, Fertilitätsvitamin – Wichtiger Stoffwechselfaktor; bei Mangel Schädigung der männlichen Keimdrüsen und Schwangerschaftsgefährdung wahrscheinlich; in Weizenkeimölen, Baumwollsamenöl, Maiskeimöl, Salat, Erbsen, Brunnenkresse, Erdnuß.

F: Gemisch gesättigter Fettsäuren, Linol- und Linolinsäure (kein eigentliches Vitamin) – Für Leberstoffwechsel; bei Mangel Neigung zu Furunkulose.

H: Biotin – Mangel führt zu Dermatitis (Hautentzündung) und Haarausfall; durchweg in der normalen Nahrung enthalten.

K_{1+2}: Phyllochinon, Phytomenadion – Für Blut, besonders Gerinnungsfähigkeit; in Luzerne, Spinat, Kohl, Brennessel, Tomaten, Hagebutten und in Leber bzw. in faulendem Fischmehl und in Darmbakterien (Colistämme).

P-Gruppe: Faktor P, Bioflavonoide, Zitrin, Permeabilitätsvitamin – Wichtig für Blutgefäßsystem; bei Mangel Abmagerung und Blutungen bei fehlendem Vitamin C; Vorkommen wie Vitamin C, besonders in Zitronen und schwarzen Johannisbeeren.

M: Fol- und Folinsäure, Citrovorumfaktor – Für Wachstum, richtige Blutbildung; in Blättern, besonders Spinat enthalten.

Spurenelemente ㉔: bestimmte chemische, nur in kleinsten Mengen (»Spuren«) im Organismus vorhandene Elemente, die jedoch absolut lebenswichtig sind. Die für den Menschen wichtigsten Spurenelemente sind in der Übersicht ㉔ aufgeführt.[42] Nach neuen Forschungsergebnissen gehört auch Selenium in diese Aufstellung. Es ist wichtig für die inneren Organe, auch für Beruhigung und Normalisierung bei Überreizungen aller Art.

Mineralstoffe oder Mineralsalze ㉕: anorganische (unbelebte) und homogene (völlig gleichartige) Salze, die als Mineralien und anorganische Bestandteile im Menschen vorkommen und für seine Gesundheit von größter Wichtigkeit sind. Die Aufstellung ㉕ bringt die für die Zellernährung heute als wesentlich erachteten 18 Mineralstoffe oder -salze im Sinn des Oldenburger Arztes Wilhelm Heinrich Schüssler (1821–98), dem Gründer des biochemischen Heilmittelverfahrens[43]. Diese Stoffe können Sie in jeder Apotheke billig erhalten. Allerdings ist es nicht so, daß die Aufnahme des fehlenden Stoffes durch den Körper die mangelbedingte Störung in jedem Fall schon beheben würde, weil der Körper die aufgenommenen Salze durchaus nicht immer verwerten kann. Das wird erst durch die entsprechende Vitaminzufuhr und/ oder andere Maßnahmen möglich. Zum Beispiel verlangt die richtige Verwertung von Kalk, der bei Rachitis dem Körper in noch so großen Mengen eingegeben wird, die Zufuhr von ausreichend Vitamin D und zusätzlich ausreichende Sonnenbestrahlung. Daher ist eine präzise Diagnosestellung nötig, wie sie nur die medizinischen Laboratorien geben können.

Für alle Vitalstoffe, besonders die Vitamine wichtig: Sie sind empfindlich und werden schon durch die Lagerung, dann durch das Zerkleinern, durch Hitze und Druck, durch die häufige falsche Verfeinerung und dergleichen zum Teil sehr schnell zerstört. Deshalb können sie dem aufnehmenden Körper nur dann mit wirklichem Nutzen zugeführt werden, wenn bei der Zubereitung der Nahrung darauf geachtet wird, die einzelnen Nahrungsmittel möglichst in ihrem Naturzustand zu belassen.

Die Handhabung dieser 3 Tabellen ist mittlerweile gewiß problemlos. Wenn Sie durch eine Übersicht, z. B. tieferliegende Ursachen einer Erkrankung ⑬ oder Mangel an einem Hauptnährstoff ⑱, auf einen Mangel an Vitalstoff hingewiesen werden, fragen Sie zuerst am unteren Ende der Tabelle ㉕, ob es sich in erster Linie um einen Mangel an Vitaminen, Spurenelementen oder Mineralsalzen handelt, um dann anschließend die angegebene Aufstellung abzufragen. Schon aus Kontrollgründen sollten Sie im

Anschluß nach den beiden anderen lebenswichtigen Substanzen fragen, um auch hier gegebenenfalls entsprechend nachfassen zu können.

Hinweis auf Chakren (Ch) ⑥

Hier ist ein wenigstens kurzer Hinweis auf die 7 Chakren oder Energiezentren unerläßlich, über die schon im vorigen Buchteil und in der Übersicht ⑥ alles Nötige ausgeführt wurde. *Sie strahlen vom Seelisch-Geistig-Spirituellen her in das Körperliche aus,* also von da, wo die Wurzeln der Krankheiten liegen, worauf auch Dr. med. Georg Jakob aus gutem Grund hinweist.[44] Dieser enge Zusammenhang wird anhand der folgenden Übersicht[45] sofort deutlich:

7. Scheitelzentrum: Zirbeldrüse (Epiphyse)
6. Stirnzentrum: Hirnanhangdrüse (Hypophyse)
5. Kehlkopfzentrum: Schilddrüse und Nebenschilddrüse
4. Herzzentrum: Thymusdrüse
3. Solarplexuszentrum: Sonnengeflecht, Bauchspeicheldrüse, (Magen)
2. Sakralzentrum: Nebennierendrüsen
1. Wurzelzentrum: Keimdrüsen von Mann (Hoden) und Frau (Eierstöcke)

Der geistig an sich Arbeitende weiß, in welcher Weise er an dem oder an den betroffenen Chakren zu arbeiten hat, wenn er eine längerfristige und nachhaltige körperliche Störung an sich erlebt.

Hinweis auf geopathische Belastung (GPB) ㉜

Ebenso muß hier, wo es um Gesundheit und Krankheit geht, wenigstens kurz auf die mancherlei *und zum Teil sehr schweren Störungen des Organismus* hingewiesen werden, die sich aus den gefährlichen, den Körper belastenden, erdgebundenen Schwingungen ergeben. Am knappsten und sehr treffend kann man sie unter der Bezeichnung »Geopathische Belastung« zusammenfassen. An ihrer tatsächlichen Existenz und Wirksamkeit kann heute kein aufgeschlossener Mensch mehr zweifeln. Sie sind so wichtig, und ihr rechtzeitiges Erkennen ist so bedeutungsvoll, daß ich dieses Problem in einem eigenen, dem letzten Teil dieses Buches abhandeln werde. Bei wirklich verantwortungsbewußtem gesundheitlichem Pendeln sollte dieser Gesichtspunkt einer möglichen gefährlichen Bedrohung des Organismus auf keinen Fall außer acht gelassen werden. Das Schema (32) ist ein einfacher und sicherer Einstieg in diese Problematik.

Radioaktivität (2)

Schließlich darf die Radioaktivität nicht vergessen werden, deren lebensbedrohende Gefährlichkeit seit geraumer Zeit auch für breiteste Bevölkerungsschichten mehr und mehr deutlich wurde. Es geht dabei um die Belastung bzw. Verseuchung unserer Umwelt: von Luft, Wasser, Erdboden und um unsere Lebensmittel.

Wichtig ist von vornherein zu erkennen, *daß es »die« Radioaktivität nicht gibt,* denn es gibt mehrere Strahlungsarten: Alpha-, Beta- und Gammastrahlung. Es gibt verschiedenartige Strahlungssubstanzen, z. B. Jod 131, Cäsium 137, Plutonium 239, Strontium 90 usw. Es gibt ganz verschiedene Zerfallszeiten der Isotope mit Halbwertzeiten von 2½ Stunden bis zu 30 Jahren. Es gibt wichtige Klima-, Bodenverhältnisse- und Wetterfaktoren. Es gibt individuell verschiedene Aufnahmewerte für den menschlichen Körper, die von der Art der Kleidung, vom Schutz durch Räumlichkeiten, von der Zeitdauer, von der Empfindlichkeit der einzelnen betroffenen Organe und noch anderen Faktoren abhängen. Alle diese verschiedenartigen Momente sind kaum für den Fachmann und schon gar nicht für uns durchschnittliche Menschen erkenntlich und berechenbar.

Wesentlich ist, das *jede Strahlungsaufnahme in der menschlichen Zelle eine Schädigung ihrer Arbeit mit sich bringt,* die sich weit darüber hinaus auswirken kann, vor allem in fundamentalen Stoffwechselstörungen. Die Wirkung ist ganz ähnlich einer Vergiftung. Eine plötzliche hohe Zufuhr kann schnellen Tod oder vieljähriges Dahinsiechen zur Folge haben. Das Heimtückische: Höchstgefährlich sind fortlaufend zugeführte kleine, ja winzige Mengen von Radioaktivität, die sich hochaddieren, denn der Körper kann nur eine gewisse Anhäufung dieser Mengen verkraften. Das steht noch einwandfrei fest: Je jünger der Mensch (und entsprechend alle Säugetiere), um so empfindlicher ist er. Und die größte Gefahr liegt in der nicht rechtzeitig feststellbaren Schädigung der Keimdrüsen (Hoden, Eierstöcke), die zu Erbschäden wie Totgeburten und Mißbildungen führen können.

Wenn Sie alles das bedenken, dann werden Sie sofort verstehen, *daß es sichere Meßwerte, die für jeden die gleiche Gültigkeit haben, gar nicht geben kann.* Daher hätte es keinen Sinn, wenn ich hier diese vielfältig umstrittenen Fragen, die verschiedenartigen Messungsarten und -skalen behandeln wollte. Die Weisheit des Pendels kann uns alle diese intellektuellen Bemühungen ersparen. Denn er gibt uns direkte Auskunft über das, was für uns das einzig Wesentliche ist: unsere Gefährdung. Wenn Sie beim Pendeln von dem Wert oder der Menge an radioaktiver Belastung ausgehen, wo Ihr Körper effektiv – wenn auch nur ganz schwach – geschädigt wird, dann haben Sie eine feste Bezugsgröße für das Arbeiten mit der 100 %-Skala ②, die sich erneut in ihrem weiten Anwendungsbereich erweist.

Fragen Sie im kritischen Fall z. B. ganz konkret: »Wenn der Punkt, bei dem durch Radioaktivität eine echte, wenn auch noch so geringe Schädigung des menschlichen Körpers (meines Körpers, des Körpers von X) eintritt, gleich 100 % ist, wie hoch ist, bezogen auf diese 100 %, die derzeitige Belastung für uns (für mich, für X)?« Oder: »Wie hoch war sie heute morgen, gestern, vor einer Woche; hier oder an irgendeinem anderen Ort (Entfernungen spielen, wie Sie wissen, keine Rolle)?« Genauso können

Sie nach der Belastung Ihres Gartenbodens, der Luft, des Wassers, des Waldes, der Tiere auf der Weide oder der Wildtiere an jedem beliebigen Ort und aller Lebensmittel fragen, die Sie etwa in einer kritischen Zeit zu sich nehmen wollen oder müssen. Mit dieser einfachen Methode konnte nach der Katastrophe von Tschernobyl eine Reihe von vorwiegend beruhigenden Ergebnissen ermittelt werden, die sich später als richtig erwiesen. Dabei ist es selbstverständlich, daß man sich dann nach den beunruhigenden Ergebnissen richtet, soweit das nur irgend möglich ist.

Zeigt der Pendel bei dieser Frage auf der 100 %-Skala konstant auf das Höchstmaß von etwa 198 %, oder reagiert er (z. B. durch Linksdrehung, wenn das auch bei Ihnen dafür zutreffen sollte) mit der Antwort: »Kann ich nicht beantworten«, dann ist diese Skala zu eng. Dann wiederholen Sie die Frage, indem Sie *nicht die 100 %, sondern die Zahl 10 als Bezugszahl nehmen:* Die Antwort wird sofort entsprechend korrigiert werden. Von da her gesehen gibt es keinerlei Grenzen des Fragens, wenn sie mit ihrer Skala nur sinngemäß »zu spielen« verstehen.

Bei noch stärkerem Mißverständnis brauchen Sie sich nur auf die Zahl 1 zu beziehen. Dann können Sie das Mehrfache der Schädigungsbelastung unmittelbar ablesen. Wie in allen derartigen Fällen erlaubt Ihnen ein ganz präzises Ablesen bis zur Zahl 10 dann die Benutzung des Schemas ③ und bis zur Zahl 35 die Benutzung des Schemas ⑤. Sie können die Zahl 1 natürlich auch als die normale Belastung des Durchschnittsbürgers (von etwa 110 – 200 Millirem pro Jahr) nehmen und das Vielfache davon erfragen, wenn Ihnen das lieber sein sollte. Als nur grobe Faustregel kann dann gelten, daß eine unmittelbare gesundheitliche Bedrohung bei der etwa zehnfachen Menge beginnen mag. Die für ein ganzes Jahr erlaubte Höchstgrenze für beruflich mit ionisierender Strahlung in Berührung kommende Menschen liegt bei 5000 Millirem, also bei der 25- bis 30fachen Menge. Die direkt auf eine bestimmte Person: auf Sie selbst oder jemand anderen bezogene Frage ist indessen aus den aufgeführten Gründen grundsätzlich vorzuziehen und im individuellen Fall genauer im Ergebnis.

2. Teil: Einfache Hilfen (Therapie)

Nach dem richtigen Erkennen der Krankheit ist das Wichtigste die Frage nach der Abhilfe, die jetzt im Vordergrund stehen soll. Wenn sich Diagnose und Therapie in der Darstellung unseres besonderen Stoffes auch nicht scharf voneinander trennen lassen – wie Sie schon bemerkt haben dürften –, so trägt die Bemühung darum doch wesentlich zu besserer Übersichtlichkeit des ansonsten in seiner Vielfalt reichlich unübersichtlichen Stoffes bei. Nehmen Sie diese Trennung daher bitte auf keinen Fall als etwa eindeutig gegeben an! Es liegt in der Natur der Sache, daß sie das nicht sein kann.

Wenn es um Therapie geht, dann ist in unserer Zeit der naturwissenschaftlich entwickelten Medizin selbstverständlich der Hinweis auf den Arzt unerläßlich. *Es wäre unverantwortlich, vor allem bei unklaren, bei längerfristigen Erkrankungserscheinungen, die ärztliche Hilfe zu mißachten oder gar auszuschlagen.* Sie kann mit den heutigen Erkenntnissen in Diagnose und Therapie in weiten Bereichen so Großartiges leisten, wie man das noch vor wenigen Generationen für unmöglich halten mußte. Andererseits wird gerade auch von Ärzten immer wieder ihre Überlastung mit im Grunde nebensächlichen kleinen Wehwehchen betont, so daß die wahrhaft Kranken nicht selten zu kurz kommen müssen. Außerdem ist selbstverständlich das Vertrauensverhältnis Patient-Arzt von größter Wichtigkeit. Als selbständig denkender Mensch suche man sich also den Arzt seines wirklichen Vertrauens aus, der den Patienten in seiner Ganzheit von Körper und Seele-Geist sieht. Dieser wird gewiß nicht im Schema Krankheit – Symptom – Medikament verhaftet sein, gegen das die großen Mediziner aller Zeiten gekämpft haben und deren Stimmen auch heute immer lauter werden.

Gerade dieser selbständig denkende Mensch wird in seinem Bestreben nach besserer Gesundheit mit seinem Pendel eine ganz andere, *eine viel tiefere Beziehung zu seinem eigenen Körper* und auch zu seinem Arzt oder Heilpraktiker bekommen, wenn er diese klugerweise zu Rate zieht. Der Pendel wird ihm bei verständnisvollem und niemals unkritischem Gebrauch viele wertvolle Hinweise geben, die er nur aufzugreifen und ihnen nachzugehen braucht. Er wird bald merken, daß er bei den kleinen Alltagswehwehchen sich zum Beispiel mit den bewährten alten Hausmitteln selbst helfen kann, und er wird auf diese Weise gleichzeitig seinen Beitrag zur Bewältigung der vielzitierten Kostenexplosion unseres Gesundheits-Krankheitswesens leisten, was in diesen Jahren so not tut.

Im übrigen ist es kein Geheimnis, daß heute viel mehr Ärzte den Pendel zu Hilfe nehmen und damit gute, ja beste Erfahrungen machen, als viele Patienten glauben oder wissen. Einer der wenigen, die auch als Arzt in der Öffentlichkeit dazu stehen – trotz Pseudonym –, Dr. Georg Jakob, hat in seinem schon einige Male erwähnten »Medizinischen Pendel-Buch«[46] seine persönliche und bei ihm *jahrelang bewährte Methode für das Erpendeln der homöopathischen Mittel* offen dargelegt. Ihr können Sie sich sicherlich vertrauensvoll überlassen. In vielen Fällen wird Ihnen die Frage nach einem oder auch mehreren Mitteln aus der Reihe der »Häufigen Mittel 1–6« (S. 71–76) völlig genügen. Dazu brauchen Sie nur auf S. 71 an einer der freien Ecken einen Stern aus 6 Strichen für jede der 6 Seiten aufzuzeichnen. Dann wird Ihnen der Pendel sogleich die Seite aufzeigen, auf der das gesuchte Mittel aufgeführt ist. Wenn Sie dann etwa noch an den rechten Rand der S. 71 und der S. 6 (Potenzen) mit einem Streifchen Tesa- oder Packfilm ein kräftiges Ohr ankleben, ist ihnen die Handhabung so einfach wie nur möglich gemacht.

Überprüfen von Medikamenten, Nahrungsmitteln, Speisen und Getränken

So können Sie im Sinne des soeben erwähnten Arztes auch *jede Arznei überprüfen*, indem Sie Ihren Pendel etwa über das Gläschen, Töpfchen oder die Tube halten, nach dem Inhalt fragen, welche Potenz etwa ein homöopathisches Mittel aufweist und ob die Arznei korrekt hergestellt ist. (»Ist das . . .?«, immer im Antwortstil des Ja-Nein.)

Wenn Sie mehrere heilende Mittel irgendwelcher Art zur Verfügung haben, und Sie wissen nicht, welches wohl das bestgeeignete für Ihren Zweck ist, brauchen Sie diese nur im Halbkreis um Ihren Pendel herum aufzustellen und dann fragen: »Welches der hier rings um den Pendel stehenden Mittel ist für (z. B. die Behandlung der Schmerzen in meinem linken Oberschenkel) das bestgeeignete?« Sie können fortfahren: »Welches ist das an zweiter (usw.) Stelle best- oder gutgeeignete?« Zur Kontrolle können Sie im gleichen Stil nach dem oder den am wenigsten geeigneten Mitteln fragen. Pendeln Sie richtig, dann werden sich die Antworten stets mit computerhafter Exaktheit ergänzen.

Wenn Sie alle diese überhaupt in Betracht kommenden Mittel noch nicht zur Verfügung haben, können Sie genauso vorgehen, indem Sie statt ihrer bloß ihren Namen oder Bezeichnungen nach dem Muster unserer Tabellen (etwa ⑮ oder ⑱) auf einen Zettel schreiben und dann die angegebenen Fragen stellen. Fehlt Ihnen gerade die Möglichkeit zum Schreiben, dann denken Sie einfach ganz gesammelt an jeweils eines dieser Mittel und fragen nach seiner Eignung im Ja-Nein-Stil oder – wenn Sie schon geübter sind – auch im Stil des A-B-Schemas ③ bei lebhafter Vorstellung der betreffenden 2 Mittel auf der linken und rechten Seite. Der Pendel wird Ihnen die Antwort auch ohne das formal aufgeschriebene Schema genauso klar angeben.

Wollen Sie die Eignung eines Heilmittels für einen anderen anwesenden Menschen ermitteln, dann geben Sie ihm dieses in eine seiner Hände, halten den Pendel darüber und fragen einfach, ob es für ihn geeignet ist oder nicht. Dabei ist es zweckmäßig – wie immer, wenn Sie eine Arznei oder ähnliches testen wollen –, den Pendel zuvor kurze Zeit unmittelbar darüberzuhalten, damit er und damit Ihr eigener Organismus die besondere Schwingung aufnehmen kann und Sie sich in Ihrem Unbewußten voll und ganz darauf einschwingen können.

Glauben Sie aber nicht, was heute und hier für jemand gut ist, müsse auch morgen und woanders ebenso sein. Denn unser Organismus ist in einem steten Wandel begriffen und kann demgemäß rasch in seinen Bedürfnissen wechseln. Sonst kann zum Beispiel die Sättigung mit einem zuvor fehlenden Stoff bald zur Übersättigung werden. Oder es kann durch den aufgenommenen Stoff wegen der chemischen Vorgänge in unserem Körper rasch noch ein anderer Stoff notwendig werden, damit wir wirklich ins Gleichgewicht kommen. Entscheidend kann also immer nur der augenblickliche Bedarf sein.

Nach diesen hier aufgewiesenen Grundsätzen können Sie genauso wie Medikamente aller Art auch noch unverarbeitete *Nahrungsmittel, Gewürze und sonstige Zutaten*, natürlich auch fertige Speisen und Getränke jeder Art, Genußgifte in der vielleicht angezeigten bescheidenen Dosis (z. B. Kaffee) usw. überprüfen. Ein Beispiel: Sie wissen nicht, ob ein Ei noch gut und brauchbar oder schon schlecht ist. Der Pendel sagt es Ihnen mit einfachem Ja oder Nein. Sie können auch hier wie bei jedem anderen Lebensmittel nach der Ihnen schon bekannten Methode mit der 100 %-Skala ③ arbeiten: »Wenn ein in jeder Hinsicht absolut gesundes Ei gleich 100 % bekömmlich ist, wie hoch ist der Bekömmlichkeitsprozentsatz dieses Eies, über das ich soeben den Pendel gehalten habe, das jetzt noch immer dicht bei meiner Pendeltafel liegt?«

Damit jetzt bei Ihnen kein falscher Eindruck entsteht, muß ich dieses Kapitel mit einer *eindeutigen Warnung* beschließen. Bewußt wiederhole ich, worauf ich schon früher hingewiesen habe: Hüten Sie sich davor, Ihre Nahrung nur noch im Gedanken an

Ihre Gesundheit und mit Angst vor jeder möglichen Schädigung zu sich zu nehmen, etwa gar pedantisch alles und jedes, was Sie zu sich nehmen, sorgfältigst zu überprüfen! Was ich hier ausgeführt habe, ist eine unschätzbare Hilfe für den Zweifelsfall. Es darf aber unter keinen Umständen zur tagtäglichen Manipulation werden, wie das bei Hypochondern der Fall ist, die mit ihrem unablässigen Zweifel ihren Organismus vergiften und jegliches echte Vertrauen und echte Lebensfreude verlieren. Die Schäden, die von dieser Pervertierung der Seele herrühren, müssen ungleich schlimmer sein als die gelegentliche Einnahme eines nicht ganz perfekten Nahrungsmittels. Denn der im seelisch-geistigen Ausgleich befindliche Körper wird damit spielend fertig.

Die Bach-Blütentherapie ㉖

Der heute in der ganzen Welt bekannt gewordene englische Arzt Dr. Edward Bach (1886 bis 1936) war mit den Heilerfolgen der traditionellen Medizin nicht zufrieden. Er erkannte aufgrund seiner kritischen Beobachtungen den engen Zusammenhang zwischen der individuellen seelischen Wesensart und der besonderen Krankheit, die einen Menschen befällt. Folgerichtig ging er darauf aus, *in erster Linie die seelische Einstellung und die damit verbundene Denkungsweise von Kranken zum Positiven hin zu beeinflussen.* Das muß sich dann auch auf den Körper entsprechend auswirken. Als das entscheidende und ganz natürliche Hilfsmittel dazu entdeckte er in der ihm eigenen hochgradigen Fühlsamkeit den *Geist der Pflanzen*[47]. Nach einem bestimmten Verfahren werden die spezifischen Schwingungen der frischen Blüten von 38 Pflanzen in reines Quellwasser übertragen, das auf diese Weise mit dem Geist der jeweiligen Pflanze gesättigt wird. Das so gewonnene, reine naturgegebene Heilmittel hat sich mittlerweile in unzähligen Fällen als sehr wirksam erwiesen. Daß hier ein geradezu zwingender Zusammenhang gegeben ist, wird jedem sofort einleuchten, der die absolute Wahrheit der Tatsache erfaßt hat, das alles Existierende schwingende, fließende Energie darstellt.

Die Schwierigkeit liegt nun darin, jeweils *das bestgeeignete Mittel für einen besonderen seelischen Zustand zu finden*, der die Grundlage für eine latente, äußerlich noch verborgene oder für die schon ausgebrochene Krankheit darstellt. Dr. Bach hat zu diesem Zweck in langjähriger, feinsinniger Arbeit 38 besondere Charakterbilder erstellt, die den 38 Blütenextrakten präzise zugeordnet sind. So kann sich jedermann, der mit der nötigen Vorsicht und Kritik zu Werke geht, selbst helfen. Darüber gibt es gute Literatur, wo Sie auch die Bezugsmöglichkeiten angegeben finden[48]. Es lohnt sich sehr, sich mit diesen 38 »Charaktertypen« genauer zu beschäftigen, denn sie vermitteln reichen psychologischen Gewinn auch für das Leben im Alltag.

Wer mit dem Pendel im richtigen Geist zu arbeiten weiß, für den ist das Auffinden der jeweils gesuchten Blütenmittel – sowohl des wichtigsten als auch von wertvollen zusätzlichen Beimischungen – mittels des Diagramms (26) denkbar einfach. Ich kann aus jahrelanger Erfahrung berichten, daß bei gewissenhaftem Vorgehen und bei der richtigen inneren Einstellung (wie das in den ersten Buchteilen besprochen wurde) die hinter dem Pendel stehende weise Erkenntniskraft auf Anhieb das bzw. die richtigen Mittel findet. Das ist inzwischen auch von anderen Seiten oft bestätigt worden.

Einfache Hilfen zur Selbsthilfe (27)

Das trifft auch für das jetzt folgende größte Schema des ganzen Buches zu. Dazu *eine notwendige Einschränkung*: Sofern Sie sich mit der vorliegenden Problematik nicht schon eingehend befaßt haben sollten, wäre es besser, wenn Sie diese reichhaltige Übersicht (27) *nur als Anregung für die Erstellung Ihrer eigenen entsprechenden Aufstellung* nehmen würden. Denn Sie sollten die vielen hier aufgeführten Mittel und Möglichkeiten wirklich kennen. Diese müssen sozusagen Ihr geistiges Eigentum geworden sein, damit Sie sie im Fall der Notwendigkeit auch überzeugt einsetzen können. Deshalb rate ich Ihnen, daß Sie sich zunächst Ihre eigene, anfangs wesentlich kleinere Tabelle zusammenstellen, in der nur die Ihnen schon bekannten und von Ihnen benutzten einfachen Hilfen enthalten sind. Sie können diese Liste dann im Lauf der Zeit Stück um Stück erweitern. So werden Sie sich eine fundierte Kenntnis der verschiedensten Möglichkeiten erarbeiten – ein Schatz, aus dem Sie dann immer schöpfen können.

Glauben Sie indessen bitte nicht, die Übersicht ㉗ sei vollständig. Das ist sie bei weitem nicht! Es gibt sicherlich viele bewährte alte Hausmittel, die ich hier noch nicht aufgenommen habe. So langsam entdecken wir in unserer Zeit wieder dieses kostbare Erfahrungsgut aus Jahrhunderten, das in der Zeit der einseitigen Überschätzung der chemischen Heilmittel in hohem Maß vergessen wurde. Wie wenige wissen heute zum Beispiel, daß Quark ein ganz natürlicher Penicillinträger ist und welche Heilwirkung manchmal ein einziger Quarkwickel oder eine kleine Folge davon entwickeln kann!

Sie brauchen dann, *wenn Sie eine einfache gesundheitliche Hilfe nötig haben*, Ihren Pendel nur auf Ihre Tabelle aufzusetzen und diese abzufragen. Meist sind es mehrere Hilfen, die Sie ermitteln: Zweckmäßigerweise lassen Sie sich die Rangordnung der Wichtigkeit in der täglichen Anwendung sagen. Auch diese erfragen Sie in vielen Fällen besser, bevor Sie sie praktisch einsetzen, damit Sie ein Optimum ihrer Selbstbehandlung gewährleisten. Und bleiben Sie dann bei dieser fixierten Anfangsbehandlung nicht über Gebühr lange, denn schon nach wenigen Tagen bzw. nach kurzer Zeit kann sich eine Verschiebung der einzusetzenden Mittel ergeben. Versäumen Sie daher nicht, schon zu Beginn nach der optimalen Dauer der einzelnen Behandlungsmöglichkeiten zu fragen. Und wenn Sie bei der Fragestellung nach den besten Mitteln die umfassende Formulierung »in Anbetracht aller Umstände« einbauen, so kann das nur nützlich sein.

Noch der praktische Hinweis: Damit Sie unmittelbar mit der Tabelle ㉗ arbeiten können – früher oder später –, ist es nötig, daß Sie zuvor den auf den zwei nebeneinanderliegenden Seiten jeweils in der Mitte halbierten Ansatzpunkt für den Pendel vereinigen. Zu diesem Zweck brauchen Sie nur mit Hilfe eines Lineals mit exakt gerader Kante eine der beiden Seiten genau in der abgeschnittenen Mitte dieses Ansatzpunktes sorgfältig zu knicken und den schmalen Längsstreifen dieser Seite, der sich so ergibt, dann mit einem guten Klebstoff auf die andere Seite aufzukleben. Schon haben Sie die jetzt notwendigerweise getrennten Seiten zur in sich geschlossenen Übersicht zusammengefügt.

Wenn Ihnen der eine oder andere der vielen Hinweise auf einfache Hilfen unbekannt sein sollte oder Ihnen irgendwelche Fragen aufgibt, dann *wenden Sie sich bitte an einen erfahrenen Apotheker,* am besten an einen, der sich den heute immer stärker gefragten Naturheilmitteln in besonderer Weise widmet. Er gibt Ihnen sicherlich gern die nötigen Auskünfte und Erklärungen, davon abgesehen, daß er Ihnen in den meisten Fällen diese Mittel auch sofort geben oder kurzfristig beschaffen kann.

Für die folgenden bedeutungsvollen einfachen Hilfen möchte ich Ihnen noch konkrete Informationshinweise geben:
1) *Liegen auf schiefem Brett,* es wird auch »Ruhebrett« oder »Schönheitsbrett« genannt: Jean Rofidal »DO-IN – Asiatische Selbstmassage« S. 198 – 201 (s. Lit.-Verz.). Durch die Umkehrung der Wirkung des Körpergewichts besonders gut für Dehnung und Entlastung der gesamten Wirbelsäule, besonders der Lendengegend, für die Entlastung von Beinen, Eingeweiden und Magen, Stärkung des Blutkreislaufs im Kopf und der inneren Ruhe mit ihrerseits vielen positiven Auswirkungen. Wirkung ganz ähnlich der des Yoga-Kopfstandes, jedoch ohne die nicht immer umproblematische Belastung der Halswirbel.
2) *Wasserionisierung und Wasserpunktur* durch den sogenannten Wasserfalleffekt nach Dr. Dr. Branowsky und Prof. Lenard mit dem Tromagerät: Genauere Information und Lieferung durch den Verein zur Förderung der Biotechnik e. V., Schanzenweg 86, 42111 Wuppertal 1, Tel. 0 20 53/4 01 48.
3) *Vita-Wasser bzw. Vita-Salbe:* Darüber finden Sie im letzten Buchteil genauere Ausführungen.

4) *Fußsohlen-Reflex-Therapie:* Über diese oft ganz überraschend wirkungsvolle Therapie nach Fitzgerald/Ingham können Sie sich in dem Buch von Frau Hanne Marquardt »Reflexzonenarbeit am Fuß« (s. Lit.-Verz.) hinsichtlich Diagnose und Therapie im einzelnen informieren. Mittlerweile gibt es eine ganze Reihe von darauf spezialisierten Therapeuten.

5) *Kuhnesches Reibe-Sitzbad:* Dieses in vielen Fällen außerordentlich erfolgreiche Naturheilverfahren geht von der Überzeugung aus, daß Krankheit von nichtausgeschiedenen Fremdstoffen herrührt, die sich die schwächste Stelle des Organismus suchen. Das Buch von Anita Backhaus »Heilen ohne Pillen und Spritzen« (s. Lit.-Verz.) erklärt das genaue Vorgehen bei diesem besonderen Ausscheidungsverfahren mit vielen praktischen Beispielen auf S. 151 – 180.

6) *Schiele-Fußbäder:* Dieses besondere passive Kreislauftraining durch die in der Wärme ansteigenden Fußbäder mit dem Schiele-Gerät ist ebenfalls seit Jahren bewährt. Informationsmaterial und Bezug durch Fritz Schiele, Arzneibäder-Fabrik, Saseler Weg 14, 2000 Hamburg 67, Tel. 0 40/6 03 42 90. Sie können dieses Gerät dort auch nur leihen.

7) *Liegen auf Tennisbällen:* Über diese denkbar einfache und höchst wirkungsvolle Hilfe bei Verspannungen im Schulter-Nakken-Bereich, bei Schwierigkeiten im Lendenwirbel-Kreuzbein-Gebiet und gegen Ischias können Sie sich unterrichten in den Büchern von Stangl »Lebenskraft« (im 3. Buchteil über Eutonie), »Jede Minute sinnvoll leben« und »Hoffnung auf Heilung« (s. Lit.-Verz.).

8) *Kartoffelkur:* Diese im Vergleich zu den anderen Möglichkeiten höchst angenehme Schlankheitskur, die die unerwünschten Schlacken aus dem Körper herausführt und zu raschem und dabei ungefährlichem Gewichtsverlust führt, ist viel zuwenig bekannt. Das Buch von Imre Kusztrich »Kartoffeldiät – die ideale Schlankheitskur« (s. Lit.-Verz.) vermittelt Ihnen alle Einzelheiten. Gegen die heute so häufige Übersäuerung des Körpers mit allen ihren Folgen ist diese Kur eine hervorragende Hilfe.

9) *Heilkräuter aller Art:* Es gibt heute eine ganze Reihe von guten Kräuterbüchern auf dem Markt. Am besten lassen Sie sich in ei-

ner guten Buchhandlung einige vorlegen und wählen Sie das aus, was Ihnen am meisten zusagt. Dabei ist die klare Beschreibung der besonderen Anwendung natürlich in erster Linie wichtig.

10. *Geistige Hilfen:* Alles Wesentliche darüber können Sie den einschlägigen Büchern des Verfassers bzw. seiner Frau entnehmen, z. B. dem Buch »Hoffnung auf Heilung« (s. Lit.-Verz.).

Farbtherapie ㉘

Für den therapeutischen Einsatz von Farben sind *gewisse Grundkenntnisse der Farbenlehre* wenn nicht unerläßlich, so doch recht hilfreich. Das Schema ㉘ gibt den Farbkreis von Johannes Itten wieder[49]. Zu seinem Verständnis sollen die folgenden knappen Hinweise dienen: Die Grund- oder Primärfarben sind Rot, Gelb und Blau. Aus ihnen kann man alle Farben mischen. So entstehen die Sekundärfarben: Orange aus Rot und Gelb, Grün aus Gelb und Blau, Violett aus Rot und Blau. Jede der Grundfarben hat ihre eigene Kontrastfarbe (»Komplementärfarbe«) in der Mischung aus den beiden anderen Grundfarben miteinander: Rot hat sie in Grün, Gelb in Violett und Blau in Orange. Im Ittenschen Farbkreis ist zwischen 2 Grundfarben jeweils ihre Mischfarbe angeordnet, und jeder Farbe steht ihre ergänzende, ihre »Komplementärfarbe« genau gegenüber. Die einzelne Farbe und ihre Komplementärfarbe tragen demnach sämtliche Farben in sich. Das ist der Grund, weshalb sie unserem Auge stets so ausgeglichen-angenehm, so harmonisch erscheinen.

Schwarz und Weiß sind im eigentlichen Sinn keine Farben (sie bewirken nur Verdunkelung bzw. Aufhellung) ebenso wie etwa Rosa, Braun oder Grau (Mischung echter Farben mit Schwarz oder Weiß). Sie alle spielen jedoch in unserem täglichen Farberleben eine beachtliche Rolle. Daher habe ich dem eigentlichen, soeben beschriebenen Farbenkreis zur Ergänzung noch eine 2. kleine Übersicht zugefügt mit eben diesen für unsere Lebenspraxis bedeutungsvollen Farben und den beiden »Licht«-Schwingungen, die wir mit unserem menschlichen Auge nicht mehr sehen, deren Wirkungen auf unseren Organismus wir aber sehr wohl positiv wie negativ verspüren können, nämlich Infrarot und Ultraviolett (also in ihren Wellenlängen unterhalb Rot und jenseits Violett schwingend).

Im Schema (28) finden Sie also die Farben von Rot (YANG, Spannung) über Grün (Sattwa, Spannungsausgleich) bis Violett (YIN, Lösung), die sich in vielen Fällen zum Zweck der Stärkung bei Schwächezuständen oder zur Linderung oder Heilung von Erkrankungen und Schmerzen einsetzen lassen. Sie finden hier auch die Misch- oder Zwischenfarben, die für feinere Dosierung und bei ganz besonders sensiblen Naturen ihre Bedeutung haben. Verständlicherweise kann an dieser Stelle keine ins Detail gehende Darlegung der *therapeutischen Wirkung der einzelnen Farben* gebracht werden. Daß Rot belebt, Blau beruhigt und Grün diese beiden Momente in sich vereinigt, dürfte heute allgemein bekannt sein. In den im Literaturverzeichnis aufgeführten Büchern können Sie sich über Bedeutung und Einsatzmöglichkeiten der Farben genauer informieren.

Der Pendel wird Ihnen, wenn Sie ihn im richtigen Geist einsetzen, genau sagen, *welche Farbe Sie für welchen Zweck* einsetzen sollten. Fragen Sie, solange Sie noch nicht hinreichend erfahren sind, als erstes an dem »Wegweiser« zwischen den beiden kreisförmigen Übersichten, wo Sie die für Ihre Frage richtige Antwort bekommen. Der Pendel wird Ihnen dann sofort die Richtung weisen: nach links oder rechts oder manchmal nach oben, also zu den beiden Seiten hin. Das vor allem dann, wenn dort von vornherein mehrere Antworten verborgen sind. Später werden Sie in den meisten Fällen diesen Umweg nicht mehr zu gehen brauchen. Das um so weniger, als Sie, wenn Sie rechts beginnen, im rechten Kreis ja noch den ausdrücklichen Hinweis auf den links angeordneten Farbkreis haben. Denken Sie – wie immer beim Pendeln: ganz gesammelt – je nachdem an Ihre eigene oder an die besondere Schwierigkeit des erkrankten bzw. hilfsbedürftigen Menschen, und fragen Sie in Gedanken, leise flüsternd oder vor sich hinsprechend, ob eine Farbe helfen kann. Dann bitten Sie um Angabe derjenigen, die in Anbetracht aller Umstände die beste Hilfe bringen mag. Schließlich klären Sie, welche Körperstelle zu bestrahlen ist, wie lange in jedem einzelnen Fall, wie oft täglich und wie viele Tage hindurch das geschehen soll. Nach gebührender Zeit sollten Sie überprüfen, ob eine Änderung des Vorgehens ratsam ist, denn wir bleiben nie im Ausgangszustand verhaftet. Manchmal ist es auch recht fruchtbar, allgemein nach den Farben zu forschen, welche die Gesundheit fördern oder auch belasten, die es also besonders einzusetzen bzw. zu meiden gilt.

In medizinischen Bedarfsgeschäften oder bei der Adresse, die im vorigen Kapitel unter der Ziffer 2) genannt ist, können Sie sich *Speziallampen mit allen nötigen Farbscheiben* kaufen. Dabei sind zumeist zwei von jeder Farbe zweckmäßig, damit Sie die oft erforderliche satte Tönung auch herstellen können. Wesentlich billiger kommen Sie mit dem Kauf des billigsten Aluminium-Fotoscheinwerfers weg, an dessen gebördelten Rand Sie mit einfachen Wäscheklammern Farbfolien anklemmen, die Sie in Hobby- und ähnlichen Geschäften erwerben können. Als Lichtquelle dient die Sonne (Aufhängen der Farbfolie z. B. an der Fensterscheibe) oder eine elektrische Glühbirne, die auf keinen Fall besonders stark sein darf. Der Abstand der bestrahlten Körperstelle sollte wenigstens 60 cm sein: Es kommt ja nicht auf die Wärmeentwicklung der Glühbirne an, die oft eher schaden kann, sondern einzig und allein auf die spezifische Schwingung der eingesetzten Farbe.

Sie können statt einer solchen Lichtquelle auch ganz einfache *kleine, mit Wasserfarbe bemalte Blättchen oder Farbfolien oder farbige Stofflecken* auf die betroffene Körperstelle auflegen. Zur Klärung der Einzelheiten gehen Sie dann genauso wie beschrieben vor. Dabei werden Sie gegebenenfalls fragen, wie viele Nächte Sie diese Farbauflage (die natürlich unter der Nachtkleidung zu befestigen ist) benutzen sollten.

Noch ein Wort zur *Farbe Ihrer Kleidung,* was naturgemäß für die farbreichere weibliche Bekleidung besonders wichtig ist. Beobachten Sie einmal aufmerksam den Zusammenhang der bevorzugten oder gar einseitig verwendeten Farbe der Kleidung eines Menschen mit seiner vorwiegenden Gemütsstimmung! Wer sich grundsätzlich grau in grau kleidet, muß der bei der ständigen Ausstrahlung von Grau auf seinen Organismus nicht auch eine grau in grau getönte Grundstimmung bekommen? Von den ständig Schwarz Tragenden brauche ich gar nicht zu sprechen. Wenn sich jemand aus einer eher gedrückten, »dunklen«, zu Trübsal und Pessimismus neigenden Grundstimmung befreien will, darf der dann seinen Körper in etwas anderes einhüllen als nur in helle, freudige Farben? Seien Sie also wachsam, und scheuen Sie keinen Wechsel: Es lohnt sich! Gerade auch hier kann Ihnen die ergänzende Übersicht (28) auf der rechten Seite wertvolle Hilfe geben: die Warnung vor der falschen und der eindeutige Hinweis auf die farblich richtige Kleidung. Schon der große amerikanische Psychologe William James wies vor über hundert Jahren darauf hin, daß der Mensch nicht nur aus Leib und Seele, sondern aus Leib, Seele und Kleidung besteht!

Zur Heilkraft von Steinen, Metallen und Magneten

Es würde den Rahmen dieses Buches ganz entschieden sprengen, wenn ich hier auch noch auf diese Spezialgebiete genauer eingehen würde. Sie werden unter den »Fachleuten« in vielen Einzelheiten verschieden beurteilt, so daß *eine eindeutige Meinungsbildung sowieso schwer* ist. Das trifft für alle diese 3 Bereiche zu. Das soll aber nicht heißen, daß sich der dafür besonders Interessierte diesen Gebieten etwa nicht widmen solle. Das Literaturverzeichnis am Ende des Buches gibt Ihnen dafür einige Hinweise. Da zu diesem Thema heute laufend neue Veröffentlichungen erfolgen, betrachten und vergleichen Sie diese in einer gutsortierten Buchhandlung eher mehr als weniger kritisch. Denn heute herrscht eine starke Konjunktur für alle medizinischen Randgebiete, und da hält vieles nicht, was es in der äußeren Aufmachung verspricht. Erfahrungen in Einzelfällen oder im kleinen Kreis begründen noch lange nicht allgemeingültige Aussagen!

Speziell zur Heilkraft von Metallen: Es ist kein Zufall, daß Sie die gängigen Metalle fast alle in der Übersicht über die Spurenelemente ㉔ bereits verzeichnet finden.

Soweit Sie sich mit Ihrem Pendel überhaupt auf diese besonderen Gebiete begeben, können Sie sich entsprechend den reichlichen Mustern dieses Buches *Ihre eigene Übersicht anlegen*. Im Lauf der Zeit und Ihrer steigenden Vertiefung und Beherrschung des Themas wird sie sich ständig erweitern lassen. Die dabei auftretenden Fragen liegen so sehr auf der Hand, daß sie für den aufmerksamen Leser und den durch sein eigenes Üben in seiner Pendelerfahrung Fortschreitenden hier keiner besonderen Beantwortung mehr bedürfen. Die seitherigen Ausführungen und allenfalls noch die des unmittelbar folgenden Kapitels (hinsichtlich Zeitraum der Benutzung) enthalten alles dafür Wesentliche.

Sehr handliche und wirkungsstarke kleine Magnete zum Auflegen und Umhängen, die seit Jahren praxisbewährt sind, können Sie bei der Firma Marah S.A., CH-6983, Magliaso/Tessin (b. Lugano), Tel. 0 91-71 14 29 beziehen. (Dieses Haus steht in enger Verbindung zum Forschungsinstitut von Dr. Walter O. Stark, der vor einigen Jahren starb. Er ist durch aufsehenerregende Erkenntnisse in der Fachwelt bekannt geworden.) Gerade auch beim praktischen Einsatz von Magneten ist Umsicht und Vorsicht geboten, wobei Ihnen der richtige Gebrauch des Pendels wiederum sehr helfen kann.

Im besonderen: Geistiges Heilen ㉙

Zu diesem Thema liegt heute nicht umsonst schon eine reiche Literatur vor. *Die grundsätzliche oder »theoretische« Seite* liegt klar vor uns: Es geht dabei immer um die Weckung oder Aktivierung der geistigen Kraft oder der Lebensenergie, die die »Seele« des einzelnen Menschen ausmacht. Im 1. Teil dieses Buches habe ich das in Beziehung auf das zunächst so rätselhaft erscheinende Pendelphänomen ja schon dargelegt, wo Sie es gegebenenfalls nochmals nachlesen können. Sie erinnern sich: Je höher die seelisch-geistige Entwicklungsstufe eines Menschen, desto größer ist seine Pendelfähigkeit. Und jetzt darf ich getrost zufügen: Desto ausgeprägter ist auch seine Fähigkeit des geistigen oder energetischen Heilens.

Das vorausgesetzt, steht nun an dieser Stelle *die ganz praktische Seite* zur Debatte: Wie geht man ganz konkret vor, wenn man einem anderen kranken oder hilfsbedürftigen Menschen »heilende Kraft« zuführen möchte? Um hier einem *leider verbreiteten und zugleich gefährlichen Mißverständnis* vorzubeugen: In unserem Buch »Hoffnung auf Heilung« haben wir nachdrücklich herausgearbeitet, daß ein körperlich oder seelisch kranker Mensch letztlich nur durch die nachhaltige Aktivierung seiner eigenen Lebenskraft Linderung oder Gesundung finden kann. Auch der bestmeinende, noch so idealistische sogenannte »geistige Heiler« kann den Kranken nicht wirklich gesund machen, wenn dieser nicht an sich selbst arbeitet, seine in ihm schlummernden Kräfte zu wekken und bis zum äußersten zu mobilisieren. Je mehr es ihm dabei gelingt, sich an die große »geistige« Kraft, an die »göttliche« schöpferische Allenergie anzuschließen (als der früher zitierte Tropfen Wasser aus dem Ozean), um so rascher wird es ihm besser gehen. Der sogenannte Heiler kann zu all dem einen vielleicht wesentlichen Anstoß geben, mehr aber auch nicht. Das wollen Sie bitte in seiner ganzen Bedeutung erfassen: Entscheidend kann immer nur die echte Mitarbeit, also die Eigenarbeit des Kranken sein. Wenn es an ihr fehlt, fällt der zu heilende Kranke bald wieder aus seiner anfänglich oft auffallenden Besserung zurück in seinen früheren Leidenszustand. Das mußten wir über die Jahre hinweg immer wieder beobachten. Vergessen Sie das bei allen Ihren noch so aufrichtigen Heilungsbemühungen nicht: Wer sich nicht *selbst* von der Wurzel seines Wesens her gesund machen will, also unter Ausschaltung und Bereinigung der Fehler in seiner früheren Lebensführung, die ihm die Erkrankung eingebracht haben, dem ist nicht zu helfen. Hippokrates vor fast zweieinhalb Jahrtausenden: »Wenn du nicht bereit bist, dein Leben zu ändern, kann dir nicht geholfen werden.«

Das ganz konkrete Vorgehen bei einer solchen geistigen Heilungsbemühung wird im wesentlichen bestimmt durch die aufrichtige, egofreie Gesinnung des Heilers. Hierbei kehren die Voraussetzungen der hohen Pendelfähigkeit – sinngemäß zu verstehen – wieder, die ich im ersten Buchteil herausgestellt habe. Mit anderen Worten: Die Art und Weise des äußeren Vorgehens ist *letztlich* nicht so entscheidend, wie es von manchen dargestellt wird. Das können Sie am besten daraus ersehen, daß ein wahrhaft inniges und selbstloses Bitten oder Beten für einen in großer Not befindlichen Menschen gar oft seine Wirkung bringt, was aus allen Völkern und Zeiten berichtet wird. Die große allgewaltige, über uns allen stehende Kraft (»Geist«) befreit den Betroffenen aus seinen Ängsten und stärkt ihn so durch die Freisetzung seiner eigenen persönlichen Kraft (»Seele«), oder sie läßt ihm unmittelbar aus der eigenen unbegrenzten Kraft Hilfe zufließen.

Das darf uns aber nicht darüber hinwegtäuschen, daß *die Einhaltung gewisser Verhaltensregeln* vor allem für den noch Ungeübten für das Ergebnis seiner Bemühungen doch recht bedeutsam ist. Bei ihm hat sich der psychophysische »Mechanismus« des Zusammenspiels von Heilungsabsicht und Ingangsetzen des heilenden Energieflusses ja noch nicht so fast selbstverständlich eingespielt wie beim langjährig Übenden und Erfahrenen. Um diese »Reibungsverluste« optimal niedrig zu halten, kann uns der Pendel in hervorragender Weise helfen, das in unserem Unterbewußten schlummernde Wissen kundzutun. Dabei empfehle ich Ihnen im Sinn eines zielbewußten Vorgehens, die folgenden Fragen an den Pendel zu stellen:

1) Geht es im vorliegenden Fall in erster Linie darum, *verhärtete, gestaute Energie abzubauen* (was für alle Überspannungsbeschwernisse oder die YANG-Krankheiten wesentlich ist), um die notwendige Beruhigung oder Entspannung zu erreichen, *oder fehlende Energie zuzuführen* (was bei drohender Auflösung der Lebenskraft oder den YIN-Krankheiten entscheidend ist), damit zu schwache Energie angeregt, aktiviert oder zusätzlich gestärkt wird? Das einfache Schema 29/1 gibt Ihnen die Antwort. (Nur für den diesbezüglich Interessierten: N und

S bedeutet Nord- bzw. Südpol, etwa beim Arbeiten mit Magneten: der links- und rechtsdrehende Pfeil gibt die Drehrichtung des Pendels da na, wo die entsprechend gepolte Energie auftritt.) Die gesammelte geistige Einstellung des um Heilung in der einen oder anderen Richtung Bemühten bleibt dann gewiß nicht ohne Wirkung auf den in Bewegung zu setzenden Energiestrom.

2) *Welche Körperhaltung des Kranken oder Hilfsbedürftigen* ist die zweckmäßigste, um den erstrebten Energiefluß möglichst leicht und kräftig zu bewirken? Am Schema 29/2 können Sie es rasch ablesen.
3) *Wo sollen Sie sich als Helfer am besten postieren?* Anders ausgedrückt, von welcher Seite aus sollen Sie zweckmäßigerweise auf den Leidenden einwirken? Siehe 29/3. Den wichtigen Grund für diese Frage werde ich sofort im Anschluß an diese Fragenfolge erklären.
4) Eng damit verwandt: *Wo, an welcher Stelle des Körpers sollen im besonderen Ihre rechte und linke Hand sein,* um den richtigen Energiefluß zu bewirken? Die beiden schematischen Umrißzeichnungen des Körpers 29/4, von vorn und von hinten gesehen, können es Ihnen sofort aufzeigen. Zu diesem Zweck halten Sie Ihren Pendel genau in die Mitte zwischen den beiden Figuren bei der Frage: »Soll meine rechte Hand am besten auf der Vorder- oder der Rückseite von X oder einer der Körperseiten sein? Das bitte ich an der jeweiligen Körperskizze anzuzeigen.« Im Anschluß stellen Sie die gleiche Frage auf Ihre linke Hand bezogen. Die Antwort darauf wird im Einklang sein mit der zuvor gegebenen.

Bei Ihnen zunächst noch unklarer Pendelbewegung können Sie Ihren Pendel mehrfach seitlich der betreffenden Figur ansetzen und darum bitten, er möge genau in die richtige Richtung schwingen. Im Bedarfsfall setzen Sie den Pendel ein zweites Mal und jetzt zur ersten Richtung um etwa 90° versetzt an: Der Schnittpunkt der beiden Linien, die sich so ergeben haben, gibt Ihnen jetzt den genauen Punkt an. Dieser Hinweis gilt für alle Fälle, wo es sich um eine Einflußnahme auf den Körper handelt, z. B. auch für das Auflegen oder Umhängen eines Magneten, für die Bestrahlung mit einer Farbe, das Auflegen eines Farbblättchens und dergleichen. – Sie werden, wenn Sie diesbezüglich arbeiten, den praktischen Wert dieser beiden Figuren noch oft erleben.

5) Schließlich können Sie *die genaue Handhaltung* erfragen, die im vorliegenden Fall das beste Ergebnis verspricht: 29/5. Wenn Sie sich mit dem Problem der Aura einmal beschäftigt haben, wissen Sie sofort um die Bedeutung dieser Frage. Seit dem unbezweifelbaren Beweis ihrer Existenz dank der Kirlianschen Hochfrequenzphotographie[50] kann kein wirklich denkender Mensch dieses Problem als unerheblich oder gar als Spintisiererei mehr abtun. Und die ganz praktische Wirksamkeit des Arbeitens mit der Aura, z. B. beim raschen Auflösen von Schmerzen, etwa von Kopfschmerzen, beweist die Bedeutung dessen, worum es hier geht. Mit steigender Übung und Erfahrung kann sich der geistige Heiler indessen bald auf sein mittlerweile fundiertes Gefühl verlassen und braucht daher den Pendel in diesem Zusammenhang nur noch in besonderen Fällen zu bemühen.
   Im übrigen beantwortet Ihnen der Pendel jede besondere Frage zu irgendeiner Ihnen unklaren Einzelheit, wenn Sie sie nur in klarer, unmißverständlicher Form mit oder ohne Anlehnung an ein vorgegebenes Schema stellen.
6) An dieser Stelle möchte ich den Hinweis einfügen, daß Sie sich nach wiederholter Bemühung um eine besondere Schwierigkeit körperlicher oder seelischer Art, z. B. Kopfschmerzen oder Arthritis oder Arthrose, mit der *Erstellung eines einfachen Schemas* selbst helfen können. Überlegen Sie sorgfältig alle nur denkbaren Behandlungsmöglichkeiten, und stellen Sie sie nach Art der in diesem Buch aufgezeigten Übersichten oder Schemata zusammen. Mit der Zeit werden Sie sie erweitern und ausbauen können. Dabei dürfen Sie nicht versäumen, immer noch die Frage nach einer sonstigen Möglichkeit anzufügen. Denn Sie können niemals sicher sein, im vorhinein an jede nur denkbare Möglichkeit auch schon gedacht zu haben.
7) Jetzt wissen Sie genau, wie Sie vorzugehen haben: An welchem Körperteil und mit welcher Hand, und Sie brauchen nur noch zu klären:

- *Welcher Zeitpunkt* im Tagesablauf für den betreffenden Menschen wohl der wirkungsvollste ist: Die Zahlen 1 bis 24 im Schema ⑤ stehen jetzt für die 24 Tagesstunden. Bei genauem Ablesen können Sie hier auch noch die halbe, ja die viertel Stunde recht gut erkennen.
- *Wie lange* Sie heilende Energie schicken sollen: Die zu erwartenden Minuten können Sie exakt von 1 bis 10 am Schema ③, wenn es – sicher nur ausnahmsweise wegen der dann doch absinkenden inneren Sammlung – mehr sein sollte, auch am Schema ⑤ erfragen.
- *Wie oft pro Tag* Sie es tun sollen: Ebenso wieder am Schema ③ abzulesen. Wenn es jeden Tag einmal zu viel sein sollte (was nur selten der Fall sein wird), fragen Sie nach dem wievielten Tag, an dem Sie die Behandlung wiederholen sollen: Dann kann Ihnen der Pendel antworten: Am 2., am 4. usw. Tag, und Sie bekommen so auch diese Klarheit.
- *Wieviel Tage lang* Sie es wiederholen sollen: Vorgehen wie in den vorigen Fällen.

(*Allgemeiner Hinweis: Immer wenn es um die Ermittlung von Zahlen geht*, arbeiten Sie mit den Schemata ③: 1–10, ⑤: 1–35, ②: 1–200, bzw. Sie fragen je nachdem auf den gleichen Übersichten nach Hunderter-, Tausender- bzw. Millioneneinheiten.)

Hier die vor kurzem angekündigte Erklärung (bei Ziffer 3) *zur Frage der Stellung des Körpers und der Haltung der Hände*: Die moderne Kernphysik hat einwandfrei aufgewiesen, daß im atomaren Geschehen die verschiedene Polung der Elementarteilchen eine ganz entscheidende Rolle spielt. Wie wir alle längst wissen, ist das gleiche der Fall bei der uns wohlvertrauten Energieform der Elektrizität. Und nach aller mittlerweile einige Jahrhunderte alter und ganz bewußt gewonnener Erfahrung trifft das genauso zu für das sogenannte geistige oder – vielleicht noch treffender formuliert – energetische Heilen. Darüber liegen heute viele Beiträge aus einer ganzen Reihe von Völkern vor. Ebenfalls nach unserer Erfahrung hat der Lehrsatz »Gleichnamige Pole stoßen sich ab, ungleichnamige Pole ziehen sich an« auch hier seine Gültigkeit. Das bedeutet ganz konkret, daß die heilende Energie nur oder am besten fließen kann, wenn ein minuspoliger Körperteil des Heilenergie Schickenden (z. B. die linke Hand) über einen pluspoligen Körperteil des Empfangenden (z. B. den Nacken am oberen Wirbelsäulenbereich) gehalten wird und der zugeordnete minuspolige Körperteil des Empfangenden (z. B. das Kreuzbein) unterhalb des zugeordneten pluspoligen Körperteils des Sendenden (z. B. die rechte Hand) zu liegen kommt (wenn es etwa um heilerische Einwirkung: um das glatte Fließen des Energiestroms in der Brust- und Lendenwirbelsäule geht). Wird das nicht beachtet, könnte das Gegenteil der gewünschten Wirkung eintreten (z. B. Schmerzverstärkung statt Schmerzlinderung oder -auflösung).

Die Problematik der richtigen Polarisation hier darzulegen, würde gewiß zu weit führen. Das aus 2 Gründen: Erstens ist sie in den Einzelheiten nicht unumstritten, besonders was Geschlecht, Tageszeiten, z. T. auch besondere Witterungs- und ähnliche Verhältnisse anbelangt. Und zweitens ist der gewissenhaft Pendelnde diesen Schwierigkeiten enthoben, wenn er sich an das Vorgehen hält, das ich soeben ausführlich genug aufgezeigt habe. Diese Behauptung darf ich aus kritischer Beobachtung und eigenen Erfahrungen heraus aufstellen. Und damit ist dieses Problem insoweit für uns gelöst. Im Zweifelsfall lösen es uns die rasch gestellten Fragen an den Pendel.

Alles was in diesem Kapitel steht, trifft im Sinn der früheren Ausführungen natürlich auch dann zu, wenn es sich um *einen in der Ferne befindlichen Menschen* handelt. Denn selbst für die feinsten Schwingungen der Energie gibt es keine Begrenzung durch die Entfernung in unserem menschlichen Sinn. In diesem Zusammenhang können Sie nochmals das kleine Kapitel »Besondere Hinweise« am Ende des 3. Buchteils nachlesen, dessen Inhalt sinngemäß auch hier gültig ist. Dort finden Sie ja auch das hier unmittelbar zutreffende Beispiel des 3. der Fälle aus der Pendelpraxis am Ende der Einführung zu diesem Buch.

Ich kann mir gut vorstellen, daß Ihnen alles das jetzt *bei der ersten Lektüre als reichlich kompliziert* erscheint. Bei Ihrer ersten praktischen Arbeit damit mag sich dieser Eindruck noch bestätigen. Er wird sich dann *aber mit steigender Übung rasch verlieren*, weil sich die verschiedenen Arbeitsgänge – soweit sie im Einzelfall überhaupt nötig sind – immer flotter abwickeln lassen, und weil sich dann bei der praktischen Anwendung bald das Gefühl der Sicherheit, auf dem rechten Weg zu sein, immer mehr verfestigt. Bekanntlich ist nichts erfolgträchtiger als der Erfolg: Machen und sammeln Sie selbst ihre eigenen Erfahrungen, ohne dabei jemals ihre gesunde Selbstkritik zu verlieren! Bei der richtigen inneren Einstellung wird Ihnen Ihr Pendel alle in diesem Zusammenhang auftauchenden Fragen beantworten, im Zweifelsfall durch Kontrollfragen erst einige Tage später – wenn Sie Abstand gewonnen haben – bestätigen oder Sie zur Kritik aufrufen. Und so wachsen Sie mit der Zeit stetig und folgerichtig in die eben erwähnte Sicherheit hinein. Ist dieses subjektive Gefühl der Sicherheit auch etwas höchst Individuelles, so muß es gerade deshalb in jedem Fall auf festem Grund ruhen.

Praktische Beispiele zum richtigen Vorgehen (Fragetechnik beim Pendeln)

Auch am Ende dieses Buchteils sollen einige ganz praktische Beispiele das konkrete Vorgehen beim Pendeln deutlich machen. Vor allem sollen sie zeigen, daß das wohl Wichtigste das folgerichtige Fragen ist, das man bei hinreichendem Interesse und beim Einbeziehen aller nur denkbaren Möglichkeiten bald in den Griff bekommen kann. Mit steigender Erfahrung wird es immer einfacher. Dabei kann ich auf die Ausformulierung im einzelnen jetzt zumeist verzichten, wodurch der sachliche Ablauf vielleicht noch klarer hervortritt.

Das 1. Beispiel betrifft den hochbelasteten Geschäftsmann, dem wir den 7. und letzten Fall aus der Reihe »Einige Fälle aus der Pendelpraxis« am Ende der Einführung verdanken. Am besten

lesen Sie ihn jetzt nochmals nach, damit Sie die Grundlage für das Folgende gegenwärtig haben. Etwa ein gutes Jahr nach dieser so erfolgreichen Korrektur seiner Bettposition traten erneute Schlafstörungen vor allem in der Zeit zwischen 1 und 4 Uhr morgens bei ihm auf, die ihn mehr und mehr belasteten. Das genaue Vorgehen:
Zu Beginn kurze und klare Zusammenfassung dieses Sachverhalts in dem eben dargelegten Sinn in entsprechend innerer Sammlung wie früher besprochen mit der abschließenden Bitte um Hilfe und Auskunft.

1. Frage, Tafel ③ A-B-Schema: Ist die Ursache wieder irgendeine geopathische Störung (A) oder liegt sie in der Persönlichkeit selbst begründet (B)? – Antwort: B.

2. Frage, Tafel ⑬, Tieferliegende Ursachen: 1. Antwort: Unterforderung – Überlegung: Das bei einem eindeutig hochbelasteten Menschen? – Bestätigende Antwort: Ja – Es kann sich also wohl nur um eine Unterforderung des Körpers im Verhältnis zu der ständigen relativen Überforderung von Seele-Geist handeln? (Heute typisch für viele streßgeplagte Menschen mit Schlaflosigkeit, Nervosität usw., was in der Tat nur in den wenigsten Fällen in dieser einfachen Ursache erkannt wird und mit Medikamenten schon gar nicht behoben werden kann!)? – Bestätigende Antwort: Ja.

Erneute Frage nach einer möglichen weiteren tieferliegenden Ursache. – 2. grundsätzliche Antwort: Mangel an Vitalstoffen – Wiederholte Frage des gleichen Inhalts: Störung im Wirbelsäulenbereich – Wiederholte Frage des gleichen Inhalts: keine Antwort – Kontrollfrage: »Liegt noch eine weitere tieferliegende Ursache vor, die bis jetzt noch nicht genannt wurde: Ja oder nein?« – Antwort: Nein – Ergebnis dieser Befragung von ⑬:
1) Unterforderung des Körpers im Verhältnis zu Seele-Geist.
2) Mangel an Vitalstoffen.
3) Störung im Wirbelsäulenbereich.

3. Frage, Tafel ② 100 %-Skala: »Wenn die Ursachen für die schlimmer werdenden Schlafstörungen insgesamt 100 % ausmachen, wieviel Prozent entfallen davon auf die körperliche Unterforderung?« – Antwort: 60 % – Wiederholung der Frage mit Bezug auf den Mangel an Vitalstoffen – Antwort: 20 % – Wiederholung der Frage mit Bezug auf die Störung im Wirbelsäulenbereich. – Antwort 17 % – 60 + 20 + 17 = 97 %. Den Rest von 3 %, der allenfalls auf ganz nebensächliche Momente hinweist, können wir vergessen. – Beobachten Sie bitte: Diese Prozentbefragung ist wiederum eine recht präzise Kontrolle und Bestätigung des ersten Ergebnisses.

4. Frage, Tafel ㉕ »Verteiler« hinsichtlich Mangel an Vitalstoffen: »Liegt hier ein Mangel an Vitaminen, Spurenelementen oder Mineralstoffen vor: das bitte ich anzuzeigen.« – Sofortige Antwort: Mangel an Vitaminen – Daher Befragung von ㉓ Vitamine: »Welches der hier aufgeführten Vitamine ist es, das Herrn X fehlt und damit zu seinen Schlafstörungen beiträgt?« – Antwort: B_{12} – Weitere Frage: »Fehlt es sonst noch an einem Vitamin?« – Antwort: Nein – Weitere Frage: Fehlt es sonst noch an einem anderen Vitalstoff, etwa einem Spurenelement oder Mineralstoff bei Herrn X?« – Antwort: Nein.

5. Frage, Tafel ⑭ Skelett: »An welchem Teil der Wirbelsäule liegt bei Herrn X die Schädigung vor, die mit zu seinen Schlafstörungen beiträgt?« – Antwort: Lendenwirbelsäule.

6. Frage, Tafel ③, 1–10: »An welchem Lendenwirbel bzw. zwischen welchen Lendenwirbeln befindet sich die gesuchte Schädigung?« – Antwort: Der Pendel schwingt genau zwischen die Ziffern 3 und 4. – Kontrollfrage: »Bedeutet das einen Zwischenwirbel- oder Bandscheibenschaden zwischen dem 3. und 4. Lendenwirbel?« – Antwort: Ja.

Jetzt sind die Störungsquellen erkannt, und es geht um die Abhilfe. Die Befragung der Tafel ㉗ weist zum 1. Hauptpunkt sofort auf »Bewegung« mit den aufgeführten Einzelheiten. Zum 2. Hauptpunkt Vitamin-B_{12}-Mangel braucht sie nicht befragt zu werden, weil vermehrte Einnahme der entsprechenden Lebensmittel selbstverständlich ist. Zum 3. Hauptpunkt Lendenwirbelschädigung weist der Pendel auf Tafel ㉗ sofort auf Yoga, mit dem Herr X durch seine Frau einigermaßen vertraut ist. Ergebnis: Er arbeitet sich ein detailliertes Bewegungstraining für den Wochenverlauf aus, das er in seinen Alltag einbauen kann (Radfahren, Holzhacken, Tennisspielen, Schwimmen, jeden Abend 30 – 45 Minuten flottes Spazierengehen auf einem dicht benachbarten Berg, Wanderung am Wochenende und bei kurzen Zwischenurlauben; er nimmt mehr Vitamin-B_{12}-Nahrungsmittel zu sich, und er macht täglich etwa 15 Minuten lang zwei wirkungsvolle Yoga-Übungen für die Biegsamkeit der Wirbelsäule und Kräftigung der Muskulatur besonders im unteren Wirbelsäulenbereich. Bis heute hält er seinen Fahrplan von einigen begründeten Ausnahmen abgesehen ein: Schon nach einer guten Woche wurden die Schlafstörungen ganz erheblich geringer, nach 2 – 3 Wochen waren sie ganz verschwunden, und er fühlte sich insgesamt viel wohler und spannkräftiger.

Das 2. Beispiel betrifft eine 52jährige, vitalstarke, geistig und körperlich sehr aktive Hausfrau mit starken Kreuzschmerzen, die ihr das morgendliche Aufstehen oft und manchmal das Leben untertags ganz plötzlich buchstäblich zur Qual machen. Hier in Kurzform der jetzt wohl genügende Abriß der Fragenfolge beim Erpendeln von Ursachen und Abhilfe:

⑪ Wo organische Störung: Stoffwechsel und Knochen, Gelenke.

⑫ Art der organischen Störung: Ablagerung von Schlacken und Vergiftung. – Frage ③: Echte Vergiftung (A) oder durch die Schlackenablagerung, sozusagen eine Art Vergiftung (B)? Letzteres.

⑭ Knochen, Gelenke: Frage: Ablagerung wo? Lendenwirbelsäule und Fußgelenk und Schulter. – Wo genau ③? Übergang 4. zum 5. Lendenwirbel, beide Fußgelenke, rechte Schulter.

⑫ Noch andere treffende Bezeichnung? Rheuma. – Frau X hat bisher über Schmerzen in Fußgelenk und rechte Schulter nicht geklagt, sind sie vielleicht nur noch nicht ausgebrochen, sondern noch im Stadium der Vorbereitung, sozusagen der »Zusammenballung«? Antwort: Ja. – ③: Wie viele Monate mag es noch dauern, bis sie fühlbar werden, wenn Frau X nichts dagegen unternehmen sollte? Etwa 6 Wochen.

⑬ Tieferliegende Ursachen: Haltungsschaden und Ernährung, sonst nichts. – Frage ohne Tafel durch Handnotiz: Haltungsschaden vorwiegend im Stehen, Liegen oder Sitzen? Im Liegen, sonst nicht. – Bedeutet das eine falsche oder für sie schlechte Bettmatratze? Ja. – Ist sie zu hart oder zu weich ③? Zu hart. – Menschliche Figuren bei 29/4, Haltung des Pendels genau in die Mitte zwischen beide: An welcher Stelle ist die Matratze im besonderen zu hart, bitte genau dahin zu deuten? Der Pendel zeigt sofort auf die Körperrückseite knapp oberhalb Kreuzbein, also in die Höhe des 4. und 5. Lendenwirbels (zugleich Kontrolle und Bestätigung des vorher Gesagten). – Würde des Auflegen einer zusätzlichen weichen Schaumgummimatratze Abhilfe schaffen? Ja. – Würde dies an anderer Stelle Nachteile oder Gefährdung mit sich bringen? Nein. – Dicke dieser weichen, zusätzlichen Matratze ③? 8 cm. – ②: Wenn die jetzigen Kreuzschmerzen von Frau X gleich 100 % sind, auf welchen Prozentsatz können sie durch Auflegen dieser weichen Matratze wohl reduziert werden? 25 %. – Wie groß ist die Reduzierung dadurch insgesamt (zugleich Kontrollfrage)? 75 % (also Bestätigung). – Soll Frau X zwecks Stärkung ihrer Lendenwirbelsäule die Ärztin Dr. Y aufsuchen, mit ihrer für ihre diesbezüglichen Übungen bekanntgewordenen Krankengymnastin? Ja. – Ist das notwendig? Ja. – Ist darüber hinaus noch etwas anderes ratsam für Frau X? Nein.

Jetzt muß noch der Hintergrund der anfänglichen Angaben in ⑪ und ⑫ »Stoffwechsel« und »Ablagerung von Schlacken und Vergiftung« geklärt werden:
⑱ Hauptnährstoffe: Welche der hier aufgeführten Gruppen der Hauptnährstoffe des Körpers verursachen zu ihrem Teil die

schweren gesundheitlichen Störungen von Frau X? Purinkörper (bei Übermaß »Giftstoffe«) und Kochsalz. – Ist zuviel Kochsalz in der Ernährung und im Körper? Ja. – Fehlt sonst etwas Wesentliches in ihrer Ernährung? Nein. – Frau X trinkt immer wieder harte Alkoholika und sehr viel Bier, ißt auch gerne viel Fleisch, daher Notiz dieser drei Worte auf einen Zettel und Frage: Welche dieser drei Getränkearten bzw. Lebensmittel soll sie künftig mindestens stark einschränken? (Bei Abfragen der einzelnen :) Alle drei. – Soll sie auf alle drei vollständig verzichten (Abfragen der einzelnen)? Nein. – Wieviel % des jetzigen Konsums sind ihr noch erlaubt? Antwort bei allen dreien: 20 % – Nicht mehr? Nein.

⑲ Ernährungsart/Diät: Was soll Frau X über das bisher Gesagte hinaus in ihrer Ernährung beachten? Weniger trinken, mehr YANG (Fleisch ist zwar YANG, aber wegen vieler Purinkörper wenig gut) und Vollwertkost und salzfrei/salzarm. – Sonst noch etwas aus ⑲? Nein. – ③ Salzfrei oder salzarm? Salzarm. – Wenn Frau X ihre Ernährung im angegebenen Sinn ändert, zu welchem Prozentsatz ist dann die Reduzierung ihrer Schmerzen von jetzt 100 % zu erwarten? 25 % (also Bestätigung zum obigen Ergebnis: 75 + 25 = 100). – Kontrollschlußfrage: Sind mit diesen Fragen und Antworten die jetzigen Gesundheitsstörungen von Frau X voll erfaßt und geklärt, auch die Möglichkeiten ihrer Abhilfe? Antwort: Ja.

Sie sehen aus diesen Beispielen, wie sehr es darauf ankommt, durch selbständige Überlegungen immer das Ganze zu bedenken. Der sogenannte gesunde Menschenverstand, ein gutes allgemeinverständliches medizinisches Buch oder Lexikon und gegebenenfalls das offene Gespräch mit dem Arzt, Heilpraktiker, der Krankengymnastin und dergleichen stehen jedem ernsthaft Interessierten immer zur Verfügung. *Halten Sie sich also auf keinen Fall zu eng an die vorgegebenen Pendeltafeln dieses Buches.* Sie können die unendliche Vielfältigkeit des Lebens unmöglich ganz erfassen. Gehen Sie deshalb immer den sich anbietenden, oft sich geradezu aufdrängenden Zwischenfragen nach! Es wird nahezu ausnahmslos immer der Weg vom Allgemeinen zum Besonderen sein, also das folgerichtige Fortschreiten von den vielen allgemein gegebenen Möglichkeiten, die es einzuengen gilt, auf den ganz speziell gesuchten Punkt hin. Je behutsamer und selbstkritischer Sie bei allem Ihrem Eifer vorgehen, um so rascher werden Sie Übung und Erfahrung bekommen, die nicht nur Ihrem Pendeln zugute kommt, sondern Ihr ganzes Leben in einer zuvor nicht erwarteten Weise bereichert. Einen schöneren und wertvolleren Lohn für alle Ihre Mühen können Sie gar nicht bekommen.

Lebenspraktisches Pendeln

Hilfen im Alltag

> *»Bittet und es wird euch gegeben;*
> *Suchet und ihr werdet finden.«*
> Matthäus 7,7

Dieser Buchteil soll ganz den lebenspraktischen Alltagsproblemen gewidmet sein, die in der einen oder anderen Form zuzeiten auf jeden von uns zukommen. Es liegt in der Natur der Sache, daß das nicht in einem umfassenden Sinn geschehen kann, denn das Leben ist nun einmal unendlich vielfältig. So läßt sich die Unzahl von Möglichkeiten, in denen uns das Pendel oft wertvollste Hilfe leisten kann, auch nicht in einer logisch ganz sauber getrennten Gliederung aufweisen. Doch habe ich mich bemüht, in der folgenden Einteilung die Übersicht über die so mannigfaltigen Probleme und Möglichkeiten soweit zu erleichtern, wie das eben geschehen kann, auch wenn sie verständlicherweise nicht perfekt sein kann.

Gesuchtes finden ㉚

Bei diesen praktischen Alltagsproblemen steht vielleicht das Suchen nach irgendwelchen Objekten, die oft quälende Bemühung, das Gesuchte recht bald zu finden, im Vordergrund. Deshalb möchte ich damit beginnen. *Was suchen wir gelegentlich nicht alles, z. B:*

- alle möglichen verlegte, vermißte, verlorene Gegenstände des täglichen Gebrauchs (fast sprichwörtlich sind Schlüssel!);

- ein verlorengegangenes Tier, ein verirrtes Kind, einen gedächtnisgestörten alten Menschen, der jetzt hilflos umherirren möge;
- die Stelle, wo ein unterirdisches Rohr undicht, gebrochen oder verstopft, ein in der Erde verlegtes Kabel beschädigt ist (z. B. bei Bauarbeiten oder durch Tiere);
- einen versunkenen oder mit Erde überdeckten Grenzstein oder eine nicht mehr klar erkenntliche Grenzlinie;
- auch heute noch verborgene, vergessene, versteckte Munition oder Minen aus den letzten Kriegen;
- im technischen Bereich Konstruktionsschwächen irgendwelcher Art, den Grund für bestimmte Funktionsstörungen und dergleichen;
- klare Geschlechtsbestimmung bei neugeborenen oder noch im Mutterleib befindlichen Tieren;
- einwandfreie Feststellung von besonders guten Strahlungsplätzen (»Orte der Kraft«), von »gesunden« Baugrundstücken und präzise festzulegenden Bauplätzen, möglichst frei von geopathischen Störungen, was ich wegen seiner großen Wichtigkeit im nächsten und letzten Buchteil noch besonders behandeln möchte;
- in besonderen Fällen gesunkene Schiffe, abgestürzte Flugzeuge, nach Verbrechen versteckte Leichen oder gestohlenes wertvolles Gut usw., wobei in den verschiedensten Ländern schon des öfteren Radiästheten treffende Hinweise gaben.

Ein besonderes Kapitel, viel besprochen, viel bezweifelt und in mittlerweile vielen Büchern dargestellt ist *die Suche nach Wasser und analog nach Bodenschätzen aller Art.* In den vergangenen Jahrhunderten sind auf der ganzen Welt ungezählte Brunnen, Erzgruben verschiedenster Art, alle möglichen Mineralien, auch Ölvorkommnisse durch Hilfe von Pendel oder Rute gefunden worden. Aber bezeichnend: Alte Schätze, die nur zum Zweck der persönlichen Bereicherung gesucht werden, wurden auf diese Weise noch selten entdeckt. Und ebenso versagte die radiästhetische Suche besonders auch beim Bemühen um Öl, wenn Eigensucht, also bloßer Egoismus, das Hauptmotiv dafür abgab. Erinnern Sie sich an die mehrfachen früheren Hinweise in diesem Buch, daß sich die helfenden Kräfte dann versagen, wenn das der Fall ist? Wenn das Motiv nicht in erster Linie das Bemühen ist, wirkliche Hilfe in welchen Schwierigkeiten und Nöten auch immer zu geben, kann sich schwerlich der ersehnte Erfolg einstellen.

Ein anderes, ganz besonderes Kapitel sind die radiästhetischen Bemühungen *in der Archäologie.* Besonders in Rußland und in der westlichen Welt in England kommt man dabei oft zu erstaunlichen Ergebnissen. Dabei geht es um alte Kult- oder Grabstätten, um einstmals bewohnte Höhlen, um jahrtausendealte Ruinen von Palästen oder Städten oder auch um antike oder vorantike Schlachtfelder. Das Motiv ist hier im wesentlichen immer das passionierte Sachinteresse, durch die Grabungen die Rätsel jener Zeit klären zu helfen, die uns die Überlieferungen, Sagen und Hinweise verschiedenster Art über das Leben der damaligen Menschen aufgeben.

Wie gehen Sie nun am besten bei einer derartigen Suche nach irgendwelchen Objekten vor, sei es innerhalb eines Hauses oder in der freien Natur? Das Allerwichtigste dabei, das von allem Anfang an absolut gesichert sein muß, ist, *das Vorstellungsbild dessen, worum es geht,* so klar, deutlich, lebendig, plastisch wie nur irgend möglich im Geist, im Bewußtsein festzuhalten. *Die innere Anteilnahme und Sammlung* muß von Haus aus sehr viel größer und intensiver sein, wenn es sich um eine als sehr wichtig empfundene Sache handelt, vielleicht weil man es selbst oder jemand anders ganz dringend benötigt. Diese drängende, ja zwingende Notwendigkeit ist für die erfolgreiche Bemühung in den meisten Fällen das Entscheidende, wie erfahrene Pendler oder Rutengänger immer wieder feststellen. Daher bringt das Üben mit vergleichsweise nebensächlichen Dingen selten Erfolg.

Die mehr technische Seite des Vorgehens ist Ihnen für einige der eingangs dieses Kapitels aufgezählten Punkte längst bekannt: Es sind *einfache Fragen,* ohne oder auch mit Hilfe der ihnen mittlerweile geläufigen Pendeltafeln. Dazu brauche ich hier keine weiteren Erklärungen mehr zu geben. Sie sind für die präzise Klärung des dann folgenden Vorgehens oft sehr wertvoll. Die *unmittelbare örtliche Suche* nach dem betreffenden Objekt vollzieht sich am einfachsten und damit am sichersten nach dem folgenden Muster. Fragen Sie Ihren Pendel, die Arme am besten aufgestützt auf einen Tisch, Kaminsims, eine Mauer oder ähnliches (um unnötige Unruhe im Körper und im Pendel auszuschalten), in welcher Richtung sich das gesuchte Objekt befindet. Wenn er nun eine bestimmte Richtung anzeigt, dann folgen Sie dieser eine Strecke weit, halten Sie an, zwangsweise schon dann, wenn Sie an ein Hindernis kommen (eine Wand, ein tiefer Graben oder ähnliches), und fragen erneut nach der gesuchten Richtung. Nicht selten wird Ihr Pendel jetzt langsam in eine etwas geänderte Richtung einschwenken. Jeder Richtungskorrektur folgen Sie peinlich genau. Das tun Sie so lange, bis Ihr Pendel das zuvor mit ihm gleichsam vereinbarte Zeichen gibt, daß Sie sich genau über oder dichtest bei der gesuchten Stelle befinden. Dieses Zeichen kann z. B. ein klarer Übergang aus dem bisherigen Schwingen in die gesuchte Richtung in eine eindeutige Rechtsdrehung sein.

Wenn Sie im vorhinein wissen, daß Sie eine bestimmte Richtung nur über störende Umwege einhalten können, klären Sie mit dem Pendel vorher durch eine einfache Frage über dem A-B-Schema ③, ob Ihnen der Pendel die Luftlinie zeigt ohne Rücksicht auf Hindernisse (A) oder den von Ihnen einzuschlagenden Weg (B).

Bei der Suche nach Wasser, etwa einem Brunnen in der freien Natur, ist das Vorgehen im Prinzip genau das gleiche. Die einleitende Frage: »Wo befindet sich die mir nächstliegende Stelle, an der unter der Erde Wasser fließt?« Jetzt dieser Richtung folgen . . . wie soeben beschrieben. An dem kritischen Punkt klärt dann die Frage: »Aus welcher Richtung kommt das Wasser geflossen?« und die anschließende Kontrollfrage »In welche Richtung fließt das Wasser weiter?« sogleich die Flußrichtung. Auf der 100-%-Skala ② bzw. der Tafel ⑤ mit den Zahlen 1 bis 35 können Sie dann die Tiefe in Meter feststellen und die Schüttung, das heißt die Ergiebigkeit des Brunnens in l/sec.

Der auf diesem Gebiet Erfahrene und Geübte kann sich das alles noch weiter vereinfachen, indem er die erstgenannte Frage gleich präzise auf alle zunächst wesentlichen Punkte erweitert, etwa: »Ich bitte, die Richtung anzuzeigen: Wo befindet sich die mir nächstliegende Stelle, an der unterirdisches Wasser fließt, nicht tiefer als 40 m und mit einer Schüttung von mindestens 25 l/sec?«

Lesen Sie nun bitte am Ende der Einführung das 6. Beispiel aus »Einige Fälle aus der Pendelpraxis« kurz nach. Jetzt wissen Sie, wie der Pendler so exakt zum richtigen Ergebnis kam: Auf die Frage nach der Tiefe schwankte der Pendel nämlich immer von 40 auf 30 hin und her, was mehrere Wasserläufe vermuten ließ. Die Frage danach ergab zwei, und von da ab war alles Weitere klar.

Manche erprobte Pendler ermitteln die Tiefe des Wasserlaufs oder der Quelle so, daß sie dem Pendel aufgeben, als Antwort auf die gestellte Frage so oftmals rechts zu drehen bzw. vor und zurück zu schwingen, wie das Wasser in Meter gemessen tief ist. Sie zählen dann sorgfältig die Pendelbewegung und kommen auf die gesuchte Zahl. Sinngemäß läßt sich auf gleiche Weise auch die Schüttung ermitteln. Das Verfahren ist natürlich umständlicher und verlangt wohl auch noch mehr Konzentration beim richtigen Zählen. Wem es aber mehr liegt, der möge es getrost anwenden. Wir Menschen sind alle verschieden, und was für den einen das beste Verfahren ist, muß es noch lange nicht für jeden anderen auch sein. Hauptsache: Es gibt ein klares Ergebnis, das stimmt!

Eine zweite, ebenfalls bewährte Methode zum Auffinden eines gesuchten Objekts in einem größeren Raum oder im Freien: Wo immer Sie stehen, stellen Sie die 1. Frage z. B. in Form der Bitte: »Ich bitte genau die Richtung anzuzeigen, in der sich . . . das gesuchte Objekt . . . befindet.« Sie geben Ihrem Pendel hinreichend Zeit, sich in einer ganz eindeutig bestimmten Richtung einzuschwingen. Sie merken sich den Verlauf dieser Richtung im Raum oder im Gelände ganz genau und gehen diese Linie eine gewisse Strecke entlang, um dann im rechten Winkel zu ihr nach einer der beiden Seiten hin abzuknicken und wiederum nach einer gewissen Strecke aus dem so gewonnenen Abstand zur ersten Linie die gleiche Frage zu wiederholen. Je nach dem mehr oder weniger schiefen Winkel der neuen Anzeige zur ersten angezeigten Linie können Sie das Spiel bei Annäherung an den Kreuzungspunkt der beiden Linien nochmals, gegebenenfalls ein drittes Mal, wiederholen. So bekommen Sie den exakten Punkt, an dem sich alle gewonnenen Linien überschneiden. Die Kontrollfrage dort gibt Ihnen die nötige Schlußbestätigung. Siehe das Schema ㉚.

Das Pendeln über Karten, Grundrissen oder Skizzen kann Ihnen das sehr viel umständlichere und aufwendige Pendeln an einem großen Originalobjekt bzw. in der freien Natur ersparen. Sie gehen dabei im Prinzip genauso vor wie soeben geschildert, eben nur auf der schriftlich fixierten Wiedergabe der Natur, die vor Ihnen liegt. Wenn Sie die nötige innere Sammlung, Übung und Sicherheit haben, werden Sie auf diese Weise in den meisten Fällen am raschesten zum Ziel kommen. Die Karte, am besten das Meßtischblatt im Maßstab 1:25000, der Stadtplan, der Gebäudegrundriß, eine einfache saubere Skizze: Sie alle enthalten ja sämtliche für Sie notwendigen Informationen, die Sie brauchen. Sie stellen sich dabei jetzt ganz anschaulich vor, wie Sie auf dem betreffenden Gelände, in den Straßen der betroffenen Stadt, in den Mauern oder Zimmern des fraglichen Hauses sind, und im übrigen sind Sie voll und ganz gesammelt auf Ihr besonderes Problem, wie das oben geschildert ist. Jetzt setzen Sie Ihren Pendel irgendwo am Rande das erste Mal an, ermitteln die erste Linie, machen das im rechten Winkel dazu wieder vom Rand her ein zweites Mal und arbeiten sich durch Wiederholungen ganz präzise an den gesuchten Punkt heran.

Wenn die Karte ein *Gitternetz* gleich welcher Art haben sollte wie die meisten Stadtpläne, können Sie auch die Methode anwenden, daß Sie mit Ihrem Pendel ganz langsam am Rande der Karte zuerst z. B. die waagerechten und dann die senkrechten Gitterlinien entlangfahren, bis sich Ihr Pendel in Richtung der eben passierten

Linie in Bewegung setzt. Oder Sie fragen mit dem Pendel etwa in der Mitte einen Gitterstreifen nach dem anderen ab. Sie können statt dessen auch ein Lineal ganz langsam von oben nach unten bewegen, dann quer über das Papier hinweg und schließlich in der Diagonale, um den gesuchten Punkt kontrollhalber nochmals anzuschneiden. Die exakte Detailfixierung des gesuchten Punktes erfolgt dann sinngemäß wie vorhin beschrieben, wobei Ihnen ein auf die jeweils kritische Kartenstelle gehaltene Bleistift- oder Zirkelspitze eine gute Markierungshilfe zur ganz präzisen Lokalisierung abgibt.

Lesen Sie jetzt bitte von den eingangs dieses Buches gebrachten *Beispielen aus der Pendelpraxis* die Fälle 1 und 2 nochmals aufmerksam durch. Im 1. Fall wurde die Heilpflanze durch Suchen oder – in der Fachsprache – Muten auf der Karte 1:25000 gefunden, im 2. Fall die Stelle des Wassereinbruchs durch Abpendeln des Gebäudegrundrisses mühelos ermittelt. Beobachten Sie bitte, ich wiederhole diesen Gesichtspunkt bewußt, um seine Wichtigkeit zu unterstreichen: In jedem dieser beiden Fälle ging es um eine allen Beteiligten ganz wichtige Sache. Sie waren also alle intensiv mit ihrem Gemüt beteiligt. Sicherlich gerade auch deshalb diese verblüffenden Pendelergebnisse! Durch welches Verfahren sie jeweils erzielt wurden, braucht nach Ihrer aufmerksamen Lektüre der letzten Abschnitte jetzt nicht mehr gesagt zu werden. Im Tafelteil dieses Buches finden Sie das prinzipielle Vorgehen im Schema ㉚ der absoluten Klarheit halber grafisch dargestellt. Im nächsten Buchteil, wo es um die Erfassung geopathischer Störungen geht, werden Sie wiederum auf diese grundsätzliche Methode stoßen.

Jetzt bleibt mir nur noch der auch hier fällige Hinweis, daß sich dieses Verfahren auch *über noch so große Entfernungen* mit Erfolg anwenden läßt. Daß Entfernungen für diese feinsten Energieschwingungen, um die es hier geht, keine Rolle spielen, habe ich schon wiederholt betont, als ich kurz das Pendeln über eine dritte, völlig unbekannte Person besprach, zu der über einen telefonisch Anrufenden von großer innerer Sammlungsfähigkeit die geistige Verbindung hergestellt wird (Der dritte der einleitend gebrachten Fälle aus der Pendelpraxis). Und zur Erklärung der Tatsache, daß auch eine Karte oder Skizze ebenso wie eine Fotografie oder Zeichnung die Energieschwingungen der dargestellten Personen oder Gegenstände in sich tragen, kann ich Sie bitten, in dem kurzen Kapitel der besonderen Hinweise das nachzulesen, was sich heute mit einiger Sicherheit zu diesem Problem sagen läßt.

Nun noch ausnahmsweise eine beruhigende Warnung. Des öfteren wies ich auf die *Notwendigkeit von Kontrollfragen* hin, die sich bei ganz wichtigen und gegebenenfalls folgenreichen Problemen von verschiedenen Seiten her vornehmen lassen. Nun neigen, wie ich aus Erfahrung weiß, sehr gewissenhafte Menschen in diesem Punkt verständlicherweise zur Übertreibung, die nirgendwo gut ist, denn wer wieder und wieder kontrolliert, was längst kontrolliert ist, kommt am Ende aus seiner Unsicherheit nicht mehr heraus. Von der sehr zu Recht immer wieder betonten inneren Sammlung des Pendlers auf das einzig Wesentliche kann dann natürlich keine Rede mehr sein. Also hüten Sie sich bitte auch hier vor dem falschen Übermaß!

Das Wesentliche erkennen

Sie haben sich nun recht ausführlich damit beschäftigt, gesuchte Gegenstände und ähnliches mit Hilfe des Pendels auch tatsächlich finden zu können. Dabei haben Sie mehrere Techniken und spezielle Arten des Vorgehens kennengelernt, die Ihnen über *die allgemein verwendbaren Hilfen* aus den vorangegangenen Buchteilen hinaus *in sinngemäßer Anwendung vielfach helfen* können. Das besonders auch dann, wenn es darum geht, Wesentliches vom Unwesentlichen zu trennen. Wie oft ist das doch im täglichen Leben der Fall, besonders wenn man mit Gebieten zu tun bekommt, in denen man ganz gewiß kein Fachmann ist und sich oft sogar überhaupt nicht auskennt. Das Wichtige vom Unwichtigen zu unterscheiden erweist sich da häufig als ganz unmöglich. Und nicht selten muß man dann viel Lehrgeld für falsches Verhalten, für unnötige Umwege, für verschwendete Zeit, für unnütz aufgewendete Anstrengungen und Arbeit bezahlen.

In diesen häufig anzutreffenden Lebenssituationen kann Ihnen das rechte Pendeln wiederum viele Bemühungen, Aufwendungen und oft genug Verdruß und Ärger ersparen. Die dabei zweckmäßigen Verfahren des Vorgehens kennen Sie im Grunde schon alle. Es geht am Anfang nur darum, daß Sie diese alle so in den Griff bekommen, daß Sie damit je nach der besonderen Lage und den besonderen Notwendigkeiten des Einzelfalls »spielen« können. Daß Sie also die vielfältigen Möglichkeiten, die in ihnen stecken, in den vielen Variationsmöglichkeiten vom Grundsätzlichen her an den Einzelfall anzupassen verstehen.

Verständlicherweise kann ich bei der Vielfalt dieser Situationen im praktischen Leben hier nur einige wenige Beispiele anführen, die Ihnen zur Anregung dienen mögen. Geradezu ein Musterbeispiel gibt für den geistig lebendigen Menschen *die Frage* ab, *welche Bücher* er bei der heutigen Bücherinflation lesen, erst recht bei Büchern von Bildungscharakter: welche er studieren oder sich gar erarbeiten soll. Das Nötige dazu habe ich bereits in dem Kapitel über den geistigen Wert ausgeführt. Das gleiche gilt natürlich für *Veranstaltungen aller Art,* für Lehrgänge, Kurse, Vorträge, für Besuche von Ausstellungen usw. Ebenso können Sie aus der steigenden Fülle von Fernsehsendungen leicht diejenige herausfinden, die Ihnen das bietet, was Sie suchen. So wird es Ihnen erspart, Ihre wertvolle Zeit mit seichter Berieselung zu vergeuden, um hinterher schalen Geschmack auf der Zunge ertragen zu dürfen.

Stehen nur 2 oder auch 3 Möglichkeiten zur Debatte, gibt Ihnen das A-B-Schema ③ rasch die Auskunft, welche für Sie die beste oder ersprießlichste, auch die am wenigsten günstige ist. *Bei noch mehr Möglichkeiten* ordnen Sie diese nach Art unserer Tabellen an und fragen dann den Pendel in der Ihnen bekannten Weise. In nicht wenigen Fällen ist es klug, dann noch eine »sonstige Möglichkeit« aufzunehmen, von der Sie zu diesem Zeitpunkt zwar noch nichts wissen, die Sie aber dann doch noch herausfinden mögen, wenn Sie der Pendel darauf hinweist. So können Sie z. B. auch spielend erklären, welche der gegebenen Möglichkeiten Sie – in Anbetracht aller dafür wichtigen Umstände! – am besten auswählen. Ich habe noch von keinem gehört, daß er später mit der Wahl unzufrieden gewesen wäre.

In vielen *wissenschaftlichen, Fach- oder Wissensbüchern* ist oft viel enthalten, was Sie schon wissen und beherrschen, neben Stoff, den Sie noch nicht kennen und an dessen Erarbeitung Ihnen liegt. Aber: Wie finden Sie ihn aus dem Lehrstoff- oder Wissenswust heraus? Sie können in dieser Lage Kapitel für Kapitel nach dem geistigen Wert für Sie abfragen. Sie können den Pendel auch in gebührendem Abstand seitlich des Inhaltsverzeichnisses in völliger Ruhe »in Stellung bringen« und ihn fragen, welche Kapitel oder Unterkapitel zu lesen oder durchzuarbeiten für Sie lohnend ist. Dabei folgen Sie den Richtungsbewegungen des Pendels so nach, wie Sie das z. B. bei der großen Tabelle »Einfache Hilfen zur Selbsthilfe« (27) kennengelernt haben. Sie brauchen dazu keine Linie zu ziehen, denn der Pendel wird von den Schwingungen, die von den einzelnen hier stehenden Begriffen ausgehen, durch die Steuerung Ihres gesammelten Geistes von allein auch ohne diese äußere Hilfe richtig geführt. Erstreckt sich das Inhaltsverzeichnis über mehrere Seiten, dann schreiben Sie die Seitenangabe oder Ihre eigene Numerierung auf eine rasch geschriebene Übersicht, und fragen Sie dann, auf welcher Seite das für Sie Wichtigste zu finden ist. Probieren Sie es: Sie werden staunen, was es Ihnen an sonst nötiger Bemühung ersparen kann!

Im Prinzip ganz ähnlich gehen Sie vor, wenn Sie *umfangreiche Unterlagen von vielen Seiten zu sichten* haben: Nach Durchnumerierung der Seiten – sofern sie noch nötig ist – fragen Sie, auf welcher Seite die für Sie und für den gegebenen Zweck wichtigen Angaben, Daten, Ausführungen zu finden sind. Oder fragen Sie das vielleicht kapitelweise angegebene Inhaltsverzeichnis der Akte ab, wie soeben beschrieben.

Natürlich können Sie alles das *nicht nur für sich selbst*, sondern auch für Ihre Kinder, für Ihren Lebenspartner, für einen wirklich guten und in dieser Hinsicht hilflosen Freund usw. tun. – Fazit: Jeder gute Pendler, der an sich arbeitet, kann sich und anderen auf diese Weise das Leben bereichern und es vielfältig fruchtbarer machen.

Schließlich möchte ich noch auf das Wichtigste hinweisen, was unser Leben ganz wesentlich prägt und bestimmt: *Berufswahl und Lebensaufgabe*. Der Idealfall läßt beides zusammenfallen. Bei der Organisation unserer heutigen Welt ist das natürlich nicht immer möglich. Vor allem bei vielseitiger Begabung stellt diese Frage oft ein großes Problem dar. Auch und gerade hier kann das im richtigen Geist eingesetzte Pendeln von bedeutender Hilfe sein, sowohl für die Ermittlung der hauptsächlichen, sozusagen offiziellen Berufstätigkeit als auch für Nebentätigkeiten, die im Laufe des Lebens natürlich wechseln mögen. Sie brauchen sich nur *alle irgendwie in Betracht kommenden Möglichkeiten* in der Ihnen jetzt längst bekannten Weise aufzuschreiben und dann in einer besonders ruhigen Stunde abzufragen. Vergessen Sie dabei bitte auf keinen Fall den inneren Menschen, das heißt die Herzensbeteiligung an dem, was man tut. Von ihr hängen Zufriedenheit und Erfüllung des Lebenssinns ja entscheidend ab. Je mehr Sie Ihre Tätigkeiten zum Wohl anderer Menschen steuern, um so höher ist diese Aufgabe in ihrem diesbezüglichen Wert einzuschätzen. Und um so mehr kann und wird es dazu beitragen, daß Sie sich in äußerlich vielleicht bescheidenem, unauffälligem Rahmen in höhere Sphären des Menschentums hineinentwickeln und darin Ihr Lebensglück finden.

Entwicklungsprozesse durchschauen

Ein besonderes Kapitel gerade in diesem Zusammenhang gibt das Problem ab, wie sich Fortschritte aller Art bei welchen Bemühungen auch immer erkennen lassen. Welcher auch nur einigermaßen systematisch Arbeitende hat es nicht schon erlebt, daß er sich einige Zeit nach Beginn einer Anstrengung, bei der es viel zu lernen gilt, fragt, *welchen Fortschritt er inzwischen gemacht* hat, ob er wohl überhaupt einen aufzuweisen hat oder ob er gar in seiner neu erworbenen Kenntnis oder Fähigkeit nicht schon wieder zurückgefallen ist. Diese Schwierigkeit taucht überall auf, wo sich langsam, aber stetig etwas verändert. Sie ist deshalb psychologisch so gefährlich, weil sie bei echtem oder vermeintlichem Ausbleiben von »Erfolg« zum Verzagen, zum Verlieren der Antriebskraft und zum unnötigen Aufgeben führen kann. Es geht also in diesem Fall immer darum, Klarheit zu gewinnen in einem mehr oder minder undurchsichtigen Entwicklungsprozeß.

Ein einfaches *Musterbeispiel stellt das Erlernen einer Fremdsprache dar*. Wie bei allen Anstrengungen auf dem Weg zu einem besonderen geistigen Ziel taucht da ständig die Frage nach dem schon erreichten Fortschritt auf. Wer in einer solchen Lage ist, braucht sich nur der 100 %-Skala ② zu erinnern, z. B.: »Wenn zu Beginn meines Englischlernens vor 8 Wochen, anfangs April, meine Englischkenntnisse gleich Null waren und wenn die für mich erreichbare Beherrschung der englischen Sprache gleich 100 % ist: Wieviel Prozent der Kenntnis des Englischen habe ich zum jetzigen Zeitpunkt erreicht, bezogen auf diesen Maßstab?« Eine andere, nicht unwichtige Frage hier allgemein formuliert –: »Wenn die absolute Beherrschung dieser Problematik, dieses Wissenszweiges, dieser Sache gleich 100 % ist, wie hoch ist der Prozentsatz, den ich persönlich bei meinen Fähigkeiten und bei meiner besten Bemühung maximal erreichen kann, bezogen auf diese 100 %?«

In der gleichen Weise können Sie alles erfragen, was geeignet ist, *einen unübersichtlichen Entwicklungsverlauf durchsichtig zu machen*. Nur zur Anregung hier *einige praktische Beispiele*:

- Der schon erreichte Fortschritt in jeglichem Studium und allen Ausbildungsbemühungen.
- Die innere, seelisch-geistige Entwicklung eines Kindes oder irgendeines Menschen, der einem wichtig ist, im Sinne der naturgegebenen Entwicklungsgesetzlichkeit.

- Die innere Beziehung zu einem Freund, zum Ehepartner, zu einem Kind hinsichtlich Ungestörtheit oder Reibungen.
- Der Verlauf einer beruflichen oder geschäftlichen Beziehung zu Personen, die für die eigene Zukunft oder die eines nahestehenden Menschen wichtig sind.
- Eine bedeutungsvolle Frage für den glücklichen Verlauf einer engen Zweierbeziehung, etwa einer Ehe oder sonstigen engen Partnerschaft: Fängt der eine Teil (meist der aktivere) vielleicht an, unbemerkt den anderen (meist der gutmütigere und nachgiebigere) zu beherrschen, so daß sich das über weitere Jahre hinweg Schritt für Schritt zur moralischen Knechtschaft des Betroffenen mit allen ihren üblen Folgen weiterentwickeln kann? Dann stelle man diese Frage aber für jeden der beiden, denn nicht selten führt die sich einstellende Aufgaben- und Arbeitsteilung zu einer eigenartigen wechselseitigen Beherrschung oder gar Knechtung, die wegen der ständigen Verletzung der Würde des anderen zur völligen Zersetzung der inneren Beziehungen zueinander führen kann.
- Dasselbe trifft oft zu für ein Eltern-Kind-Verhältnis, vor allem beim Heranwachsen der Kinder und bei Hilfsbedürftigkeit von altgewordenen Elternteilen.
- Bei tiefergehenden Störungen der Persönlichkeit durch ein früheres traumatisches Erlebnis, einen Schock und dergleichen steht immer die Frage im Raum, wie weit dieses im Unbewußten tatsächlich schon echt verarbeitet ist. Denn nur dann kann sich die innere Freiheit des betreffenden Menschen wieder einstellen. Von dem Grad der erreichten Verarbeitung hängt schließlich die Art der weiteren Arbeit an der Persönlichkeit in hohem Maße ab.

In allen diesen und in vielen, vielen anderen prinzipiell ähnlich gelagerten Fällen gibt uns der Pendel die Antwort und mit ihm die gesuchte Klarheit. Sie läßt uns dann das weitere Vorgehen viel fruchtbarer gestalten.

Die richtige Entscheidung treffen

In allen diesen Kapiteln geht es im Grunde immer darum, Klarheit zu gewinnen in geistigen Zusammenhängen der verschiedensten Art, die ihrer Natur nach vielschichtig und unübersichtlich sind. So auch in diesem Kapitel, in dem der Gesichtspunkt der richtigen Entscheidungsfindung im Vordergrund steht. Über die Schwierigkeit, hier und jetzt, wo sie notwendig ist, die richtige Entscheidung zu treffen, brauche ich gewiß keine Worte zu verlieren. Ebensowenig über die seelische Belastung, die sich unweigerlich wegen aller mit der Entscheidung verbundenen Risiken einstellt. Die dafür zuständigen Ärzte haben ihren hohen und oft bedrohlichen Streßcharakter in vielen Untersuchungen aufgewiesen.

Das pendlerische Vorgehen bei einer solchen wichtigen Entscheidung im Berufsleben oder auch im persönlichen Bereich muß, um alle wesentlichen Gesichtspunkte zu erfassen, *grundsätzlich vom Allgemeinen zum Besonderen hin* erfolgen. Das habe ich schon mehrfach betont und sinngemäß an einigen Beispielen dargestellt. Daher kann ich mich hier auf einige Hinweise beschränken.

Nehmen wir die *Berufswahl,* die jeder Mensch mindestens einmal, nicht wenige Menschen gerade in der heutigen Zeit sogar mehrfach im Leben vornehmen muß. Dabei gilt es, systematisch alle nur denkbaren Möglichkeiten, auch die zunächst fast abwegig scheinenden, zusammenzutragen, um sie dann im Schema der üblichen Pendeltabellen anzuordnen mit dem Zusatz »Sonstige Möglichkeiten« und sie unter Hinzufügung des so wichtigen Gedankens »in Anbetracht aller Umstände« abzufragen. Bei einer so wichtigen Sache selbstverständlich nur, wenn man sich in voller innerer Ausgeglichenheit und Ruhe weiß, am besten, wenn es einen dazu drängt, wenn man dazu »Lust« bekommt. Denn das ist immer das Zeichen, daß sich alle Kräfte und Fähigkeiten in uns dazu vorformiert haben, daß die vielfältigen Schwingungsprozesse sich gleichsam in uns schon eingeschwungen haben, seien sie unserem bewußten Denken erkennbar oder nicht. Selbstverständlich hat man sich in unserer Zeit, wo sich ständig neue Berufsmöglichkeiten auftun, zuvor an einer dafür zuständigen Stelle gründlich orientiert (moderne Veröffentlichungen, Arbeitsamt, Ausbildungsstätten aller Niveaus). Ebenso selbstverständlich soll sich die Berufstätigkeit in Einklang befinden mit der inneren Wesensart und Entwicklung (siehe die Schemata ④ und ⑤), soll sie nicht später zu tiefer Unzufriedenheit führen und damit von vornherein verfehlt sein.

In bescheidenerem Rahmen gibt Ihnen ein gutes Beispiel das *Auffinden des bestgeeigneten Ausbildungsfachs:* Der 4. Fall aus der Reihe »Einige Fälle aus der Pendelpraxis« am Ende der Einführung zu diesem Buch. Das Vorgehen, das hier ganz einfach ist, brauche ich jetzt gewiß nicht mehr im einzelnen zu erläutern.

Nur zur Anregung einige der vielen Fälle, wo der Pendel bei verantwortungsbewußtem Einsatz wichtige Entscheidungen im Berufsleben, hier von Herstellern, mindestens wesentlich mitbestimmt hat:

- Ein sogenannter kleiner *Hersteller von individuellen Brillenfassungen,* der sich gegen die großen weltbekannten Namen nur durch seine aus dem üblichen Rahmen fallenden Kreationen durchsetzen kann, läßt sich vom Pendel sagen, welche wenigen seiner vielen Entwürfe in Anbetracht aller Umstände den besten Erfolg versprechen. Sein Leitgedanke dabei: Welcher Entwurf macht den Brillenträgern später am meisten Freude?
- Eine sehr kritische *Herstellerin von Lederwaren* macht auf ihrem Gebiet das gleiche. Ihr Leitgedanke: Welche Ledertasche gibt beim gehobenen Formgeschmack von heute und morgen in qualitativ nur erstklassiger Ausführung dem Kunden auch bei starker Benutzung mehr Gebrauchswert und zugleich ein kleines Stückchen mehr persönliche Sicherheit?
- Ein *Spielzeughersteller* geht in der grundsätzlich gleichen Situation ganz von der Frage aus: Welche der Möglichkeiten gibt den Kindern den stärksten Anstoß für ihre weitere Entwicklung in körperlicher, seelischer und geistiger Hinsicht bei durchaus erträglicher finanzieller Belastung der Eltern?

Haben Sie beobachtet, wie diese 3 Produzenten jeder auf seinem Gebiet in gleicher Weise als *Richtschnur für ihre Entscheidungen vorwiegend nicht an den eigenen Gewinn, sondern an das Wohl ihrer Kunden denken?* Wie sie bewußt oder unbewußt von der einzig richtigen Erkenntnis geleitet sind, daß man nur durch bestes Dienen auch zu gutem *Ver*dienen kommen kann? Daß man sich also mehr als von allem anderen von den Bedürfnissen und Wünschen, von den Sorgen und Problemen des oder der anderen Menschen führen lassen soll in seinem Denken und Tun und nicht von den eigenen? Erinnern Sie sich bitte an die Ausführung im ersten Teil dieses Buches, daß Sie damit eine der wichtigsten Grundforderungen für die eigene höchstpersönliche Weiterentwicklung und damit auch für eine gesteigerte Pendelfähigkeit erfüllen! So dienen Sie am besten dem Ideal, das uns die schöpferische Urkraft des Universums auferlegt, für die es viele Namen gibt, und so ziehen Sie die guten, heilsamen und helfenden Kräfte auf sich. Und in der Tat sind diese drei von mir aufgeführten Hersteller, die immer auf dem Boden ihrer Möglichkeiten bleiben und keinen überspannten Ideen folgen, alle sehr erfolgreich, obgleich sie alle im täglichen schärfsten Wettbewerb stehen. Ihrer rechten Gesinnung wegen steht ihnen die Weisheit der Pendelkundgebung zur Seite, die unserem bloßen Verstand verborgen bleibt.

Praktische Hilfen erfahren

Nun von diesen mehr geistig-intellektuellen Zusammenhängen zu *den ganz einfachen praktischen Alltagsproblemen.* Ein Beispiel: Lesen Sie bitte gleich nochmals den 5. der »Fälle aus der Pendelpraxis« am Ende der Einführung. Wie man so sagt, hing das Herz des Eigentümers an dieser schönen alten Uhr, weshalb er mit großer innerer Anteilnahme sie wieder zum ordentlichen Laufen bringen wollte. Wie wurde das Ergebnis erzielt? Durch eine einfache Handskizze, bestehend aus einem Rechteck, das nur grob der rechteckigen Gehäuseform der Uhr entsprach. Dazu die intensive Vorstellung, wie unter jeder der 4 Ecken das kleine Holzkeilchen untergeschoben ist, das dann die exakte Höhenlage der

Ecke und damit die Ausrichtung des ganzen Gehäuses bestimmt. Jetzt stellt sich der Pendler auf eine Ecke nach der anderen ein und fragt:

1) zunächst das A-B-Schema ③: »Damit die antike Uhr dadurch wieder zum ungestörten Laufen kommt, daß die 4 Ecken ganz korrekt ausgerichtet werden, bitte ich um Auskunft: Ist die linke vordere Ecke im jetzigen Zustand zu hoch: gleich A, oder ist sie zu niedrig: gleich B?« – Antwort des Pendels: zu niedrig (B).

2) Fortsetzung: »Kontrollfrage: Dann muß die linke vordere Ecke also etwas angehoben werden dadurch, daß das Holzkeilchen etwas weiter hineingeschoben wird. Ist das richtig?« – Der Pendel gibt sein Zeichen für Ja.

3) Nächste Frage auf der Tafel ③ mit den Zahlen 1 – 10 (oder sicherheitshalber gleich auf der Tafel ⑤ mit ihren Zahlen 1 – 35): »Wenn die auf dieser Tabelle stehenden Zahlen jeweils ein Zehntel mm bedeuten, wieviel Zehntel mm soll ich die linke vordere Ecke der Uhr mit Hilfe des Unterlagekeilchens anheben? Das bitte ich so exakt wie nur möglich anzuzeigen.« – Antwort des Pendels: die Zahl 3, also drei Zehntel mm anheben. – Nach dieser Art wurde Ecke für Ecke überprüft und korrigiert mit dem beschriebenen, für unseren Verstand kaum glaublichen Ergebnis des sofortigen sauberen Laufens der Uhr über Monate hinweg.

Wie früher schon ausgeführt, sehen Sie auch an diesem Beispiel, daß *die vorgegebenen Tafeln dieses Buches immer sinngemäß zusammen mit den freiformulierten Fragen,* meist im Ja- oder Nein-Stil, zu kombinieren sind, je nachdem, wie es sich aus dem verfolgten Zweck ergibt. In dieser oder ähnlicher Weise können Sie zum Beispiel erfragen:

- Die zweckmäßigste *Möbelverteilung* in einem dafür ungünstig geschnittenen Zimmer, wozu Sie nur einen maßstäblichen Grundriß des Zimmers brauchen. Sie bitten den Pendel beim Abfragen der einzelnen unterzubringenden Möbel, an die jeweilige Stelle hinzuschwingen, wo dieses Möbelstück in Anbetracht aller Umstände am besten zu plazieren ist.
- *Aufteilung der Zimmer* in einer Wohnung, z. B. Anordnung des Schlafzimmers nach vorne auf eine wenig befahrene Straße,

nach hinten in einen sonnenbeschienenen Garten oder seitlich.

- Die Bestellung der einzelnen *Beete eines Gartens,* z. B. nach der Katastrophe von Tschernobyl: Welches Beet hat am wenigsten Radioaktivität abbekommen? Welches Saatgut oder welche Saatpflänzchen aus allen in Betracht kommenden soll auf welches Beet ausgesät bzw. verpflanzt werden, um für Wachstum und Gesundheit der Pflanzen bei der späteren Ernte die optimale Lösung zu erreichen? Dazu braucht man nur eine grob-maßstäbliche Skizze des Gartens mit den einzelnen Beeten. Und wenn es noch so viele sein sollten mit noch so vielen auszusetzenden Pflanzen, am Schluß werden Sie feststellen, daß der Pendel seine Rechnung mit computerhafter Exaktheit aufgehen läßt.
- Um beim Garten zu bleiben: Welcher Boden, welche Stelle, welches Beet ist für eine bestimmte *Aussaat* oder Verpflanzung von Blumen, Büschen, Bäumen usw. gut bzw. optimal unter Berücksichtigung aller dafür bedeutungsvollen Umstände?
- Sie haben sich bei einer längeren *Wanderung* im Wald oder in einer Ihnen fremden Gegend verlaufen: Bitten Sie den Pendel, er möge Ihnen die Richtung zum nächsterreichbaren Weg weisen, der zu einer Ihnen bekannten Stelle, einem Haus, einem bestimmten Dorf oder Ihrer Unterkunft führt. Dann empfehlen sich nur einige sinngemäß eingelegte Korrekturfragen während Ihres weiteren Weges in der angewiesenen Richtung.
- Sie wissen nicht, ob das aus einer entfernten Quelle kommende *Wasser* hygienisch einwandfrei ist. Dann fragen Sie auf der 100 %-Skala ②: »Wenn 100% die untere Grenze des gefahrlos zu genießenden, hygienisch sauberen Wassers ist, bei welchem Prozentsatz liegt der hygienische Zustand dieses Wassers?« Sie halten den Pendel einige Sekunden darüber und stellen sich ganz auf dieses vor Ihnen befindliche Wasser ein. Vermutlich führen Sie die 100 %-Skala nicht mit sich. Dann stellen Sie sich diese bildlich vor: ganz links vom Ansatzpunkt Ihres Pendels die 0, ganz rechts die 100 und in der Mitte vor Ihnen die 50. Und Sie bitten den Pendel, seine Antwort dieser gewohnten Skala gemäß zu geben. – Natürlich können Sie in einem solchen Fall ganz einfach auch nur Ja- oder Nein-Frage stellen!

- Die Genießbarkeit eines gekochten Eis oder sonstigen *Nahrungsmittels,* das Sie zum Picknick mitgenommen haben, wenn es Ihnen jetzt zweifelhaft erscheint.
- Die Ihnen *unbekannte Höhe* eines Mastes, eines Berges, eines Hauses, deren Kenntnis Ihnen aus irgendeinem Grund besonders wichtig ist.
- Bei technischen *Reparaturarbeiten,* z. B. an einem Kraftfahrzeug sicherheitshalber auszutauschende Teile, den Zustand einer Batterie, nur oberflächlich geleistete Arbeit, die einen Unfall herbeiführen könnte, und dergleichen.
- Auch die *Echtheit* eines Kunstwerks, eines Schmuckstücks, eines (Edel-)Steins, einer Handschrift, eines Dokuments, wozu Sie sich nur einige Minuten in den besonderen »Geist« seines Schöpfers oder Urhebers oder in den »Geist«, d. h. in den speziellen Schwingungscharakter des echten Stücks sammeln oder versenken und dann die direkte Frage danach stellen.

Diese Beispiele ließen sich endlos vermehren. Fangen Sie bei den ersten Gelegenheiten, die sich Ihnen bieten, sofort in diesem Sinn mit Ihrem Pendel zu arbeiten an: Um so rascher werden Sie Übung und Erfahrung bekommen, es werden sich Hinweise zur Korrektur einstellen, und Sie werden bei allem in Ihrer Pendelfähigkeit wachsen!

Das Alphabet nutzen ㉛

Manche Pendler machen gute Erfahrungen mit der Methode, *das im Pendelkreis angeordnete Alphabet,* also die Buchstaben von A – Z ganz einfach abzufragen, wenn sie einen bestimmten Begriff suchen oder eine bestimmte, ihnen noch unbekannte Antwort erbitten. Das Schema ㉛ gibt Ihnen diese Tafel. Dabei wird so vorgegangen wie immer: In ausgeprägter innerer Sammlung auf die gestellte Frage mit dem in ihr enthaltenen Problem und bei Berücksichtigung von allem, was Sie darüber schon wissen, wird der Pendel über den Mittelpunkt des Kreises gehalten. Dann, wenn die Antwort einsetzt, gilt es, sein zumeist rasch wechselndes Schwingen von einem Buchstaben zum anderen sorgfältig zu verfolgen und zu registrieren. Die Antwort erfolgt also in Gestalt des Buchstabierens. Zum Beispiel die Frage: »Wo hält sich meine Tochter zur Zeit auf?« Antwort des buchstabierenden Pendels: »B-R-I-G-I-T-T-E«, also bei Brigitte, ihrer Freundin.

Dieses Verfahren gelingt jedoch nicht jedem Pendler. Es braucht wohl eine längere Anlaufzeit des Sich-Einstellens und funktioniert auch nur dann, wenn der Pendler – was ja immer der Fall sein muß – sozusagen restlos in seiner Frage gesammelt ist und wenn das fragliche Problem ein wirklich ernsthaftes Anliegen darstellt, das seine besondere Wichtigkeit oder Bedeutung für den Fragesteller hat. Vielleicht ist es richtig zu sagen, daß es eine ganz besondere Gemütsbeteiligung voraussetzt. Seien Sie nicht beunruhigt oder verzagt, wenn der Pendel bei Ihnen nichts tun sollte oder wenn er möglicherweise zwar fleißig Buchstaben anzeigt, jedoch ohne jeden Zusammenhang und Sinn, wenn er also gleichsam seinen Schabernack mit Ihnen treiben sollte. Es kann auch gut sein, daß uns die dafür zuständigen Kräfte die Antwort nicht gleichsam nachwerfen wollen. Denn wir müssen uns am Ende alles erarbeiten.

Ich muß noch anfügen, daß ich bei einigen Pendlern, die dieses Verfahren als für sie besonders leicht und ganz selbstverständlich funktionierend beschrieben, *den Eindruck* nicht los wurde, daß sie ihren Pendel – sicherlich unbewußt – im Sinne *ihrer eigenen Voreingenommenheit* selbst in seinen Bewegungen steuern. Wenn es tatsächlich so wäre, was hätte das Ganze dann für einen Sinn? Gerade dieser Punkt veranlaßt mich also wieder einmal, Sie alle aufzurufen, bei Ihrem im allgemeinen vielleicht noch so erfolgreichen Pendeln einen gesunden Abstand zu sich selbst und damit eine heilsame Selbstkritik niemals außer acht zu lassen.

Keiner von uns ist vollkommen. Und wenn wir aufhören, unserer Arbeit selbstkritisch gegenüberzustehen, dann ist das der sichere Anfang vom Ende einer jeden positiven Weiterentwicklung.

Erpendeln von geopathischen Störfeldern und von Orten der Kraft

Erfassen unsichtbarer Lebensbedrohung und von Schutzmöglichkeiten

»An ihren Früchten könnt Ihr sie erkennen.«
Matthäus 7,16

Aus gutem Grund habe ich aus den seither behandelten Buchteilen ein besonderes Problem ausgeklammert, das erfreulicherweise trotz allen Abstreitens mehr und mehr in das Bewußtsein breiter Bevölkerungsschichten eindringt, um es jetzt seiner Bedeutung gemäß zwar knapp, aber für die Praxis ausreichend darzustellen: das so bedrohliche Problem der geopathischen Belastung, also von *gesundheitsgefährdenden Strahlungen* und Schwingungen, die aus der Umwelt auf uns einströmen, zumeist aus der Erde. Unsere normalen menschlichen Sinne können sie nicht wahrnehmen. Deshalb leugnen das kurzsichtige Menschen oder machen sich darüber gar lustig. Nicht wenige müssen daher teuer dafür bezahlen.

Die Allgegenwart der geopathischen Belastung (GPB)

Der letzte der 7 praktischen Fälle aus der Pendelpraxis, die ich eingangs dieses Buches kurz aufgerissen habe, stellt eine solche *geobiologische Störung* heraus – wie sie auch gern genannt wird – und beschreibt die einfache und wirkungsvolle Abhilfe. Von den Dutzenden ähnlicher Fälle, die ich in den letzten Jahren persönlich erlebt habe, hier nur *noch einige wenige weitere Beispiele:*

- Das 3. Kind eines uns befreundeten Ehepaars war im Krankenhaus, 5 Jahre alt, an Hirnhautentzündung (Meningitis) gestorben. Später, nachdem ich einige Rutengängerkurse absolviert hatte, baten mich die beiden Eltern, ihr Schlafzimmer zu überprüfen. Hinterher führte mich die Frau in einen anderen Raum und fragte nach einer möglichen Störung. Die Rute wies in einer Zimmerecke jeweils etwa 40 – 50 cm von den beiden Wänden entfernt eine starke Störung auf. Als ich mir dessen sicher war, es sagte und mich umdrehte, blickte ich in das entsetzte Gesicht der Frau, die mir in ihrer Erregung entgegenstieß: »Und genau an der Stelle hat der Kopf unseres Jüngsten ein Jahr lang vor seinem Tod gelegen, als wir ihm dieses Zimmer eingerichtet hatten! Als er einige Monate hier geschlafen hatte, fing er an, über Kopfschmerzen zu klagen, die immer schlimmer wurden. Dann brachten wir ihn in die Klinik, und 4 Wochen später war er tot.«
- Eine Frau, die seit 32 Jahren im selben Zimmer an derselben Stelle in ihrem Ehebett schlief, bekommt Magenkrebs. Die radiästhetische Untersuchung wies genau in ihrem Oberbauchbereich eine schwere Störung auf: Eine Spannungslinie des globalen Gitternetzes kreuzte sich schräg mit einer stark strahlenden Verwerfung. Wieder einmal ein klarer Zusammenhang, der zum allermindesten als fördernder Faktor für die Krebserkrankung des Magens in Betracht kam, wenn über die lange Zeit hinweg nicht als deren Verursacher.
- Fortsetzung des gleichen Falles: Das globale Gitternetz lief schräg durch die beiden Betten hindurch, und es fügte sich, daß sich genau unter dem Kopf des anderen Bettes, in dem der Mann schlief, eine Kreuzung der Doppel-Spannungslinie in N-S-Richtung mit einem normalen Gitterstreifen in O-W-Richtung ergab. Der untersuchende Radiästhet sagte zu dem dabeistehenden Mann: »Da müssen Sie Ihren Kopf aber schleunigst woanders hinlegen, das ist ja ein ganz gefährlicher Punkt, wo er jetzt liegt!« Und er hörte die Antwort aus einem tiefbetroffenen Gesicht kommen: »Ich habe ja schon zwei Hirnschläge gehabt, ich bin doch seit einem Jahr invalide geschrieben.«

So gut wie jeder verantwortungsbewußt arbeitende Rutengänger/

Pendler kann viele solcher Berichte geben, die immer wieder den *Zusammenhang von geopathisch gestörten Schlafplätzen* (oder auch Arbeitsplätzen) *mit schwerer Erkrankung oder sonstigen Störungen* aufzeigen wie Schlaflosigkeit, Kopfschmerzen aller Art, rheumatische Beschwerden in Muskeln und Gelenken, Niedergeschlagenheit und Gefühle von »Gerädertsein« ohne erkennbaren Grund. Je sensibler der Betroffene in seinem Vegetativum ist, um so stärker trifft es ihn. Alle diese Schwierigkeiten beheben sich zumeist – außer, es ist schon zu spät dazu – durch Vermeidung der Störungsstelle und Aufsuchen eines ungestörten Platzes. Sehr eindrucksvoll sind zum Beispiel die präzisen Berichte zu diesen sich zwingend ergebenden Zusammenhängen von Gustav Frhr. von Pohl (insbesondere zum Krebs) oder von Frau Käthe Bachler (insbesondere zu Lernschwierigkeiten und Mißerfolgen von Schulkindern) in ihren Büchern.[51] Man kann sich nur zutiefst darüber verwundern, daß noch immer im engbegrenzten rationalen Denken verhaftete Menschen, die nicht biologisch denken können oder wollen, das alles als Unsinn abtun. Leider muß ich das zum wiederholten Male in diesem Zusammenhang erwähnen[52]. Beim Ersten Kongreß für Biologische Krebsabwehr 1985 in Heidelberg – der von der Schulmedizin ignoriert wurde! – betonten die praxiserfahrenen Redner (Medizinprofessoren, Chefärzte von Kliniken und einschlägig erfahrene Psychologen) immer wieder, daß es geradezu unverantwortlich sei, diese so wichtigen Zusammenhänge von Krebs und anderen schweren Krankheiten mit geopathischen Störungen zu leugnen. Zu wessen Nutzen auch?

An dieser Stelle möge es mir erlaubt sein, auf das hinzuweisen, was gelegentlich *das Menetekel des Krebstodes von Frau Mildred Scheel* genannt wurde[53]. Er hat seinerzeit unser ganzes Volk ergriffen. In beispiellosem und in seiner Art bewundernswertem Einsatz hat sie sich viele Jahre lang mit der von ihr gegründeten Deutschen Krebshilfe e. V. für die Bekämpfung dieser als Volksgeißel zu bezeichnenden Krankheit eingesetzt. Ausgerechnet sie mußte trotz der Beiziehung der ersten Garnitur der Krebs-Schulmediziner und des Einsatzes der modernsten und teuersten Apparaturen einen frühen Krebstod erleiden. In ihrer letzten Lebensphase, da sie die ihr angebotene zweite Operation bewußt ablehnte, mag sie zu der ihr wahrhaft bitteren Erkenntnis gekommen sein, daß ihr die von ihr einseitig geförderten Methoden der Schulmedizin nicht würden helfen können. Es ist doch in der Tat erschreckend, daß der Vielmillionen-Einsatz für diese Methoden bis heute keinen nennenswerten Durchbruch gebracht hat, während fast jeder vergleichsweise bescheidene Einsatz von Mitteln für nichtschulmedizinische Methoden von vornherein abgelehnt wird! Gewiß nicht zu Unrecht sprechen manche auch medizinische Betrachter vom Verstümmeln, Verbrennen und Vergiften als den nahezu einzigen »Hilfen« der »anerkannten« Methoden, deren Folgen in nicht wenigen Fällen entschieden mehr Leiden und Qualen verursachen als die damit bekämpfte Krebskrankheit. Ich wiederhole die Frage: Zu wessen Nutzen?

Die geopathische Belastung erweist sich hauptsächlich:

- Im Zusammenhang mit dem *globalen Gitternetz (GGN),* das der Arzt Dr. Ernst Hartmann entdeckte, weshalb es in der amerikanischen Literatur und zuweilen bei uns auch als Hartmann-Netz bezeichnet wird. Der gesamte Erdball ist mit der Zentrierung am magnetischen Nordpol von einem magnetischen Gitternetz überzogen, dessen *Spannungslinien oder Reizstreifen* in unserer geographischen Breite in der magnetischen N-S-Richtung etwa 2,00 m auseinanderliegen und in der zugeordneten O-W-Richtung etwa 2,50 m. Diese Reizstreifen sind je nach den geologischen und sonstigen Verhältnissen im allgemeinen zwischen 15 und manchmal 30 cm breit, zumeist etwa 20 cm. Besonders gefährliche Punkte sind verständlicherweise die Kreuzung dieser Gitterlinien und ganz besonders diejenigen der sogenannten *Doppelzone* oder etwa doppelt so starken Spannungslinien. Das ist im allgemeinen jeder 4. dieser Reizstreifen in O-W-Richtung und jeder 5. in N-S-Richtung ; sie befinden sich also alle 10 m in beiden Richtungen. Am einfachsten läßt sich dieses Gitternetz mit Hilfe der Wünschelrute direkt aufzeigen und am Boden festlegen oder indirekt mittels des Pendels über einer Ortsskizze. Doch darüber genauer im nächsten Kapitel.

- Über unterirdischen *Wasseradern* oder Wasserläufen und auch hier ganz besonders bei Kreuzungen oder Überschneidungen von solchen in verschiedenen Tiefen. (Wenngleich das weit überwiegend der Fall ist, so muß doch nicht jede Wasserader negative Ausstrahlung haben.)
- Über Verwerfungen, tektonischen Brüchen, Spalten u. dgl. in den Bodenformationen, die Folge von Bewegungen der Erdkruste, und über den Linien des *Wechsels von verschiedenen Gesteinsschichten.* Solche Verwerfungen oder Wechsellinien bieten dem Wasser oft genug gute Kriech- oder Fließgelegenheit, was ihre Ausstrahlungen dann natürlich beträchtlich verstärkt. Die Gefährlichkeit von Verwerfungen entspricht durchaus der von Wasseradern.
- Über *unterirdischen Hohlräumen* verschiedenen Ursprungs.
- Über *Erzadern.*
- Auch über *elektrischen oder sonstigen im Boden liegenden Leitungen.*

Alle diese in der Erde liegenden, an den uns tragenden Boden gebundenen Erscheinungen bringen mehr oder minder starke *Strahlungen gefährlicher Art* mit sich, die sich mit dem Geigerzähler und anderen Meßgeräten für Radioaktivität beweisen lassen. Über ihre gesundheits-, ja lebensbedrohenden Wirkungen kann heute – wie schon gesagt – kaum noch ein Zweifel sein. *Viele Tiere* vermeiden sorgfältig solche gestörten Plätze, wie Kühe, Pferde, Hunde, Kaninchen und viele Vögel bei ihrem Nestbau. Kühe und andere stallgehaltene Tiere erkranken »rätselhafterweise« an solchen Stellen und gesunden ebenso »rätselhaft« nach dem Wechsel auf einen anderen, ungestörten Platz. Andere wiederum suchen gerade diese Stellen auf und fühlen sich da offensichtlich besonders wohl, wie Katzen, Ameisen oder Bienen. Meiden Sie daher die Lieblingsplätze Ihrer Katze, sie versprechen nichts Gutes für Sie!

Bäume, die auf Stör- oder Reizzonen stehen, werden in ihrem Wachstum schwer geschädigt, wenn sie nicht sogar eingehen: Kümmerwuchs, Drehwuchs, tumorartige Auswüchse u. dgl. sind die Folge, und auch die *sonstige Vegetation aller Art* ist oft nachhaltig gestört. In Gärten und in der freien Natur können Sie das gelegentlich gut beobachten. Besonders Kreuzungspunkte von Reizstreifen werden häufig von *Blitzeinschlägen* betroffen, wie sich an vielen Stellen vor allem in den Wäldern nachweisen läßt. Über den Zusammenhang des Waldsterbens mit elektromagnetischen Strahlungen der Rundfunk-, Fernseh- und Radarwellen (sowie der Überlandleitungen) gibt es eine Reihe von soliden Untersuchungen, die eigenartigerweise nicht zum Anlaß entsprechender offizieller Maßnahmen werden[54].

In diesem Zusammenhang möchte ich den *Hinweis auf die elektrische Feldstärke und Radioaktivität* nicht unterlassen. Unsere Lebensvorgänge vollziehen sich ständig unter der Beeinflussung des natürlichen elektrischen Felds, und sie werden tiefgreifend gestört, wenn sich dieses dem Nullpunkt nähert: Sonst unerklärliche Störungen, wie Herzklopfen, Schwindelzustände, Schweißausbrüche, können dadurch bedingt sein. Ein anderer wichtiger Faktor, den wir mit unseren Sinnen ebenfalls nicht wahrnehmen können, ist radioaktive Strahlung. Unter der Erdoberfläche verborgene Wasseradern – von denen vor kurzem die Rede war – können starke Radioaktivität aufweisen, die dann entsprechend ausgeprägte Reizstreifen an der Erdoberfläche bewirken. Solche Bereiche oder Gegenden soll man unbedingt meiden.
Wo die radioaktive Strahlung am schwächsten ist, fühlen wir uns am wohlsten und sind auch am leistungsfähigsten, zum Beispiel in Höhenlagen, besonders auf Hochflächen bis etwa 2000 m Höhe, dicht bei Wasserflächen oder auf dem Meer und auch in Gebieten mit Sandböden. Es ist hier nicht der Ort (und zudem fühle ich mich nicht als Fachmann), um an dieser Stelle genauer auf diese so unerhört interessanten Zusammenhänge näher einzugehen. Für unser Leben sind sie von großer Bedeutung.

Es bleibt mir noch eine notwendige Bemerkung zum *Curry-Netz,* benannt nach dem Schweizer Arzt Dr. Curry, der es noch vor der Zeit von Dr. Hartmann entdeckte. Von sogenannten Fachleuten werden ganz verschiedenartige Darlegungen zum Curry-Netz gegeben, die sich vielfach widersprechen. Sie reichen von seiner absoluten Bindung an das GGN sozusagen nur als dessen Begleiterscheinung bis zu völliger Unabhängigkeit davon bei jeweils wiederum verschiedenen Maßangaben. Diese schwanken zwischen 3,50 m Abstand der Linien oder Reizstreifen voneinander laut Curry (1952) selbst[55] und 14–22 m je nach Örtlichkeit[56]. Das wohl einzig Gemeinsame dieser verschiedenen Ansichten ist, daß es diagonal zum GGN verläuft. Jeder glaubt, er könne seine Lesart beweisen. Die Erklärung für diese Widersprüche dürfte darin liegen, daß eine Vielzahl von Faktoren dabei eine Rolle spielt, die bis in das innerste Zellgeschehen hineinreichen, und die man heute noch gar nicht alle kennt, geschweige denn geistig im Griff haben kann.

Auch wenn ich mich damit in Widerspruch zu manchen Radiästheten stelle, bin ich heute der Überzeugung, daß *die gesundheitlichen Gefahren des Curry-Netzes* oft stark übertrieben werden. Die Beobachtung von vielen konkreten Fällen und wiederholte Pendelangaben bringen mich zu der begründeten Auffassung, daß es nur etwa 15 % und maximal nicht mehr als 25 % der Gefährdung für uns Menschen mit sich bringt, die vom GGN ausgeht. Deshalb können wir es für die Praxis des Alltags zumeist vergessen. Denn einem gewissen Prozentsatz von geopathischer Belastung sind wir alle ständig ausgesetzt. Wir können diesem nicht aus dem Weg gehen, und unser Körper ist allem Anschein nach auch darauf eingestellt. Um so wichtiger muß es sein, daß wir die besonderen geopathischen Belastungen – welchen Namen sie im Zweifelsfall auch haben mögen – ernst nehmen. Unsere Werkzeuge Rute, Pendel und Energiesensor zeigen sie uns auf, wie Sie gleich sehen werden, damit wir ihnen dann sorgfältig aus dem Weg gehen, wo immer wir das nur einrichten können.

Ermitteln von geopathischen Störfeldern ㉜ ㉝

Wie können wir diese gesundheitsgefährdenden Störfelder erkennen? Es gibt 3 Hilfsmittel oder Werkzeuge, die uns dabei helfen können. Welches dabei ganz von der Praxis her gesehen geeigneter ist, hängt davon ab, ob wir diese Störfelder *unmittelbar* an Ort und Stelle ermitteln wollen oder – weil das nicht notwendig ist, so sehr es als spätere Kontrolle natürlich seinen Wert hat – ob wir das *mittelbar* von einem x-beliebigen Aufenthaltsort aus über jede Entfernung hinweg tun wollen. Das bereitet viel weniger Umstände und geht auch schneller.

Zunächst zur zweiten dieser beiden grundsätzlich möglichen Vorgehensweisen, die man seit einigen Jahren gern als *die mentale Methode* bezeichnet. Hier ist der Pendel, und nur er, wieder das unersetzliche Werkzeug. Von größtem Wert bei diesem Verfahren erweist sich *die Übersicht der geopathischen Belastungsmöglichkeiten*: Im oberen Bereich finden Sie die 4 Möglichkeiten des GGN ㉜ verzeichnet, die ich im vorigen Kapitel schon erklärte, und auf der rechten Seite die wichtigsten Störungsquellen der sonstigen Art. Von diesen treten in der Praxis am häufigsten die Wasseradern und daneben auch noch die Verwerfungen auf, während das Curry- und die sonstigen Gitternetze nach meiner Erfahrung praktisch völlig in den Hintergrund treten, wie schon vor kurzem betont. Auch die Angaben auf der linken Seite bedürfen keines großen Kommentars: Der wichtigste Punkt hier ist im allgemeinen die Verbindung mehrerer Störungsquellen, auf die der Pendel bei einem konkreten Abfragen im Fall von schwerer GPB (geopathischer Belastung) des öfteren zeigt. Es versteht sich, daß Sie gerade auch bei dieser Pendeltafel nach der Ermittlung eines ersten Ergebnisses nie versäumen sollen, nach einer weiteren Störungsmöglichkeit zu forschen. Es geht ja darum, daß Sie die gesamte Belastung erfassen.

Wenn Sie sich im allgemeinen zuerst mittels der Tabelle ㉜ ein Bild über die gegebenen Störungen verschafft haben, werden Sie anschließend *die genaue Lokalisierung der einzelnen Störstreifen oder Störfelder* vornehmen. Das einfachste und zugleich sicherste Vorgehen dabei zeigt Ihnen die Übersicht ㉝ im Schema deutlich auf. Bei genauerem Zusehen werden Sie sofort erkennen, daß es sich hier im Grunde um das gleiche Verfahren handelt, das Sie zum Zweck des Auffindens von irgendwelchen gesuchten Dingen schon mit dem Schema (30) kennengelernt haben. Es scheint hier nur etwas komplizierter zu sein, weil es jetzt um die Suche nach mehreren Störungs- oder Belastungslinien oder -streifen geht.

In der Übersicht (33) haben Sie den Grundriß eines beliebigen Zimmers vor sich, hier von etwa 17,5 m^2 Fläche, in dem sich 2 Betten, ein großer Schrank, ein Schreibtisch und 2 kommodenartige Möbel bzw. übergroße Nachttische befinden. Es könnte das Zimmer von 2 Jugendlichen sein. *Wie gehen Sie nun vor,* um die in der Pendeltafel (32) angezeigten Störfelder zu finden? Sie brauchen *zunächst die magnetische N-Richtung,* die Sie auf dem möglichst maßstäblichen Grundrißblatt markieren. Entweder kennen Sie sie schon, oder Sie lassen sie sich genau oder ungefähr sagen oder vom Pendel möglichst genau mit der Frage angeben: »In welcher Richtung liegt von hier aus gesehen genau der magnetische Nordpol?« Dabei setzen Sie den Pendel in die Mitte des Raums.

Anschließend plazieren Sie ihn *in einigem Abstand von einer der 4 Außenwände* des Zimmers, möglichst zunächst in deren Mitte, in unserem Beispiel (33) an der am meisten nach N gerichteten Wand, und fragen: »An welcher Stelle schneidet die nächstgelegene N-S-Linie des GGN die jetzt vor dem Pendel liegende Außenwand dieses Zimmers? Diese Stelle bitte ich so genau wie möglich anzuzeigen.« In unserem Beispiel schwingt der Pendel dann z. B. auf den Punkt 1. Diesen Punkt markieren Sie mit einem Bleistiftstrich, setzen den Pendel darüber und stellen die Kontrollfrage: »Ist das genau der Punkt, wo eine N-S-Linie des GGN diese Zimmerwand schneidet: Ja oder nein?« Bei Antwort Nein rücken Sie mit Ihrem Pendel näher an diesen Punkt, etwa im Winkel von 90° zur Wand und bitten um genauere Angabe. Es folgt die Kontrollfrage. Ist der Punkt 1 gesichert, setzen Sie den Pendel erneut an der zuerst beschriebenen Stelle an und fragen, an welcher Stelle der benachbarte N-S-Streifen des GGN diese Zimmerwand kreuzt. So finden Sie den Punkt 2.

Dann setzen Sie den Pendel in gleicher Weise in einigem Abstand *vor die gegenüberliegende Wand* und fragen: »An welcher Stelle schneidet die zuerst angegebene N-S-Linie des GGN, die die gegenüberliegende Wand in der Nähe der nordwestlichen Zimmerecke kreuzt, die jetzt vor dem Pendel liegende Außenwand dieses Zimmers? Diesen Punkt bitte ich so genau wie möglich anzuzeigen.« Der Pendel schwingt jetzt auf die mit der Zahl 6 gekennzeichnete Stelle. Eine Kontrollfrage bestätigt diesen Punkt. Jetzt verbinden Sie die Punkte 1 und 6 miteinander: *Die erste N-S-Linie liegt fest.* Im Winkel von 90° zu dieser Linie wird der vorhin angegebene Punkt 2 jetzt etwa 2,50 m von ihr entfernt sein, sich also im normalen Abstand der N-S-Linien (in unserer geographischen Breite) voneinander befinden: eine erste Bestätigung des Ergebnisses als richtig.

Jetzt bringen Sie in unserem Beispiel Ihren Pendel in einigem Abstand zu der mehr nach O weisenden Zimmerseite in Position (also auf der Skizze ㉝ am unteren Rand) und fragen sinngemäß wie eben beschrieben, wo sich hier der Kreuzungspunkt der Linie befindet, die in der Nähe der nordöstlichen Ecke (bei unserer Zahl 2) die mehr nach N gerichtete Wand schneidet: So erhalten Sie den mit 3 gekennzeichneten Punkt. Sie verbinden die Punkte 2 und 3 miteinander und *haben so die 2. N-S-Spannungslinie des GGN* erhalten. Sie verläuft in der Tat parallel zum erstgewonnenen Streifen: eine zweite Bestätigung des richtigen Ergebnisses. In der prinzipiell gleichen Weise ermitteln Sie die 3. parallelverlaufende N-S-Linie, die am Punkt 8 gerade die Zimmerecke von außen her noch anschneidet. Die Rückfrage auf der Tafel ㉜ sagt Ihnen, daß das ein doppelt starker Streifen (»Doppelzone«) ist, und damit zugleich, daß der Innenraum des Zimmers davon frei sein muß. Denn erst die viertnächste kann wieder eine sein.

Jetzt kennen Sie das Vorgehen im einzelnen, wo Sie den Pendel ansetzen, wie Sie die Ergebnisse markieren und zugleich wegen der Gesetzlichkeit der Abstände der parallel nebeneinander von N nach S laufenden Spannungslinien von 2,50 m und der von O nach W laufenden von 2 m (die im konkreten Einzelfall ausnahmsweise bis zu etwa einem halben Meter auch von dieser Regel abweichen können) eine ständige Kontrolle des Ergebnisses haben. So brauche ich jetzt nicht mehr detailliert zu beschreiben, wie Sie nach dem gleichen Verfahren die O-W-Linien finden und damit das GGN mit seinen Kreuzungen von einfachen oder gar von Doppelstreifen genau ermitteln und auf der Skizze einzeichnen. Es versteht sich von selbst, daß Sie auf diese Weise das GGN nicht nur in einem Zimmer, sondern in einem ganzen Haus usw. erfassen können, immer durch Erfragen der einzelnen Linien von außen her.

Und nun haben Sie auf der Tabelle ㉜ nur zu fragen, *ob außer diesem so ermittelten GGN noch eine andere GPB gegeben* und welcher Art sie ist. Wenn ja, fragen Sie (z. B. auf dem A-B-Schema ③ oder direkt auf Ihrer Skizze), ob diese mehr in N-S- oder in O-W-Richtung verläuft. Setzen Sie den Pendel in der Ihnen nun bekannten Weise außerhalb des zu überprüfenden Raums an – gegebenenfalls mehrfach – und erhalten so in unserem Beispiel die beiden Punkte I und II, deren Verbindung miteinander zusätzlich – wie Ihre Frage über der Tabelle ㉜ ergeben hat – eine Wasserader anzeigt. Alle sich nicht in das ermittelte GGN als dessen Teil einordnende sonstige GPB können nur die hier zusätzlich eingetragenen Störungsquellen sein.

Dann können Sie gleich mit der 100 %-Skala ② die Stärke, die Breite, die Gefährlichkeit *der Wasserader oder dergleichen* erfragen, ferner die Flußrichtung (direkt oder mit dem A-B-Schema ③) usw. Sie beenden Ihre Nachforschungen aber bitte erst dann, wenn Sie *zum Schluß die Frage* gestellt haben: »Ist in diesem von mir jetzt untersuchten Gebiet sonst noch irgendeine nennenswerte, bisher noch nicht bekanntgewordene GPB vorhanden?« und wenn Ihnen dann die Antwort Nein gegeben wurde.

Mit diesen Ausführungen dürfte das Vorgehen beim mentalen Ermitteln, also das Erpendeln der GPB im einzelnen klargeworden sein. Erscheint es Ihnen jetzt bei der ersten Lektüre vielleicht kompliziert, so werden Sie in der Praxis rasch feststellen, daß es im Prinzip doch ganz einfach ist. Und Sie werden bald diese »Gebrauchsanweisung« nicht mehr benötigen.

Übrigens ist der 7. der eingangs dieses Buch berichteten Fälle aus der Pendelpraxis genau mit der eben beschriebenen Methode gelöst und – wie dort schon kurz vermerkt – später an Ort und Stelle von einem erfahrenen Rutengänger exakt bestätigt worden. Das war seither in allen derartigen Fällen so: *»Unser Unbewußtes weiß alles«* (Elisabeth Kübler-Ross). Wir müssen es nur richtig »anzapfen«! Selbstverständlich können Sie sich mit dieser im Kern so einfachen Methode auch helfen, wenn es um das Aufstellen von Pflanzen in der Wohnung oder um das Setzen von Pflanzen, Sträuchern oder Bäumen im Freien geht, damit sie sich frei von GPB gut entwickeln können.

Wie ermitteln Sie die Gefährlichkeit der gefundenen GPB für die Gesundheit der Menschen, die in dem untersuchten Raum leben oder schlafen bzw. viele Stunden an dem untersuchten Arbeitsplatz sitzen oder stehen? Natürlich mit der 100 %-Skala ②. Sie fragen nur: »Wenn 100 % das mögliche Höchstmaß an Gefährlichkeit der GPB darstellt, wie hoch ist bezogen darauf die GPB in dem hier von mir untersuchten Fall?« Der Pendel wird Ihnen sofort eine Zahl angeben. Zur Kontrolle halten Sie ihn anschließend darüber und haben so das Ergebnis bestätigt. Dabei können Sie etwa davon ausgehen, daß

- 10 % GPB das Mindestmaß dessen ist, was jeder Mensch zu ertragen hat, nur weil er eben in dieser Welt lebt;
- 33 % der Durchschnitt der GPB aller heute lebenden Menschen ist, den Sie natürlich möglichst unterschreiten sollten;
- 100 % GPB, Tag und Nacht ertragen, den Tod des Betroffenen in spätestens 3 Jahren, von ungewöhnlich robusten Naturen in spätestens gut 4 Jahren bewirkt. Wodurch der Tod dann körperlich bewirkt wird, hängt in der Regel nur von dem vielzitierten schwächsten Punkt seines Organismus (»locus minoris resistentiae«) ab.

Nun zur direkten Methode, an Ort und Stelle GPB festzustellen, von der ich eingangs dieses Kapitels sprach. Bei ihr hat der Pendel nur eine zweitrangige Bedeutung, weil seine Handhabung für diesen Zweck zu umständlich wäre im Vergleich zur Wünschelrute.

Das ändert nichts an seinem Wert für Nachprüfung und Bestätigung des Rutenergebnisses an den besonderen Störungsstellen. Das gleiche trifft für den Gebrauch des Energiesensors zu, eines einfachen, ganz leicht selbst herzustellenden Geräts von nahezu unglaublichen Eigenschaften. Darüber demnächst. Wenn Sie Gelegenheit haben, ein nur durch den Pendel gewonnenes Ergebnis mit anderen Methoden unmittelbar am Ort nachzuprüfen, so kann das niemals schaden (auch wenn es nicht notwendig ist!). Wir wissen alle: »Doppelt genäht hält besser.«

Auffinden geopathischer Störfelder mit Wünschelrute und örtliche Kontrolle durch Pendel

Das einfachste und schnellste Verfahren, geopathische Störfelder an Ort und Stelle zu ermitteln, bietet uns *die Wünschelrute.* Hier kann nicht der Ort sein, auch ihren Gebrauch im einzelnen darzulegen. Wie jedes Werkzeug seine eigene Gesetzlichkeit hat, so auch sie. Deshalb ist der Besuch eines Ruten-Ausbildungskurses für den Interessierten sehr zu empfehlen[57]. Hier sei nur so viel gesagt: Jeder Mensch ist im Prinzip rutenfühlig, genauso wie pendelfähig. Die einfachste und sicher arbeitende Rute ist handelsüblicher, nicht zu dünner Stahldraht, der zu einem schmalen V von etwa 30 cm Länge der beiden Hälften oder Rutenschenkel gebogen ist. Nahezu jedes Material, das beim Biegen Spannung entwickelt, ist verwendbar.

Das Problem für den Anfänger, über das die meisten nur aus Ungeduld stolpern, ist *die richtige Haltung der Rute.* Die beiden Drahtenden müssen so weit auseinandergezogen werden, daß sie bei sich ständig erhöhender Spannung in der Rute schließlich in den beiden sie haltenden Händen fast eine gerade Linie bilden. Dann ist ihre Reibung an den Fingern am geringsten, und sie kann leicht reagieren. Beim vorwiegend üblichen »Untergriff« halten die nach oben und etwa in Brusthöhe zum Körper hin geöffneten Hände den Draht (oder Griff) so, daß dessen Enden rechts und links knapp unterhalb oder auf der Daumenspitze ruhen und der

Draht zum obersten Gelenk des Ring- oder kleinen Fingers geführt wird. So lassen sich die Drahtenden leicht auseinanderziehen, was dann zu dem notwendigen kritisch-labilen Spannungszustand der Rute führt, also zu dem ganz labilen Gleichgewicht der gespannten Rute. Das ist nichts als Übungssache. Das anfänglich häufige Überschnappen des gespannten Drahts darf Sie nicht unnötig irritieren: Es wird mit steigender Übung immer seltener.

Das praktische Vorgehen, wenn Sie die Haltetechnik einigermaßen beherrschen: Der Kompaß gibt Ihnen die magnetische Nord-Süd-Linie. Quer zu dieser gehen Sie ganz langsam, Schrittchen für Schrittchen von je höchstens einer halben Fußlänge, bis Ihre Rute beim Überschreiten des ersten N-S-Spannungsstreifen nach unten (oder nach oben) ausschlägt. Markieren Sie diesen Punkt am Boden, gehen einige Schritte voraus und dann ebenso langsam und sorgsam rückwärts, bis die Rute wieder ausschlägt. Dann wissen Sie, daß der erste Ausschlag stimmt. Wenn die beiden Ausschlagpunkte etwa 20 (15 – 30) cm Abstand voneinander haben, dann haben Sie wahrscheinlich die beiden Ränder dieser Spannungslinie erfaßt. Ob die exakten Anzeigepunkte genau unterhalb der Rutenspitze oder an Ihren Fersen sind (*immer* entweder das eine oder das andere), wird Ihnen die Erfahrung bzw. die sofort anschließend besprochene Kontrolle mit Pendel oder Energiesensor rasch zeigen. Die ersten Male mag es lange dauern, bis Sie sich des Rutenausschlags sicher sind: Der zugrundeliegende »psychophysische Mechanismus« wird sich auch bei Ihnen bald einspielen wie schon bei vielen Tausenden von Menschen, die sich anfangs auch für nicht rutenfühlig gehalten haben!

Das weitere Vorgehen dürfte Ihnen jetzt schon klar sein. Wie vorhin bei der Beschreibung der Pendelmethode legen Sie jetzt die Nachbar-N-S-Linien, dann im rechten Winkel dazu die O-W-Spannungsstreifen fest und erhalten so das GGN. Von der Rute angezeigte weitere Störungen sind eine andere Art der GPB, meist Wasseradern oder Verwerfungen, seltener unterirdisch verlegte Leitungen irgendwelcher Art.

Die Kontrolle des Rutenergebnisses an Ort und Stelle mit dem Pendel, also das örtliche Auffinden geopathischer Störfelder mit seiner Hilfe, ist einfach:

Über einem ungestörten Platz, der also frei ist von GPB, schwingt er sich sogleich langsam in die magnetische N-S-Richtung ein. Wenn Sie ihn anfangs in einer anderen Richtung schwingen lassen, wechselt er baldigst in die N-S-Richtung und zeigt damit: ungestört! – Je schwerer der Pendel ist bzw. je heftiger er schwingt, um so langsamer vollzieht sich verständlicherweise die Richtungsänderung, und je leichter er ist, um so schneller. Das gilt ganz allgemein auch für die folgenden Punkte. Wenn Sie hinreichend geübt sind, können Sie die locker ausgestreckte und zum Boden hin locker geöffnete andere (zumeist die linke) Hand auch als Antenne benutzen, um die genau unterhalb der Hand befindliche Stelle zu überprüfen. Dabei halten Sie den Pendel mit der rechten Hand und lehnen, wenn Sie stehen, Ihren Ellbogen leicht an den Hüftknochen an, um eine wirklich ruhige rechte Hand zu haben. Auch das gilt in gleicher Weise ganz allgemein für die folgenden Punkte.

Über einer Spannungslinie oder Kreuzung des GGN läuft eine eigenartige Bewegungsfolge ab: Der Pendel schwingt sich hin- und herpendelnd in die Richtung der Spannungslinie ein, also N-S oder O-W, wechselt dann langsam in die Linksdrehung (entgegen Uhrzeigersinn), anschließend in die Rechtsdrehung (im Uhrzeigersinn) und dann wieder in die Richtung der Spannungslinie wie am Anfang. Und dann beginnt der »Tanz« beliebig oft wieder von vorne. Sind die Drehungen nach links oder rechts anfangs vielleicht noch nicht ganz rund, so gewiß bei der zweiten Bewegungsabfolge, die Sie auch noch abwarten sollten, um ganz sicher zu sein. Genau das gleiche geschieht übrigens *über einem x-beliebigen Kompaß,* was den magnetischen Ursprung dieser Bewegungsfolge deutlich anzeigt. Das Hin- und Herschwingen am Anfang und am Ende geht hier immer in Richtung auf die den Pendel haltende Person.

Über einer Wasserader, also einem unterirdischen Wasserlauf (auch einem Leitungswasserrohr), *oder einer Verwerfung* geht der Pendel sofort in Linksdrehung über. Zur Feststellung der Breite dieses Wasserlaufs bewegen Sie sich von außen ganz langsam möglichst im Winkel von 90° an ihn heran, halten Ihren Pendel absolut ruhig und beobachten scharf, an welchem Punkt genau er mit seiner Kreisbewegung einsetzt. Diesen Punkt markieren Sie und gehen mit Ihrer Pendelhand ganz langsam quer über die Wasserader weiter bis dahin, wo die regelmäßige Kreisdrehung in unregelmäßige (z. B. mehr ellipsenähnliche) Formen oder in Hin- und Herschwingen überwechselt. Diese 2. Markierung zeigt Ihnen jetzt die Breite des unterirdischen Wasserlaufs. Sicherheitshalber überprüfen Sie das Ganze nochmals von der anderen Seite her im gleichen Verfahren. – Über den relativ seltenen positiv strahlenden Wasserläufen dreht der Pendel nach rechts. Es ist jedoch recht fraglich, ob man sich über ihnen längere Zeitdauer aufhalten soll. Denn zuviel positive Kraft kann den Organismus leicht überfordern und damit auch nur belasten, worauf ich später zurückkommen werde.

Über einem Ort der Kraft (darüber im übernächsten Kapitel) geht der Pendel sogleich in eine eindeutige Rechtsdrehung über. Ausnahmsweise mag ein ständiger Wechsel von Stillstand und Rechtsdrehung einsetzen.

Alle diese beschriebenen besonderen Pendelbewegungen sind bei allen mir bekanntgewordenen Pendlern immer die gleichen. Auch bei mir ist das so. Damit möchte ich aber nicht sagen, daß sie bei jedem Menschen so sein müssen. Es ist nicht ausgeschlossen, daß sie in besonderen Fällen davon abweichen, vor allem, wenn ein Pendler bewußt oder unbewußt, das heißt in stiller Erwartung, auf eine andere Reaktion eingestellt ist. Deshalb sollten Sie diese Ergebnisse für sich selbst testen, bevor Sie sie als auch für Sie selbst unbedingt gültig übernehmen!

Auffinden geopathischer Störfelder mit Energiesensor und dessen sonstiger Wert für unser Leben

Die Kontrolle des Rutenergebnisses mit dem Energiesensor, also das Auffinden geopathischer Störfelder mit seiner Hilfe, ist ebenfalls einfach. Was ist das für ein Gerät? Der Energiesensor ist nichts anderes als *ein neues, ein zusätzliches »Werkzeug«, das die altbekannten Hilfsmittel der Rute und des Pendels hervorragend ergänzt.* Er macht bei der richtigen Abstimmung von Sensorkopf-Gewicht mit der Elastizität des Stahldrahts allerfeinste Schwingungen zwischen dem Spannungs- und Schwingungsfeld des Menschen und dem einer anderen »lebenden« Substanz sichtbar. Und das in seiner spezifischen »Sprache«, die mit der des Pendels verwandt ist und doch wegen der ganz eigenen Bewegungsart ihre eigene Gesetzlichkeit aufweist. Das gibt ihm seinen großen praktischen Wert, der über den von Rute und Pendel hinausgeht. – Wie der Name sagt, erfühlt der Energiesensor vorhandene Energie: In Wahrheit erfühlt diese Energie natürlich nicht das Gerät, genausowenig wie Pendel oder Rute, sondern Ihr eigener menschlicher Organismus in seinen Ihnen unbewußten Tiefenschichten, und das Gerät zeigt es wie die schon früher zitierte Instrumentennadel nur an.

Jedermann kann sich dieses hochwertige Anzeigegerät leicht selbst herstellen. In seiner allereinfachsten Form ist es nichts anderes als ein etwa 20 – 35 cm langer dünner Stahldraht (von 0,6–0,7 mm Stärke, der also elastisch ist und den Sie mit der Hand, gegebenenfalls mit einer Flachzange geradebiegen können, in jedem Eisenwarengeschäft zu kaufen) und einem normalen Flaschenkorken, den Sie in der Mitte seiner Rundung mit bloßer Hand auf das eine Ende hineinschieben oder -bohren. Dieses Gewicht am einen Ende muß nur – wie schon gesagt – einigermaßen genau auf die Elastizität des Drahtes abgestimmt sein. Das ist das einzige denkbar leicht zu lösende Problem. Je stärker der Stahldraht, um so größer muß das Gewicht sein, und umgekehrt: Ist der Kork für Ihren dünnen Draht zu schwer, so schneiden Sie ihn mit einem scharfen Küchenmesser entsprechend kürzer. Das ist alles! Als Richtmaß können Sie gelten lassen: Dieses Kopfende sollte etwa 15 cm von oben nach unten oder von rechts nach links schwingen, wenn es in normal-kräftiges Schwingen versetzt wird. Je schwerer der Kopf und damit die Länge des Stahldrahts (bis zu 50 cm!), um so langsamer kommt er zum Schwingen, um so weiter und »kräftiger« sind auch die Schwingungen und um so runder und eindeutiger werden die Kreisbewegungen von allem Anfang an.

Das andere Ende des Stahldrahts ist schon *der Handgriff:* Fassen Sie den Draht ganz locker und ruhig zwischen den nervenreichen Fingerspitzen der 4 langen Finger von unten und der nervenreichen Daumenspitze von oben her, und zwar so, daß das andere, mit dem Gewicht versehene Ende, der Sensorkopf, etwa in horizontaler Lage ist.

Die Handhabung: Das Wichtigste ist, daß Sie diesen Energiesensor ganz ruhig, ohne jede Spannung oder gar Verkrampfung irgendeines Muskels, wie eben beschrieben in der Hand halten, um damit richtig arbeiten zu können. Deshalb brauchen Sie einen ruhigen, festen Stand der auf Fersen und Fußballen gleichmäßig belasteten beiden Füße mit gutem Fußsohlenkontakt auf dem Boden. Wenn Sie bei dieser Arbeit knien sollten, fühlen Sie den Kontakt der Knie zum Boden hin ganz bewußt, ebenso im Sitzen den Kontakt Ihrer Sitzknochen mit der Sitzfläche, und lassen Sie Ihre Füße dabei voll auf dem Boden aufruhen. Geben Sie dem haltenden (zumeist dem rechten) Arm mit dem Ellbogen an der Hüfte eine gute Stütze, und halten Sie die andere (zumeist linke) Hand locker geschlossen (Machen Sie also keine Faust mit Spannung der Finger!). Denn diese locker geöffnete Hand können Sie jederzeit als Antenne benutzen, wie Sie gleich sehen werden, und dann könnten Sie leicht zu einem falschen Ergebnis kommen.

Natürlich können Sie *diesen einfachsten Energiesensor auch viel schöner machen*: Eine hübsche gelochte kleine Perle oder deren zwei am Drahtende befestigen oder einen Ring, z. B. einen kleinen aluminiumbeschichteten Gardinenring oder etwas anderes, was Ihnen gefällt. Sie können sich – wie auch ich das tat – an das andere Ende einen einfachen Handgriff machen mit Hilfe eines Bananensteckers alter Art, in den Sie das äußerste Drahtende kräftig einschrauben, und einem darauf aufgesteckten Kupplungsstück. Sie können sich, wenn Sie wollen, als regulären Handgriff aber auch ein längeres handliches Rohr anschweißen und das mit einem Edelmetall beschichten! Nach meiner nun mehrjährigen Erfahrung mit allen möglichen Ausführungen kann ich getrost sagen: Alle arbeiten in der gleichen Weise vom »primitiven« Stahldraht-Korken bis zum vergoldeten »Supersensor«.

Zu Beginn Ihrer praktischen Arbeit mit dem Energiesensor empfehle ich Ihnen *zwei Experimente*:

1) *Halten Sie den Sensorkopf etwa 10 – 30 cm über eine x-beliebige Pflanze, Blume oder Blüte:* Er wird nach kurzer Zeit in lebhafter Weise auf und ab schwingen. Ist die Pflanze gesund oder die Schnittblume noch frisch und gut gewässert, schwingt der Sensorkopf im Rahmen seiner Schwingmöglichkeit voll aus, bei einer überdurchschnittlich kräftigen bis zum alleräußersten Rand des Möglichen. Ist sie schwächlich, oder sind etwa geschnittene Rosen nur mit chemischer Hilfe noch »schön« gehalten, wird das Auf- und Abschwingen wesentlich schwächer ausfallen. An der Stärke oder Weite der Schwingungen können Sie die Stärke der ausstrahlenden Lebenskraft recht genau feststellen. Dieses Experiment können Sie über oder an allem was lebt, *überall wo Lebensenergie ist*, wiederholen: über jedem Blatt einer Zimmerpflanze, über jedem Strauch draußen in der Natur, seitlich an jedem Baumstamm, über jedem Tier, über jedem Menschen und jedem seiner Körperteile.

Statt den Sensorkopf darüber oder wie bei einem Baum dicht neben den Stamm zu halten, können Sie auch hier – wie schon oben beim Pendel beschrieben – *die locker geöffnete andere Hand mit dem Handchakra als Antenne benutzen:* Halten Sie also den nervenreichen Handteller, noch besser gesagt die »Wurzel« der Handinnenfläche in der Vertiefung neben dem Daumenballen, möglichst genau über das zu prüfende Objekt bzw. auf den Baumstamm zu, und warten Sie mit Ihren auf den Sensorkopf gerichteten Augen dessen Bewegung ab. Beim Anfänger oder auch später in besonderen Situationen beim längst Geübten mag es bis zu einer Minute dauern, bis die Reaktion einsetzt. Im allgemeinen aber geht es sehr viel schneller. Die Weite der Schwingungsbewegung auf und ab zeigt Ihnen auch hier unmißverständlich die Stärke der vorhandenen Lebenskraft an.

2) *Das Experiment mit dem Kompaß,* das Ihnen vom Pendel her schon geläufig ist: Halten Sie den Sensorkopf in der vorhin beschriebenen Weise genau über die Kompaßnadel oder irgendeinen noch so kleinen anderen Magneten (z. B. einen sogenannten Magnetschnäpper zum Halten von Möbeltüren) und beobachten Sie dabei den Sensorkopf. Es mag bis zu einer Minute dauern, dann setzt er sich in schwingende Bewegung: zuerst von oben nach unten, dann wechselt er in eine deutliche Linksdrehung, anschließend in eine deutliche Rechtsdrehung und dann wieder zurück in das Auf und Ab, wonach das alte Spiel links, rechts, auf und ab usw. von neuem anhebt. Das geht in dieser Weise, selbst wenn die ganz schwache Kompaß-Magnetnadel auf dem Fußboden liegt und Sie den Sensorkopf in reichlich 1 m Höhe genau darüberhalten, ob der Kopf ein Flaschenkorken ist oder ein mit Edelmetall verziertes, noch so schön anzuschauendes Metallgebilde! Und jetzt kommt das nochmals Verblüffende: Stellen Sie sich irgendwo seitlich des auf dem Fußboden liegenden schwachen Magneten, den Energiesensor wie beschrieben in der (rechten) Hand, und halten Sie Ihre locker geöffnete andere (linke) Hand mit locker gespreizten Fingern genau über das Magnetchen, so werden Sie denselben »Tanz« des Sensorkopfes erleben: Dabei können Sie mit der Hand so weit in die Höhe gehen, wie Ihnen nur möglich. Sie dürfen nur nicht verspannt oder gar mit irgendwelchen inneren Muskeln verkrampft sein. Auch jetzt erleben Sie Ihre (linke) Hand wieder als Antenne.

Wenn Sie diese beiden Experimente erfolgreich gemacht haben, werden Ihnen *die Bewegungen Ihres Energiesensors zur Kontrolle*

Ihrer Ruten- oder auch Ihrer Pendelergebnisse um so verständlicher. Sie werden diese Reaktionen auch erleben, wenn Sie ihn direkt zum Auffinden von geopathischen Störungen einsetzen:

Über einer Spannungslinie oder Kreuzung des GGN läuft genau die gleiche Bewegungsfolge ab wie soeben über der Kompaßnadel beschrieben. Ich brauche sie hier nicht zu wiederholen. Der Grund für diese Übereinstimmung ist einfach genug: In jedem Fall sind die gleichartigen magnetischen Strahlungen die Ursache für die gleichartige Sensorreaktion. Ebenso ist es gleichgültig, ob Sie den Sensorkopf direkt über die Reizzone halten oder Ihre Hand als Antenne benutzen.

Über einer Wasserader oder einer Verwerfung (beide sind gleich schädlich für den Menschen) schwingt der Sensorkopf seitlich, also horizontal hin und her. An der Stärke des seitlichen Schwingens können Sie die Intensität der Störung ablesen. Ein praktischer Fall: Sie haben eine insgesamt 45 cm breite Wasserader. In der Mitte sind die Schwingungen ganz stark (etwa 18 cm) und zu den Rändern hin werden sie immer schwächer (etwa 5 cm, also nur noch gut 2 cm nach jeder Seite hin), bis sie vollends aufhören. Dann wissen Sie: In der Mitte ganz starke, überdurchschnittliche Störung (wahrscheinlich flotter Wasserlauf), nach außen hin wesentlich schwächere (mehr oder weniger nur noch »Entlangsikkern«) bis zum völlig ungestörten äußersten Rand (keinerlei Bewegung des Sensorkopfes mehr). – Über einem (relativ seltenen) positiv strahlenden Wasserlauf schwingt der Sensorkopf senkrecht auf und ab. Es gilt hier in gleicher Weise, was schon bei der Erklärung der Pendelbewegungen dazu gesagt wurde.

Über einem ungestörten Platz steht der Energiesensor absolut still, was Sie erst nach einer vollen Minute, vielleicht nach noch etwas längerem ruhigem Warten mit Sicherheit sagen können.

Über einem Ort der Kraft (darüber im nächsten Kapitel) schwingt der Sensorkopf lebhaft in der Senkrechten auf und ab, je stärker er ist, um so mehr, wie über jeder Pflanze und allem was lebt (Anzeige der Vitalkraft). Es kann auch ein ständiger Wechsel von Auf und Ab mit Rechtsdrehung und ausnahmsweise von Stillstand und Auf- und Abschwingen einsetzen. Auch hier können Sie mit der (linken) Hand immer als Antenne arbeiten.

Sicherheitshalber muß ich auch jetzt – wie vorhin am Ende der Beschreibung der besonderen Pendelbewegungen bei GPB – davor *warnen*, daß jeder Mensch unbedingt die gleichen Sensorreaktionen für die einzig möglichen halte. Wohl sind sie bei allen mir bekannten Benutzern dieses Geräts so wie bei mir selbst gleich, doch könnte es aus dem dort schon erwähnten Grund bei dem einen oder anderen auch einmal anders sein. Daher überprüfen Sie diese Ergebnisse bitte zuerst kritisch für sich selbst!

Sie haben nun 4 verschiedene und jede in ihrer Art bewährte Möglichkeiten kennengelernt (mentale Methode: Pendeln über Grundriß oder Skizze, direkte Methoden: Rute, Pendel, Energiesensor am Ort), um diese in der Tat lebensbedrohenden geopathischen Belastungen der verschiedenen Art zu erkennen. Sie können im konkreten Fall die 4 Ergebnisse miteinander vergleichen, kontrollieren und notfalls aneinander korrigieren. Damit haben Sie *ein Höchstmaß an Sicherheit*, das heute wohl kaum übertroffen werden kann, diesen Gefahren für Ihre Gesundheit auszuweichen bzw. sich vor ihnen zu schützen, soweit das möglich ist. Darüber werden Sie demnächst noch Genaueres erfahren.

Neben diesen eben behandelten Eigenschaften erweist sich der *Energiesensor als ein sicheres Anzeigegerät für die Übereinstimmung zwischen zwei aufeinandertreffende Schwingungsbereiche*: Sie erinnern sich: Alles ist schwingende, fließende Energie! Wenn Sie dieses einfache Gerät zwischen zwei x-beliebige Schwingungsbereiche halten, zeigt seine Reaktion sofort, ob und wieweit sich diese miteinander vertragen oder ob das Gegenteil der Fall ist. Deshalb können Sie *damit zum Beispiel feststellen*:

- Die Verträglichkeit eines jeden Nahrungsmittels, Getränks, natürlichen oder chemischen Medikaments, von zubereiteten Speisen usw. für Ihren Körper. Etwa: Welche Weinsorte ist für

Ihre oder für die Gesundheit eines anderen Menschen die beste?

- Die »Verträglichkeit«, also den persönlichen Wert eines jeden Buches, jeder Schallplatte oder Kassette für Ihren Geist und Ihr Inneres.
- Die »Verträglichkeit« eines Briefs, einer Nachricht, einer Notiz für Sie, die von einem anderen Menschen zu Ihnen kommen und von dessen innerer Einstellung geprägt sind.
- Die Verträglichkeit, also die Übereinstimmung von 2 Menschen, die miteinander auskommen müssen oder sollen, oder die es besser gar nicht versuchen.
- Die Verträglichkeit eines Raumes, einer Örtlichkeit für Sie: Jeder Ort hat seine Schwingung, seinen »Geist«, wie die Römer sagten: seinen spiritus loci (den »Geist des Ortes«).

Ihr Vorgehen zum Zweck dieser Feststellungen könnte kaum einfacher sein:

1. Möglichkeit: Sie halten den Energiesensor ganz einfach etwa in die Mitte zwischen sich und den zu prüfenden Gegenstand, den Sie ungefähr 15 – 20 cm von sich entfernt in die (linke) Hand nehmen, während Sie mit der anderen (rechten) das Gerät dazwischenhalten. Wenn Sie einen Ring als Sensorkopf haben, dann halten Sie diesen in der senkrechten Position. Ob Sie selbst den Prüfgegenstand in der Hand halten oder jemand anders, ob dieser etwa am Rand eines Möbelstücks plaziert ist und Sie als »Prüfling« entsprechend nahe herangetreten sind – alles das ist gleichgültig. Etwas, was Sie essen, halten Sie am besten vor den Magen, ein Medikament vor das betroffene körperliche Organ (oder den Magen), ein Buch oder etwas anderes geistigen Inhalts vor die Stirn oder vor Ihr Herz, je nachdem, was Sie mehr betroffen glauben. Wollen sich zwei Menschen auf ihre »Verträglichkeit« miteinander überprüfen, so können sie auf etwa 1 m Abstand gehen, wo sich die wechselseitigen Ausstrahlungen schon stark berühren. Die persönliche Ausstrahlung oder Aura können Sie übrigens in ihrer Ausdehnung und Stärke genauso messen.

Sie können den Energiesensor dabei in jeder Position halten: normalerweise mit waagerecht gehaltenem Endstück am Sensorkopf oder auch senkrecht vor Ihrem Kopf oder Ihrer Stirn.
Die Antwort des Sensors ist einfach genug:
Entweder Vor- und Rückwärtsschwingen von einem Schwingungsfeld zum anderen: wechselseitige Anziehung, positive Antwort, das eine Schwingungsfeld sucht und braucht das andere, je stärker die Schwingung des Sensorkopfes, um so mehr.
Oder Hin- und Herschwingen zwischen (entlang) den beiden Schwingungsfeldern, also quer zu der sie verbindenden Linie: wechselseitige Abstoßung, negative Antwort, die beiden Schwingungsfelder wollen nichts miteinander zu tun haben, je stärker die Schwingung des Sensorkopfes, um so weniger.

2. Möglichkeit: Sie nehmen das für Sie selbst zu prüfende Objekt in die (linke) Hand oder geben das für einen anderen zu prüfende in eine seiner Hände und halten Ihren Energiesensor wie üblich 10 – 20 cm darüber. Bei positiver Antwort schwingt der Sensorkopf senkrecht auf und ab, bei negativer waagerecht hin und her. Je stärker er dabei schwingt, um so lebhafter sagt er Ja oder Nein.

Wenn Sie einmal anfangen, mit dem Energiesensor – diesem so einfachen und von jedermann spielend leicht herzustellenden Gerät – zu arbeiten und nur erste überzeugende Erfahrungen damit zu machen, werden Sie ihn wohl niemals wieder unbenutzt liegen lassen. Denn er erweist sich immer wieder von neuem in seiner Treffsicherheit und damit als ein kaum noch zu ersetzendes Instrument. Deshalb habe ich es hier in diesem Pendelbuch auch in seiner weiteren Anwendung in dieser seiner ganz besonderen Bedeutung für unser tägliches Leben aufgenommen in der Hoffnung, daß es vielen Menschen helfen möge.

Orte der Kraft und ihre praktische Nutzung

Orte der Kraft sind Plätze mit gesteigerter positiver Energieaufladung. An ihnen gibt es also ein erhöhtes natürliches Energiepotential. Wir können auch von einem Energiezentrum sprechen, das sich durch ungewöhnliche Energieströme auszeichnet, oder von einer ortsgebundenen Kraftaufladung. Viele Hinweise sprechen dafür, daß *bis vor etwa 300 Jahren die Kenntnis über solche Orte der Kraft* und die Fähigkeit, sie zu erkennen und für bestimmte Zwecke einzusetzen, *noch weit verbreitet waren*. So sind viele christliche Sakralbauten wie Kirchen, Klöster und im besonderen Altäre und die Plätze, von denen aus der Priester das Wort Gottes verkündete, auch Taufsteine, exakt an solchen Orten der Kraft errichtet. Im Mittelalter und bis in die Neuzeit herein scheint die Beachtung dieser Orte der Kraft geradezu eine Selbstverständlichkeit gewesen zu sein ebenso wie das in noch viel früherer Zeit der Fall war, wie sich an den Resten germanischer und keltischer Kultstätten oder auch Befestigungsanlagen deutlich ersehen läßt.

Einige Universitäten betreiben systematische Studien und Felduntersuchungen in dieser Richtung[58]. Sie können uns immer mehr Kenntnisse darüber vermitteln, daß die Menschen jener Zeit sehr viel mehr wußten als wir, und daß sie offensichtlich ganz allgemein viel sensibler waren im Auffinden von solchen Orten der Kraft mit ihrem stimulierenden Energiefeld ebenso wie von geopathisch besonders gestörten Plätzen, wo sie den Bau eines Hauses peinlich vermieden. Restbestände dieser Fähigkeit, kosmische und erdabhängige Einflüsse auf dem uns tragenden Grund und Boden unseres Seins zu erfühlen, zeigen sich auch noch bei vielen Menschen von heute, wenn sie irgendwo in der Natur, bei sich zu Hause oder bei Freunden einen ganz bestimmten Platz aufsuchen und bevorzugen. Manchmal habe ich das auch in Fabriken und Büros beobachten können, wo verständige Vorgesetzte im Rahmen des Möglichen dem gern nachgaben.

In diesem Zusammenhang ein Wort zu *überirdischen Energie- oder Energieflußlinien*, die sich zuweilen in völlig gerader Linie wenige Zentimeter breit über beachtliche Entfernungen hinweg erstrecken. Das kann der Fall sein zwischen irgendwelchen markanten Geländepunkten wie herausragenden großen Steinen oder alten Kirchen, Kreuzen oder »Marterln« (irgendwo an Wegen, Feldern oder Waldrändern aufgestellte steinbehauene Standbilder religiöser oder menschlich erhebender Art), alten Meilensteinen oder Wegkreuzungen, alten Hügelgräbern oder sonstigen Erdaufschüttungen. Nach den beschriebenen Verfahren lassen sie sich finden und nachkontrollieren. Diese uns seltsam, ja geheimnisvoll anmutenden Energielinien haben sicherlich ihre Ausstrahlung und Bedeutung auch für uns Menschen, die wir nur noch nicht erkannt haben. Für interessierte Forscher tut sich hier ein weites Feld auf.[59]

Zurück zu den *Orten der Kraft: Wie lassen sie sich ermitteln?*
Am einfachsten mit der Ihnen nun längst geläufigen Methode, die Ihnen die Pendeltafeln ㉚ und ㉝ im Schema aufgezeigt haben: durch das Kreuzen von Suchlinien mit präziser Feststellung des gesuchten Punktes in seinem Nahbereich. Dazu brauche ich an dieser Stelle nichts mehr auszuführen.

Die so gefundene Stelle können Sie rasch überprüfen. Im Vorgriff auf dieses Kapitel habe ich schon bei der Besprechung des Pendels und des Energiesensors darauf hingewiesen, daß:

- *der Pendel* hier sogleich in eine eindeutige Rechtsdrehung übergeht (ausnahmsweise mag auch ein ständiger Wechsel von Stillstand und Rechtsdrehung einsetzen);
- *der Energiesensor* sogleich lebhaft senkrecht auf- und abschwingt, wie er das überall tut, wo für das Leben wesentliche Energie existiert. Es kann auch ein ständiger Wechsel von Auf und Ab mit Rechtsdrehung und ausnahmsweise von Stillstand und Auf- und Abschwingen eintreten.

Für die Reaktion von Pendel und Energiesensor gilt:
Je intensiver die Drehung bzw. Schwingung, um so stärker ist der

Ort der Kraft und natürlich umgekehrt. Seine genaue Stärke sagt die 100 %-Skala ②, bei deren Befragung Sie wie immer von 100 % als der maximal möglichen Stärke eines Ortes der Kraft ausgehen.
Statt den Sensorkopf genau über die betreffende Stelle zu halten, können Sie als einigermaßen Geübter auch Ihre locker nach unten hin geöffnete andere (zumeist also die linke) Hand als Antenne für die Aufnahme dieser auffallenden Energieschwingungen benutzen, wobei sich Ihr Körper irgendwo seitlich der betreffenden Stelle befindet. In jedem Fall ist Ihr Blick auf den Sensorkopf gerichtet.

Es mag diesbezüglich ganz besonders empfindsame Radiästheten geben, die Orte der Kraft auch mit ihrer Rute zweifelsfrei ausfindig machen können. Der »Normalmensch« kann das mit Pendel und Energiesensor in einfacher und zuverlässiger Weise wie beschrieben tun.

Die Bedeutung dieser Orte der Kraft für uns Menschen liegt darin, daß wir uns die von ihnen ausgestrahlte Energie nutzbar machen können. In früheren Jahrhunderten ist das, wie viele Hinweise belegen, offensichtlich in beachtlichem Umfang geschehen. Dann ist das Wissen darum im Zeichen der sich immer stärker entwikkelnden Naturwissenschaft untergegangen, die nur das materiell Greifbare als wirklich existent anerkannte und alles andere als Aberglauben abtat. Und heute sind wir glücklicherweise dabei, diese verlorengegangenen alten Erkenntnisse mühsam und Stück um Stück wieder zu entdecken und hoffentlich noch einiges mehr.

Die direkte Auswertung dieser Orte der Kraft liegt ganz einfach darin, daß man sich bewußt in sie hineinbegibt, um ihre Energiestrahlung zur eigenen Kräftigung in seinem Organismus aufzunehmen. Das tut zum Beispiel ein körperlich nicht mehr sehr widerstandsfähiger Seminarleiter hohen Alters, der mir gut bekannt ist. Er hat sich mit diesen Zusammenhängen seit vielen Jahren auseinandergesetzt und immer wieder die Erfahrung gemacht, daß er die den ganzen Tag ausfüllenden Vorträge und Diskussionen sehr viel besser und ohne Schaden durchhält, wenn er seinen Stuhl genau auf einen solchen Ort der Kraft stellt. Erfreulicherweise hat er in seinem Seminarraum einen solchen zur Verfügung. Zwar ist sein persönlicher Arbeitsplatz dabei in einer etwas eigenartigen Position zu seinen Seminarteilnehmern, aber – das für ihn Wesentliche – jetzt kann er den ganzen Tag und oft noch den anschließenden Abend ohne Erschöpfung durchstehen. Als er seinen Ort der Kraft noch nicht entdeckt hatte, war ihm das nicht mehr möglich gewesen! Allerdings muß ich jetzt noch anfügen: Dieser Ort der Kraft ist relativ schwach, sonst würde er bei diesem Verhalten ganz entschieden des Guten zuviel tun. Denn allzuviel ist ungesund (siehe das Schema des rechten Maßes ⑩). Wäre dieser Ort noch stärker aufgeladen, würde er nach einiger Zeit eine unerträgliche Belastung. Sensible Menschen halten den direkten ununterbrochenen Aufenthalt an einem solchen starken Ort der Kraft, wie ich mehrfach beobachten konnte, nicht länger als maximal 15 Minuten aus. Dann spüren sie die beginnende Anstrengung und verlassen ihn sofort in der frohen Gewißheit, daß sie für einige Stunden buchstäblich neue Kräfte aufgetankt haben für ihre anstrengende Arbeit.

Die indirekte Auswertung dieser Orte der Kraft dürfte im praktischen Leben noch wichtiger sein. Denn wir können ihre Strahlungsenergien in geeignete stoffliche Medien einfangen, um sie dann zu unserem Nutzen in verschiedener Weise einzusetzen und zu verwerten. Solche Medien sind im besonderen: Wasser, neutrale und am besten ungebleichte Vaseline, Watte und Kleidungsstücke wie der Schlafanzug, der den Körper nachts umhüllt.

Das Verfahren dabei ist denkbar einfach. Sie stellen zum Beispiel einen Behälter mit etwa 3 Liter Leitungswasser genau in die Mitte des von Ihnen ermittelten Ortes der Kraft und lassen ihn da so lange stehen, wie Ihnen Ihr Pendel (gehalten über die Zahlenreihe des A-B-Schemas ③) auf Ihre Frage hin geantwortet hat: »Wie lange, wie viele Stunden mindestens soll ich diesen Behälter an diesem Ort der Kraft stehenlassen, damit das darin enthaltene Wasser voll und ganz mit Energie gesättigt ist?« Das wird selten mehr als einige wenige Stunden der Fall sein, höchstens bei einem ganz schwachen Punkt der Kraft. Statt des Behälters mit Wasser können Sie – wie gesagt – ein Töpfchen mit Vaseline oder eine Dose Nivea oder eine andere Creme, ein Kräuteröl, einen dünnen Packen lockerer, aufnahmefähiger Watte oder jegliches Kleidungsstück in die Mitte Ihres Ortes der Kraft geben und hier mit Energie aufladen. Die Art der dabei verwendeten Gefäße ist im allgemeinen gleichgültig, denn für diese Energieschwingungen gibt es kaum Hindernisse: Sie gehen durch alle Materialien hindurch. Wenn Sie Zweifel haben, brauchen Sie nur Ihren Pendel zu befragen.

Die Bestätigung dieser Energieaufladung gibt Ihnen sofort Ihr Energiesensor. Halten Sie ihn direkt über die energetisierte Substanz, oder prüfen Sie diese mittels der Antenne Ihrer (linken) Hand: Er wird sogleich lebhaft auf- und abschwingen, bei voller Sättigung des energetisierten Stoffs bis nahezu an die Grenze seiner Schwingungsfähigkeit. Auch nach vielen Tagen wird das noch der Fall sein, denn die aufgenommene Energie bleibt darin gebunden.

Anwendung dieser energiegeladenen Substanzen, zunächst des so erzielten »Vitawassers« (wie wir es nennen): Sie können es trinken, für die Zubereitung warmer Getränke oder zum Kochen benützen: Bald werden Sie die kräftigende Wirkung des regelmäßigen Genusses auf Ihren ganzen Organismus verspüren. Sie können es vielfältig für heilerische Zwecke gebrauchen: für Umschläge, wo sich solche empfehlen, und vor allem zum Einreiben in die Haut überall da, wo Sie Schmerzen haben, die eine körperliche Störung anzeigen, und in deren Umgebung. Geben Sie etwa morgens und abends, wenn Sie sich wie üblich gewaschen haben, nur eine kleine Menge in die hohlgeformte Hand, und reiben Sie dieses Wasser so lange in die Haut ein, bis es völlig verschwunden ist. Die Wirkung ist oft geradezu unglaublich. Hier *nun einige wenige von vielen verbürgten Fällen*, für die jederzeit Beweis angetreten werden kann:

- Ein 68jähriger Mann, in seiner rechten Schulter wieder einmal von bösen neuralgischen Schmerzen geplagt, kann seinen rechten Arm nur noch mühsam bis maximal knapp Schulterhöhe heben. 3 Monate lang ständige Verschlimmerung. Nichts hilft. Eine Woche lang wie beschrieben täglich zweimal Vitawasser in Schulter und Oberarm eingerieben: Schmerzen verschwunden, absolut unbehinderte Beweglichkeit des Armes im Schultergelenk rundum.

- Eine Frau in mittlerem Alter leidet an »sich blühend entfaltender« Gürtelrose. Nichts hilft. Nach einer Woche täglicher Einreibung volle Heilung. Der behandelnde Arzt: »Noch nie erlebt, kaum glaublich«.
- Ein über 70jähriger Mann mit Schlaganfall ist jedesmal, wenn seine bösen Schmerzen eintreten, gegen die seither nichts half, nach einer einzigen Einreibung mit Vitawasser schmerzfrei.
- Im übrigen werden Sie im nächsten Kapitel, wo es um die Entstörung von geopathisch belasteten Örtlichkeiten geht, noch eine außerordentlich wichtige Anwendung des Vitawassers kennenlernen.

Eine Vielzahl derartiger Erfolge bewirkte in ähnlicher Weise *die so erzielte »Vitasalbe«* (unsere Bezeichnung dafür), entstanden aus energetisierter Vaseline oder handelsüblichen Cremes. Eine kleine Menge davon wird an der schmerzenden Stelle und deren Umgebung einige Male am Tag sanft in die Haut eingerieben. Hier nur ein einziger Fall: Eine ältere Frau hat in beiden schon deformierten und versteiften Schultern starke Schmerzen. Sie kann ihren Arm nicht mehr anheben. Das vom Arzt verschriebene Mittel führt zu bösen Allergien. Schon nach wenigen Tagen Einreibung mit Vitasalbe kann sie den Arm ohne Schwierigkeit wieder bis zur Schulterhöhe anheben und damit arbeiten.

Auch der praktische Gebrauch der vitalisierten oder *energetisierten Watte oder Kleidungsstücke* ist recht einfach: Sie legen – wie oben gesagt – einen entsprechend dünnen oder auch dickeren Packen (eine oder zwei Lagen) Watte oder jedes dafür in Frage kommende Kleidungsstück die ausreichende Zeit an den Ort der Kraft und decken dann den schmerzenden Körperteil damit ab.

Dabei geben einige Streifen Leukoplast den nötigen Halt, bzw. Sie ziehen das betreffende Kleidungsstück ganz einfach an. Dann können Sie unbehindert Ihrem Tagewerk nachgehen oder sich Ihrem Schlaf hingeben – die eingefangene und richtig plazierte Energie wird Ihnen währenddessen zu Hilfe kommen und Ihre persönliche Vitalkraft entsprechend stärken.

Die Erklärung dieser Heilungserfolge liegt auf der Hand. Alles ist schwingende, fließende Energie! »Schmerz ist der Schrei des Gewebes nach Energiedurchflutung« lautet dieser Schlüsselsatz von Dr. Voll (des heute weltweit bekannt gewordenen Entdeckers der Elektroakupunktur) für das Verständnis des Heilungsprozesses. Die schmerzende Stelle und ihre Umgebung werden auf die beschriebene Weise von Energie durchflutet. Die Energiestauung (das heißt der Schmerz) löst sich Schritt für Schritt auf, die Energie kann wieder fließen und damit werden die intensive Durchblutung und die Aktivität der Abwehr- und Heilungskräfte wiederhergestellt.[60] Jetzt wissen Sie auch, und jetzt klärt sich für Sie, weshalb in der Übersicht »Einfache Hilfen zur Selbsthilfe« ㉗ auf der rechten Seite die zunächst unverständlich gewesenen Begriffe Vitawasser und Vitasalbe aufgeführt sind. Nehmen Sie bitte den Zusatz »usw.« als Hinweis auch auf die eben besprochene Watte, auf Kleidungsstücke und ähnliches.

Auch wenn für Sie kein Ort der Kraft erreichbar sein sollte, können Sie sich auf eine andere, absolut natürliche Weise alle soeben beschriebenen Vorteile von *Vitawasser, Vitasalbe usw. mit Hilfe eines gesunden kräftigen Baums* zunutze machen. Sie haben wohl schon davon gehört, daß es immer wieder Menschen gibt, die sich, wenn sie müde und ausgelaugt sind, einige Zeit in ihrer ganzen Körperlänge an einen starkten Baum anlehnen und sich von seiner Lebenskraft fühlbar stärken lassen. Ich kann nur die Feststellung von soeben wiederholen: Alles ist schwingende, fließende Energie. Gerade wenn wir in unserem Geist, in unserem Bewußtsein ganz darauf eingestellt und entsprechend gesammelt sind, dann strömt aus einem gesunden, kräftigen Baum, der den stärksten Stürmen trotzt, diese nahezu überschäumende Vitalkraft nach dem Gesetz des Gefälles und des geringsten Widerstands auf den Hilfsbedürftigen über.

Ihr Vorgehen im einzelnen: Machen Sie sich als erstes eine einfache Pendeltabelle, wie Ihnen nun längst bekannt, und ordnen Sie die Plätze und Namen von allen Ihnen erreichbaren kräftigen Bäumen bzw. der Baumarten in Ihrer Umgebung darauf an. Dann befragen Sie Ihren Pendel, der Ihnen gern sagt, welche Baumart bzw. welcher einzelne Baum Ihnen am meisten Lebensenergie direkt oder indirekt über Ihre vermittelnde Substanz geben kann. Dann fragen Sie sicherheitshalber nach der dort erforderlichen Mindeszeit der Aufladung (die Zeit über Nacht ist immer ausreichend!). Anschließend prüfen Sie das Resultat mit Ihrem Energiesensor nach, indem Sie den Sensorkopf dicht neben den Stamm halten und seine kräftige Schwingung beobachten. Sie werden erstaunt sein über das Ergebnis, das genau das gleiche ist wie über einem starken Ort der Kraft! Jetzt brauchen Sie nur ein eher schmales und höheres Gefäß wie eine Mehrliterflasche dicht an den Baumstamm zu plazieren – und Sie haben auf diese einfache Weise das beste Vitawasser. Sinngemäß gehen Sie mit jeder Substanz vor, die Sie mit Energie aufladen wollen. Ihr praktischer Gebrauch ist dann natürlich derselbe, wie schon beschrieben.

Noch einfacher können Sie *Wasser auch dadurch vitalisieren,* daß Sie einen nicht zu kleinen *Bergkristall oder Rosenquarz* (»Schönheit« ist unwesentlich) ausreichend lange in den Wasserbehälter hineinlegen. Das Verfahren ist sinngemäß das gleiche wie kürzlich bei Bereitung auf einem Ort der Kraft dargelegt.

Jetzt bleibt mir nur noch, auf *die Ausstrahlungskraft Ihrer eigenen Persönlichkeit* hinzuweisen, sofern Sie sich in Ihrer Ganzheit von Körper und Seele-Geist sammeln können, also ganz »bei sich« sind[61]. Die Kirlianphotographie beweist, daß die Energieausstrahlung der Hände: der nervenreichen Fingerspitzen und der Handchakren in diesem Zustand hochgesteigert ist im Vergleich zum normalen Alltagsbewußtsein. Das ganz besonders dann, wenn sich der so Übende an die große, die unendliche Energie anschließt, die über allem Geschaffenen steht und in allem Geschaffenen wirkt, und für sie gleichsam zum weiterleitenden Kanal wird. Diese heilsame Energie, der Kern des sogenannten geistigen oder energetischen Heilens, strömt in der gleichen Weise wie in einen anderen Organismus auch in die hier besprochenen Substanzen oder stoffliche Medien, wo Sie sie speichern können.

Allerdings wird es sicherlich nur ganz selten Menschen beschieden sein, dabei in wenigen Sekunden oder allenfalls Minuten so starke Strahlungsintensität zu entwickeln, daß dann auf der Stelle sichtbare Erfolge eintreten (wie sie etwa von Jesus berichtet werden). Aber diese persönlich-gefühlsstarke Einwirkung kann all das nur fördern und verstärken, *was die vitalen Heilungskräfte weckt und zum Fließen und Strömen bringt.* Denn die geistigen Kräfte öffnen sich nur dem, der sich selbst bemüht. »Hilf Dir selbst, dann hilft Dir Gott.« Es wird uns nun einmal nichts geschenkt, wenn wir uns nicht bemühen. Deshalb kann die innere Sammlung auf diese schöpferische, göttliche Kraft, um die wir bitten, eine beachtliche zusätzliche Hilfe sein, deren Auswirkungen viel weiter reichen als es zunächst scheinen mag.[62]

Im besonderen: Das Entstörungsproblem

Kehren wir nun zurück zu dem buchstäblich fundamentalen Problem der geopathischen Störung. Es bleibt uns noch die Frage zu klären, *wie wir uns vor den Gefahren schützen können,* die ich eingangs dieses Buchteils beschrieben habe. Das Einfachste ist, daß wir den Tieren nacheifern, die den Reizstreifen und Kreuzungen des GGN und den anderen *Störungsstellen peinlich aus dem Weg gehen,* soweit sie nur irgend können. In der Tat sind sich alle langjährig erfahrenen Fachleute darin einig, daß niemand auf einer einmal festgestellten Störzone verbleiben sollte. Das ist sozusagen eine eiserne Regel der klassischen Radiästhesie. Es gibt nun einmal nichts Besseres als die kritische Stelle zu meiden: sein Bett zu verstellen oder die Position am Arbeitsplatz entsprechend zu ändern.

Sie glauben vielleicht, als *harmonischem Menschen*, der in seiner Mitte, der »bei sich« ist, könne Ihnen nichts Ernsthaftes geschehen? Nur die Disharmonischen, die »außer sich« seien, müßten ihrer inneren Schwäche wegen anfällig sein für negative Reize jeder Art? Natürlich hat diese Ansicht einiges für sich, sie ist aber doch nicht haltbar, weil sich die Auswirkungen auch einer schwachen geopathischen Störung über die Zeit: Monate, Jahre, Jahrzehnte hinweg aufhäufen. Gerade in der heutigen Welt der Technik und der Chemie, wo sich solche negativen Reize von den verschiedensten Seiten her viel rascher, als man meinen möchte, hochaddieren. Kurzfristig, vorübergehend können Sie sicherlich allerhand geopathische Belastung vertragen, ohne nennenswerten Schaden zu nehmen, kaum aber langfristig.

Oder Sie meinen, *in einem oberen Stockwerk, in einem Hochhaus* ganz oben über der Erde seien Sie vor diesen Gefahren sicher, weil Sie ja so hoch hinauf gar nicht dringen könnten? Vorsicht: Gefährliche Strahlungen kommen nicht nur von unten, sondern genauso von oben aus dem Kosmos, und vor allem: Gerade die Stahlbetonbauweise sorgt eher für weitere Ausbreitung und Streuung dieser alles durchdringenden feinsten biologischen Reizstrahlungen, worüber heute ein unbezweifelbares Erfahrungsgut vorliegt. Deshalb sollten Sie übrigens auch *Stahlfedermatratzen* meiden, weil die in ihr enthaltenen Metallteile, der Federkern mit seinem Rahmen in der gleichen Weise wirken. Ein Bett nur aus Holz ist da noch immer die beste Sicherung.

Es bleibt also bei der Notwendigkeit, geopathisch belastete Stellen zu vermeiden. Seit Jahrzehnten lautet der einfachste und billigste Rat: *Schieben Sie Ihr Bett einfach ein Stück weg* an eine andere Stelle, und wenn es nur ein knapper Meter sein sollte. Vielleicht ist Ihnen schon damit geholfen!

Was aber, wenn das in einer engen Wohnung, im engen Schlafzimmer nicht möglich ist? Dann – so sagen nicht wenige »Fachleute« oder solche, die sich dafür ausgeben – müssen Sie Ihren *Schlafplatz »entstören«*, Sie müssen ihn gegen die gefährlichen Einwirkungen

»abschirmen«. Dazu ist leider von vornherein festzustellen: *Eine Ent-Störung, also die Beseitigung aller störenden Momente, ist gar nicht möglich.* Denn der störenden Momente sind gar zu viele. Die störenden Strahlungen sind zu verschiedenartig und die Beeinflussungen durch die sich ständig wandelnden kosmischen, erdgebundenen und Wetterbedingungen zu zahlreich und zu schwer erfaßbar. Ja viele Faktoren, die hier von Bedeutung sind oder sein können, sind noch nicht einmal bekannt, wie schon im Zusammenhang mit dem Curry-Netz betont werden mußte! Jede Entstörung muß schon deshalb sehr problematisch sein. Hinzu kommt, daß *jedes Entstörgerät seine eigene Gesetzlichkeit hat*, welche das unübersichtliche Zusammenspiel von Störungsreiz, Reiz des Entstörgeräts und menschlichem Organismus vollends unberechenbar macht. Und in der Tat sind sich die wirklichen Fachleute darin einig, daß es eine tatsächliche Entstörung oder Abschirmung gar nicht gibt, so zum Beispiel neben Dr. med. Ernst Hartmann und dem Physiker Reinhard Schneider auch Dr. med. Dieter Aschoff[63]. Sie würde die totale »Vernichtung«: Absorbierung, Ablenkung oder sonstige Unschädlichmachung aller dieser verschiedenartigen Faktoren mit dem Ergebnis eines harmonisch ungestörten Zustandes voraussetzen. Und das ist nicht möglich.

Diese Feststellung gilt für alle Ratschläge, die da gegeben werden: für die Benutzung von Blei, von Eisenblech, von Aluminium- oder Kupferfolien, von Kupferdraht unter der Matratze oder rund um das Bett, das Fundament oder das Dach, von mit besonderem Profil gepreßten Kupferscheiben, von Schwingkreisen verschiedenster Konstruktion, allen möglichen Spulen, von Radioaktivität angeblich schluckenden Decken, von der Kiste mit Kohlen im Keller oder Einmachgläsern und Flaschen gefüllt mit Packpapier unter dem Bett oder im Keller und ähnlichen Rezepten. *Jahrzehntelange kritische Erfahrung zeigt*:

- Sättigung, d. h. negative Aufladung von abwehrenden Metallfolien bzw. ihrer Oberfläche.
- Völlige Ausschaltung auch der positiven Strahlung, die unser Körper braucht.
- Wenn Abhilfe, dann nur kurz, höchstens einige Wochen.

- Der an die geopathische Störung gewöhnte Organismus stellt sich mit der Zeit auch auf die Auswirkungen des sogenannten Entstörungsmechanismus und den »Entstöreffekt« ein, der dadurch wieder von neuem, meist in veränderter Form, wirksam wird.
- Nachher in vielen Fällen schlimmerer Zustand als vorher.
- Je teurer das Angebot für solche Hilfen, um so kritischer sollten Sie sein. Denn neben sehr seriösen gibt es leider nicht wenige wenig seriöse »Rutengänger« und »Spezialisten« aller Art, denen es im wesentlichen nur auf Ihr Geld ankommt!

Was können Sie nun bei dieser Sachlage noch tun? Ich kann Ihnen guten Gewissens eine Methode empfehlen, die
- Sie so gut wie nichts kostet,
- seit Jahren von einem stets größer werdenden kritischen Kreis erfolgreich praktiziert wird,
- allerdings mit wiederkehrender kleiner Mühe verbunden ist. Es handelt sich um *die Neutralisierung der GPB durch Vitawasser.* Jetzt verstehen Sie auch, weshalb ich im letzten Kapitel so verhältnismäßig ausführlich über das Vitawasser, seine Aufbereitung und seinen großen Nutzen berichtet habe. In dieser Verwendung liegt sein weiterer und ganz besonderer Wert. Über das dort Gesagte hinaus hat energiereiches Wasser nämlich die Eigenschaft, negative Energie zu neutralisieren. So hat es übrigens auch Professor Walter Niesel nach mehrjähriger Forschung und systematischen Untersuchungsreihen formuliert[64], etwa zur gleichen Zeit, als mir nach vielen Versuchen mit anderen Methoden und nach viel Experimentieren mit Vitawasser diese Erkenntnis zuteil wurde. Auch nach jahrelanger Benutzung dieses Verfahrens haben sich die früheren gesundheitlichen Folgen der GPB nicht wieder eingestellt, und alle Kontrollinstrumente zeigen Störungsfreiheit an. Jedermann kann es sich mit geringer Mühe und praktisch kostenlos zunutzemachen.

Das Vorgehen dabei ist einfach und Ihnen zum guten Teil schon durch das letzte Kapitel vermittelt worden:

1. *Bereiten Sie sich in einem dafür geeigneten Gefäß etwa 3 Liter Vitawasser* in der Ihnen bereits bekannten Weise an einem Ort der Kraft oder einem gesunden Baum oder mittels eines Bergkristalls oder Rosenquarzes.

2. *Stellen Sie dieses Wasser unter Ihr Bett* (bei tiefliegendem Bett kann es auch in einer flachen Schüssel sein), und zwar möglichst genau in den Mittelpunkt der Störzone. Sie können, wenn Ihr Vitawasser voll mit Energie gesättigt ist, bei der Menge von 3 l mit etwa 1 m Durchmesser der Störungsneutralisierung rechnen, also etwa 50 – 60 cm Radius vom Mittelpunkt des Behälters aus. Der Pendel wird Ihnen auf Befragen den genauen Wert in Ihrem besonderen Fall sagen. Sollte Ihnen der Raum unterhalb des Bettes nicht zugänglich sein oder sollte Ihre Matratze direkt auf dem Boden liegen, dann können Sie sich möglicherweise dadurch helfen, daß sie den Vitawasserbehälter ganz knapp an den Rand der Matratze stellen. Das zum Beispiel dann, wenn Sie einen Reizstreifen direkt unter dem Kopf neutralisieren wollen. Denn Sie haben ja noch immer etwa ½ m Wirkung in das Bett hinein.

3. *Die einzige wiederkehrende kleine Mühe:* Sie müssen dieses Wasser, wenn es mit der aufgenommenen negativen Strahlung gesättigt ist, wegschütten (bitte nicht zum Blumengießen benutzen: Es würde den Blumen nicht bekommen!) und durch frisches Vitawasser ersetzen. Bei den gegebenen Werten unseres Beispiels muß das nach jeweils 2 Nächten, also für jede 3. Nacht geschehen, spätestens nach 3 Nächten, wobei in der 3. Nacht nur noch 80 % der Störungsstrahlung aufgenommen werden. Befragen Sie in Ihrem besonderen Fall auch zu diesem Punkt Ihren Pendel, er wird Ihnen bei klarer Fragestellung den für Sie gültigen Wert sagen. Legen Sie sich gleich 2 gleiche Behälter zu: Dann ist der eine jeweils unter oder an Ihrem Bett, während der andere mit Energie aufgeladen wird.

4. *Die tatsächlichen Neutralisierung der Störungsstrahlung* können Sie dann mit Rute (kein Ausschlag mehr), mit Pendel (Ein-

schwingung in die magnetische N-S-Richtung) und mit Energiesensor (entweder Stillstand oder senkrechtes Auf- und Abschwingen) feststellen.

Probieren Sie das Ganze aus, indem Sie einen Stuhl auf einen möglichst stark gestörten Platz (Kreuzungspunkt des GGN) stellen, geben Sie den Behälter mit aufbereitetem Vitawasser darunter, und prüfen Sie die Wirkung nach! So können Sie auch, wenn es nottut, den Sitzplatz an Ihrem Schreibtisch oder sonstigen Arbeitsplatz sauber bekommen.

Als letztes muß ich Sie jetzt noch auf die Möglichkeit hinweisen, daß *nach dem Wechsel von einem stark gestörten auf einen ungestörten Platz unangenehme Reaktionen auftreten können*, aber nicht müssen. Der an die Störung gewöhnte Organismus muß sich in manchen Fällen erst Schritt für Schritt von der gewohnten Belastung wieder freimachen. Das kann verbunden sein mit Unbehagen oder Unpäßlichkeit, mit Kopfschmerzen oder Schlafstörungen, gelegentlich auch mit unmotiviert auftretendem Herzklopfen – eine Art von Entzugserscheinung bei der Ablösung vom Einfluß der vielleicht jahrelangen GPB. Das ist nichts anderes als *die altbekannten Heilungsschmerzen* oder die Heilungskrise, wie sie immer wieder im Regenerationsprozeß von Kranken beobachtet werden. Sollten Sie etwas derartiges erleben, brauchen Sie sich in keiner Weise zu beunruhigen. In den meisten Fällen schwinden diese Erscheinungen bald wieder, oft schon nach wenigen Tagen. Nur ganz selten dauern sie länger als ein paar Wochen und das nur, wenn sich der Körper von einer ganz schweren Belastung befreien muß. Um so stärker lebt dann der ganze Organismus nach dieser Umstellung, nach dieser wahrhaften Befreiung aus einem langdauernden Joch zu neuer, zuvor nicht mehr gekannter Frische auf.

Sie sehen also: *Ganz hilflos sind wir den geopathischen Störfeldern doch nicht ausgesetzt*. Wir können sie erkennen, wir können ihnen ausweichen und wir können uns gegebenenfalls – sollte das nicht möglich sein – auch vor ihnen schützen. Eine Gefahr erkannt zu haben, heißt sie schon zur Hälfte bemeistern zu können. Es liegt nur an uns selber, daß wir dieser gefährlichen Belastung unseres Organismus Herr werden!

In diesem erstmals 1987 erschienen Buch hat der Verfasser den von ihm entwickelten Energiesensor der Öffentlichkeit vorgestellt. Inzwischen hat er einen eigenen Ratgeber dazu geschrieben: »Der Energiesensor – Lebensschädliche und nützliche Energieschwingungen erkennen und auswerten«, ECON Taschenbuch Verlag. Darin hat er das Gerät und seine vielfältigen Anwendungsmöglichkeiten wesentlich eingehender behandelt, als das in den knappen Kapiteln dieses Buches möglich war.

Schlußwort: Alles muß reifen können

»In der Stille liegt alle Kraft.«
Bernhard von Clairvaux

Am Ende dieses Buches kann ich es nicht unterlassen, nochmals einige gewichtige Warnungen auszusprechen. Ich tue es, um Sie vor unnötigen Rückschlägen, Enttäuschungen oder gar vor Schaden zu bewahren, damit Ihnen bei Ihren Bemühungen ein guter und laufender Fortschritt beschieden sei.

Haben Sie nicht zu früh überspannte Erwartungen auf in die Augen fallende, ungewöhnliche Pendelerfolge! Beginnen Sie mit einfachen Aufgaben, bevor Sie sich schwierigen zuwenden. Haben Sie Geduld: Langsam, Schritt für Schritt kommen Sie am besten voran. Auch der beste Pendler hat seine Zeit gebraucht und hat sich nur so zu seinem besonderen Können hinaufgearbeitet. Wenn die Zeit für Sie reif sein wird, werden Sie es spüren und sich dann auch heikleren Aufgaben stellen können.

Pendeln Sie nicht in die Zukunft! Weil die Verlockung dazu nicht gering ist, muß ich auch das nochmals wiederholen. Sicherlich aus gutem Grund ist sie uns Menschen verschlossen. Der Pendel wurde bei diesem Versuch auch Sie nur an der Nase herumführen, zur Warnung und Abschreckung vor weiteren Versuchen.

Werden Sie nicht in falscher Weise abhängig vom Pendel! Dieser Gefahr können Sie leicht zum Opfer fallen, wenn Sie hoffentlich recht bald vom großen Wert des Pendelns für Ihr Leben überzeugt sein werden. Die Selbständigkeit des Menschen, seine Eigenverantwortlichkeit für sein Tun und Lassen würden sonst am Ende verloren. Ob wir jetzt in die Stadt fahren oder besser einen Spaziergang machen, ob wir das eine oder besser das andere Essen zu uns nehmen sollen – dazu brauchen wir gewiß den Pendel nicht zu Hilfe zu rufen. Er kann uns in den Problemen zur Seite stehen, wo wir bei all unserem täglichen Denken und Mühen mehr oder minder hilflos sind. Da kann uns seine geheimnisvoll anmutende Fähigkeit zuweilen unglaublich helfen. Uns jedoch in den alltäglichen kleinen lebenspraktischen Entscheidungen an ihn zu binden, wäre in dieser selbst auferlegten sklavischen Abhängigkeit geradezu menschenunwürdig und das Letzte, was ich mit den Ausführungen dieses Buches bezwecken wollte.

Werden Sie auch nicht abhängig von den noch so bewährten Pendeltafeln dieses Buches! So sehr sie Ihnen besonders am Anfang helfen, so wenig müssen Sie sie ständig mit sich herumtragen. Die für Sie nötigen Tafeln prägen sich Ihrem visuellen Gedächtnis bald so ein, daß Sie sie im Fall des Falles jederzeit und an jedem Ort vor Ihrem geistigen Auge sehen. Das genügt. Dann können Sie Ihren Pendel darauf befragen. Im übrigen können Sie jederzeit eine gerade nötige Übersicht rasch mit einigen wenigen Strichen zu Papier bringen.

Und lassen Sie sich nicht überreden, anderen etwas vorzupendeln! Lassen Sie sich auf keinerlei praktischen Versuch ein, anderen zu zeigen, ob und was Sie können: Es bringt nichts ein. Aus welchem Grund sollten Sie sich auch überprüfen oder »testen« lassen? Der Störungsquellen gibt es schon genug: Weshalb sich von schwatzenden Neugierigen umringen lassen, ihre zweifelhaften Gesprächsfetzen aufpicken und seine innere Sammlung darüber in Frage stellen oder verlieren? Wie viele aus bloßer Neugier oder seichter Sensationslust geborene Schwingungen sind da im Raum, die die Kraft des Pendlers nur schwächen können, wenn nicht gar bewußt negative Gedankenströmungen auf ihn einwirken! Meiden Sie also jede Öffentlichkeit und arbeiten Sie allein für sich in der Abgeschiedenheit der Stille.

Und vergessen Sie nie: Jeder Gedanke ist eine Kraft. Und jedes Tun setzt die Ursache für Wirkungen. Unsere geistige Pflicht ist es, anderen Menschen in ihren Leiden und Nöten zu helfen. Das ist das Schönste, was wir tun können, auch und gerade dann, wenn es uns zuweilen schwerfallen mag. Tun wir es im Verborgenen, ganz im Stillen und nicht einer Anerkennung oder eines Lobes willen. Es wird zurückwirken auf unser eigenes Inneres und es stärken für weitere Entwicklung zu einem erfüllten, reifen Menschentum. Um so dankbarer können wir den unsichtbaren Kräften sein, die uns mit der Weisheit unseres Pendels dabei helfen.

Der Verfasser dieses Buches gibt gelegentlich – soweit es seine Zeit erlaubt – Pendelkurse im Sinn dieses Buches. Genaueres ist zu erfragen bei Dr. Anton Stangl, 64757 Rothenberg/Odenwald.

Zum Schluß die ganz herzliche Bitte: Der Verfasser kann nicht für Sie pendeln, und er kann Ihre Pendelprobleme nicht lösen. Denn kein Mensch kann für einen anderen Erfahrungen machen. Das können nur Sie selbst tun. Er kann auch nicht verantwortlich sein für das, was Sie als Leser dieses Buches von sich aus bei Ihren eigenen Pendelbemühungen aus seinem Inhalt machen.
Alles für Sie Wesentliche steht in diesem und den anderen Büchern des Verfassers bzw. seiner Frau. Verzichten Sie daher bitte auf weitere Anfragen oder Ersuchen um zusätzliche Auskünfte oder gar um Nachpendelung Ihrer Ergebnisse. Wegen Überlastung mit anderen Arbeiten am Menschen ist das außerhalb der von ihm abgehaltenen Seminare leider nicht möglich. Haben Sie dafür bitte Verständnis!

Anmerkungen

1) So auch vom Verfasser in seinen Büchern »Heilen aus geistiger Kraft«, »Hoffnung auf Heilung« und »Die vergessene Welt der Gefühle« (s. Lit.-Verz.)
2) Siehe die ersten beiden der in Anm. 1 genannten Bücher.
3) Wer sich für weitere Folgerungen aus den hier aufgeführten Grundzusammenhängen der menschlichen Natur interessiert, dem sei das zuletzt erschienene Buch des Verfassers »Die vergessene Welt der Gefühle – Der Feind im Kopf« zur Lektüre empfohlen. Er wird viele wertvolle Erkenntnisse für Erziehung, Ehe, Menschenbehandlung und -führung im weitesten Sinn daraus gewinnen können.
4) Siehe das Buch von Werner Gross »Was erlebt ein Kind im Mutterleib?« Herder Verlag Freiburg 1983.
5) Laut FAZ vom 22. 6. 1983.
6) Laut RGS Nr. 126: Zeitschrift der Schweizerischen Gesellschaft für Radiästhesie, Geopathie und Strahlenbiologie, St. Gallen (abgedruckt im Buch von Georg Kirchner, s. Lit.-Verz.).
7) Siehe Dr. Alfred Bierach (Lit.-Verz.).
8) Laut »Der Spiegel« Nr. 49/1974.
9) Genaueres finden Sie in den beiden erstgenannten Büchern der Anm. 1 und im Lit.-Verz.
10) Siehe das in der Anm. 1 erstgenannte Buch.
11) Siehe Lit.-Verz.
12) Diese Gedanken finden Sie in zum Teil gründlicher Weise dargelegt (die sich bei der Aufgabe des vorliegenden Buches hier verbietet) in dem Buch des Verfassers siehe Anm. 3.
13) Wer sich mit dieser geradezu faszinierenden Persönlichkeit genauer befassen möchte, der lese und erarbeite sich das Buch der amerikanischen Psychologin Gina Cerminara (siehe Lit.-Verz.). Es bringt recht

übersichtlich die sorgfältige Auswertung der verwirrenden Fülle seiner Kundgebungen so ungefähr für alle Bereiche unseres Lebens. Sie wurden ihm in den Tausenden seiner kritisch überprüften Gesundheits- und Lebenssitzungen eingegeben.

14) Siehe Anm. 3 sowie im Buch »Lebenskraft« (Titel der 1. Auflage »Das Entspannungsprogramm«) vor allem im 2. Buchteil.

15) Siehe die entsprechenden Rubriken im Lit.-Verz. Speziell über das Sterben wurden in der Zeitschrift Esotera Nr. 1/1986 drei Aufsätze veröffentlicht, die einen guten Überblick über die gesamte Problematik geben.

16) Siehe das Buch »Lebenskraft«, besonders im ersten Buchteil, wo dieser für unseren Organismus und unsere Gesundheit fundamentale Zusammenhang behandelt ist.

17) Genaueres über diesen eben beschriebenen, fundamental wichtigen Zusammenhang und über Zen überhaupt können Sie dem in Anm. 16 aufgeführten Buch, 4. Teil, entnehmen.

18) In Anlehnung an das Buch von Mlaker S. 125 und von Jakob S. 24 (Lit.-Verz.), erweitert durch einige mir wesentlich erscheinende Punkte.

19) Wer das bezweifelt, der lese z. B. das Buch des amerikanischen Arztes Carl Wickland »Dreißig Jahre unter den Toten« (Lit.-Verz.), wo anhand einer ganzen Reihe von Fällen in minutiöser Genauigkeit beschrieben wird, wie er schizophrene Menschen mittels seiner medial begabten Frau durch Überzeugung solcher Geister heilte, daß sie in dem von ihnen »besessenen« Menschen nichts zu suchen hätten und in ihre jetzt für sie zuständige geistige Welt weitergehen sollten.

20) In seinem Buch »Geistiges Pendeln« S. 66 (siehe Lit.-Verz.).

21) Siehe im Buch »Hoffnung auf Heilung« S. 39 – 48 bzw. 54.

22) Genaueres dazu finden Sie im Buch Anm. 3, besonders in dem Kapitel 12 »Was Hemmungen sind, und wie man sie überwinden kann«.

23) Die zentrale Bedeutung der Gefühle für den Menschen ist im Buch Anm. 3 herausgearbeitet, wo die unselig einseitige Überschätzung des Verstandes mit ihren verheerenden Folgen deutlich wird.

24) In »Die Grundlagen der Charakterkunde«, Kap. VII.

25) Genaueres zu diesen so wichtigen Fragen, die im täglichen Leben sehr oft nicht auseinandergehalten werden, was zu großen Schwierigkeiten führen kann: siehe Buch Anm. 3.

26) Bei Erstellung der Schemata zum 8. und 9. Kapitel hielt ich mich an die Anregungen bei Mlaker, siehe Lit.-Verz.

27) Marie-Luise Stangl »Die Welt der Chakren«, einleitendes Kapitel.

28) In »Die Grundlagen der Charakterkunde«, im Kap. IX.

29) In dem Buch »Die Sprache des Körpers«, S. 127 ff.

30) Wilhelm Müller »Mensch und Handschrift«, Berlin 1941, später überarbeitet von Wilhelm Müller/Alice Enskat mit dem Titel »Graphologische Diagnostik« Bern, Stuttgart, Wien 2. Aufl. 1973

31) Siehe »Lebenskraft«, Seite 196, als wesentliche Hilfe für uns westliche Menschen in der Zen-Meditation.
32) Siehe »Lebenskraft«, Seite 67/68, bzw. noch genauer ausgeführt in »Hoffnung auf Heilung«, Seite 126ff.
33) Im ersten Teil des Buches »Lebenskraft«, mit Ergänzungen in »Die Sprache des Körpers« (vor allem hinsichtlich ihrer äußeren Erkennbarkeit in Gestik, Mimik, Gehen, Sprache usw.) und in »Hoffnung auf Heilung« (bezüglich der lebenswichtigen Auswirkungen auf Gesundheit und Krankheit).
34) Siehe im Buch »Hoffnung auf Heilung«, besonders Seite 38ff.
35) Siehe Lit.-Verz.
36) Siehe die schon erwähnten anderen Bücher des Verfassers und seiner Frau Marie-Luise Stangl.
37) In den schon mehrfach erwähnten Büchern »Die vergessene Welt der Gefühle« und »Hoffnung auf Heilung« finden Sie wesentliche Ausführungen dazu.
38) Siehe den ersten Teil des Buches »Lebenskraft«.
39) Siehe »Hoffnung auf Heilung«, 1. Teil, Übersicht Seite 34.
40) Siehe »Die vergessene Welt der Gefühle«, 10. Kap.
41) Gemäß Brockhaus 19. Bd. 1974 und Tutsch »Taschenlexikon der Medizin«, siehe Lit.-Verz.
42) Gemäß Brockhaus 17. Bd. 1973, siehe Lit.-Verz.
43) Gemäß »Der neue Weg zur Gesundheit« (siehe Lit.-Verz.), Seite 769ff. Hier sind in knapper Form auch die wichtigen Details für die richtige Einnahme aufgeführt, über die jeder gute Apotheker ebenso Auskunft geben kann.
44) In seinem »Das medizinische Pendelbuch«, Seite 20.
45) Entnommen dem Buch von M.-L. Stangl »Die Welt der Chakren«, Seite 24 – 26, wo der Wirkungsbereich der einzelnen Drüsen noch genauer umrissen ist.
46) An den im unmittelbar folgenden Text angegebenen Stellen bzw. zur Arzneiüberprüfung auf Seite 23 seines Buches.
47) Das geradezu faszinierende Buch der beiden amerikanischen EEG-Forscher Tompkins und Bird »Das geheime Leben der Pflanzen« (siehe Lit.-Verz.) wird Ihr Verständnis dafür von Grund auf wecken können.
48) Dazu empfehlen sich wohl am meisten die folgenden Bücher: »Blumen, die unsere Seele heilen« von Edward Bach und »Die Bach-Blütentherapie – Theorie und Praxis« von Mechtild Scheffer, der Repräsentantin des Dr. E. Bach-Centers in Deutschland sowie deren später erschienenes Buch »Erfahrungen mit der Bach-Blütentherapie« mit einem ausführlichen Fragebogen, der das Auffinden des bzw. der bestgeeigneten Mittel beträchtlich erleichtert (siehe Lit.-Verz.) – Über das Bach-Center in Hamburg kann jede deutsche Apotheke diese Bach-Blütenkonzentrate bestellen und bei entsprechender Vor-

ratshaltung auch die Bach-Blüten-Tropfen herstellen. Sie können sich auch direkt wenden an Apotheker Gerhard Dieterich, Allee-Apotheke, Allee 16, 74072 Heilbronn, Tel. 0 71 31/8 35 44, der sie sorgfältig berät und beliefert. Er kann Ihnen auch in Zusammenarbeit mit uns entwickelte Salben anbieten, die über den Körper zugleich auf die Seele einwirken.

49) Entnommen aus »Das große Ravensburger Buch für Hobbymaler« von Ursula Kaiser (siehe Lit.-Verz.).

50) Genaueres siehe »Hoffnung auf Heilung«, Seite 48.

51) »Erdstrahlen als Krankheits- und Krebserreger« bzw. Erfahrungen einer Rutengängerin – Geobiologische Einflüsse auf den Menschen«, siehe Lit.-Verz.

52) Siehe Anm. 3.

53) Zum Beispiel in der Zeitschrift »Implosion« Heft 99, Sept. 1985 (Bezug: Schanzenweg 86, 5600 Wuppertal 1).

54) So hat Dr. phil. nat. Aloys Bernatzky in der FAZ v. 12.6.86 eine Reihe solcher Untersuchungsergebnisse aufgewiesen.

55) Laut Prof. Waltraud Wagner »Reizende Erde: Elektromagnetische Felder in unserer Umwelt und ihre Wirkung auf den Menschen »Seite 31, Verlag Freies Geistesleben Stuttgart.

56) Laut P.-G. Rademacher und A. Bachmann in der Zeitschrift »Raum und Zeit« Heft 22, Juni 86, Seite 27 »Der biophysikalische Nachweis von Störfeldern«.

57) Solche Kurse werden abgehalten z.B. von Reinhard Schneider, Ing. Büro, Postfach 314, 97877 Wertheim/Main oder Dr. Ernst Hartmann, Adolf-Knecht-Str. 25, 69412 Eberbach/Neckar.

58) Zum Beispiel Saarbrücken, Innsbruck. So promovierte der Ing. und Radiästhesist Jörg Purner, Lehrbeauftragter an der Universität Innsbruck, mit dem Thema »Radiästhetische Untersuchungen an Kirchen und Kultstätten« (laut Esotera Nr. 3/1986).

59) Genauere Hinweise an Hand präzise aufgeführter Beispiele aus England finden Sie im letzten Teil des Buches von Tom Graves »Pendel und Wünschelrute« (siehe Lit.-Verz.).

60) Genaueres zu diesem außerordentlich wichtigen Problem ist im Buch »Hoffnung auf Heilung« ausgeführt, siehe dessen Inhaltsverzeichnis.

61) Wie das im Buch »Lebenskraft« von der Wurzel her dargestellt ist.

62) Genaueres im Buch »Heilen aus geistiger Kraft«.

63) Dieser in seinem Aufsatz »Physikalische Phänomene und ihre biologischen Wirkungen über geopathogenen Störzonen« in der Zeitschrift wie Anm. 56, Seite 32.

64) In seinem Physiologischen Institut an der Ruhr-Universität Bochum, berichtet in der Schrift »Psychoenergetik Teil I: Das Testen und Ausgleichen der eigenen Energiesysteme« von Bärbel Pegels, Rolf Tu-

Literaturverzeichnis

Der besseren Übersicht halber ist das Literaturverzeichnis nach Wissensgebieten aufgegliedert, soweit das möglich ist. Der besonders interessierte Leser findet noch reichhaltigere Literaturangaben zu den speziellen Themen der verschiedenen Bücher des Verfassers und seiner Frau direkt in diesen, vor allem im Buch »Lebenskraft«, wo über 300 einschlägige Titel aufgeführt sind.

Zum geistigen Hintergrund dieses Buches

Andreas, Peter und Kilian, Caspar: Die Phantastische Wissenschaft, Düsseldorf 1973

Aronson, Elliot, Pines, Ayala M. und Kafry, Ditsa: Ausgebrannt. Vom Überfluß zur Selbstentfaltung. Stuttgart 1983

Bierach, Dr. Alfred: Bioelektrizität. Die geheimnisvollen Kräfte in unserem Körper. München 1984

Boros, Ladislaus: Phasen des Lebens. Wie der Mensch sein Dasein erfüllt, München 1971

Gross, Werner: Was erlebt ein Kind im Mutterleib? Freiburg 1983

Hills, Christopher: Supersensonics. The Science of Radiational Paraphysics, Boulder Creek, Cal. 2. Aufl. 1978

Knapp, Dieter: Gesundheit – Erkenntnis des Lebens. Aktuelle Informationen aus der Bio-Physik, Heidelberg 2. Aufl. 1986

Pegels, Bärbel, Tuczynski, Rolf und Niesel, Walter: Psychoenergetik Teil I: Das Testen und Ausgleichen der eigenen Energiesysteme, Bochum 5. Aufl. 1986

Stangl, Anton und Marie-Luise: Lebenskraft. Selbstverwirklichung durch Eutonie und Zen, Düsseldorf 2. Aufl. 1986

–: Hoffnung auf Heilung. Seelisches Gleichgewicht bei schwerer Krankheit, Düsseldorf 2. Aufl. 1986

Stangl, Anton: Die vergessene Welt der Gefühle. Der Feind im Kopf, Düsseldorf 1986

Stangl, Marie-Luise: Jede Minute sinnvoll leben. Vertrauen zu sich selbst gewinnen. Düsseldorf 4. Aufl. 1986

Stark, Walter: Marah. Die Bibel weist modernster Wissenschaft den Weg. Genf 1975

Spiesberger, Karl: Die Aura des Menschen. Freiburg 1973

Tompkins, Peter und Bird, Christopher: Das geheime Leben der Pflanzen, Bern 1973

Wagner, Waltraud: Reizende Erde: Elektromagnetische Felder in unserer Umwelt und ihre Wirkung auf den Menschen. Stuttgart o. J.

Weinreb, Friedrich: Vom Sinn des Erkrankens. Gesundsein und Krankwerden. Bern 1979

Radiästhesie

Bachler, Käthe: Erfahrungen einer Rutengängerin. Geobiologische Einflüsse auf den Menschen. Linz-Wien-Passau 5. Aufl.

Graves, Tom: Pendel und Wünschelrute: Radiästhesie. Theorie und praktische Anwendung. München 3. Aufl. 1984

Hartmann, Ernst: Krankheit als Standortproblem. Heidelberg

Hoch, Ernst: Strahlenfühligkeit – Umgang mit Rute und Pendel, Linz-Wien-Passau 2. Aufl. 1983

Jakob, Dr. med. Georg: Das Medizinische Pendelbuch. Bietigheim 1973

Jürgens, Heinrich: Die Wünschelrute und ihr Gebrauch. Freiburg 7. Aufl. 1983

Juriaanse, D.: Das praktische Pendelbuch. München 1985

Kirchner, Georg: Pendel und Wünschelrute. Handbuch der modernen Radiästhesie. Genf 5. Aufl. 1981
Mlaker, Rudolf: Geistiges Pendeln. Forschungsergebnisse. Berlin 3. Aufl. 1973
Oberbach, Dr. Josef: Feuer des Lebens. Grünwald 1980
von Pohl, Gustav Freiherr: Erdstrahlen als Krankheits- und Krebserreger. Feucht 1978
Schneider, Reinhard: Leitfaden und Lehrkurs der Ruten- und Pendelkunst. Einführung in die Radiästhesie. Wertheim 1980
Spiesberger, Karl: Der erfolgreiche Pendelpraktiker. Freiburg 8. Aufl. 1978

Psychologie

Bastine, Reiner, Fiedler, Peter A., Grawe, Klaus, Schmidtchen, Stefan, Sommer, Gert: Grundbegriffe der Psychotherapie. Weinheim–Deerfield Beach, Florida–Basel 1982
Benesch, Hellmuth: Wörterbuch zur Klinischen Psychologie, Band 1: Abnormalität – Komplexe Psychologie. München 1981
Drever, James und Fröhlich, Werner D.: Wörterbuch zur Psychologie. München 1968
Hofstätter, Peter R.: Psychologie. Frankfurt 18. Aufl. 1972
Klages, Ludwig: Die Grundlagen der Charakterkunde. Leipzig 7. und 8. Aufl. 1936
– : Vom Wesen des Rhythmus. Zürich 1944
Müller, Wilhelm und Enskat, Alice: Graphologische Diagnostik. Bern–Stuttgart–Wien 2. Aufl. 1973
Riemann, Fritz: Grundformen der Angst. Eine tiefenpsychologische Studie. München 1961
Rogers, Carl R.: Der neue Mensch, Stuttgart o. J.
– : Entwicklung der Persönlichkeit. Stuttgart 1973
Stangl, Anton: Die Sprache des Körpers. Menschenkenntnis für Alltag und Beruf. Düsseldorf–Wien 2. Aufl. 1981
– : siehe den 1. Teil dieses Lit. Verz.
von Weizsäcker, Victor: Körpergeschehen und Neurose. Stuttg. 1947

– : Klinische Vorstellungen. Stuttgart 1943
Wickland, Dr. med. Carl: Dreißig Jahre unter den Toten. Remagen 6. Aufl. 1957

Gesundheit

Beck, Dieter: Krankheit als Selbstheilung. Wie körperliche Krankheiten ein Versuch zu seelischer Heilung sein können. Frankfurt/Main 1981
Cousins, Norman: Der Arzt in uns selbst. Anatomie einer Krankheit aus der Sicht des Betroffenen, die Geschichte einer erstaunlichen Heilung gegen alle düsteren Prognosen. Reinbek 1981
Dethlefsen, Thorwald und Dahlke, Rüdiger: Krankheit als Weg. Deutung und Be-deutung der Krankheitsbilder. München 1983
Groddeck, Georg: Krankheit als Symbol. Schriften zur Psychosomatik. Frankfurt/Main 1983
Hoffmann-LaRoche AG und Urban und Schwarzenberg (Hrsg.): Roche Lexikon Medizin. München–Wien–Baltimore o. J.
Kurtz, Ron und Prestera, Hector: Botschaften des Körpers. Bodyreading: ein illustrierter Leitfaden. München 1979
Meyer, Dr. med. Wilhelm: Der neue Weg zur Gesundheit. Ein medizinisches Hausbuch für jedermann. Gütersloh 1969
Reger, Karl Heinz und Reger-Nowy, Dr. med. Sibylle: Taschenlexikon der Medizin. München 1983
Selye, Hans: Streß beherrscht unser Leben. Düsseldorf 1957
Simonton, O. Carl, Matthews-Simonton, Stephanie und Creighton, James: Wieder gesund werden. Eine Anleitung zur Aktivierung der Selbstheilungskräfte für Krebspatienten und ihre Angehörigen. Reinbek 1982
Stangl, Marie-Luise und Anton: Hoffnung auf Heilung. Siehe unter den 1. Teil dieses Lit. Verz.
Tutsch, Dagobert: Taschenlexikon der Medizin. München–Berlin–Wien 2. Aufl. 1974

Im besonderen: Geistiges Heilen

Burke, Abbot George: Magnetic Therapy, Healing In Your Hands. Oklahoma City 1980
Edwards, Harry: Geistheilung. Freiburg 1975
– : Praxis der Geistheilung. Freiburg o. J.
John (Günther E. Schwarz): Geistige Selbstheilung. Krün 1974
Murphy, Josef: Die Macht Ihres Unterbewußtseins. Genf 1975
Schmidt, K. O.: So heilt der Geist. Engelberg 1978
Stangl, Anton: Heilen aus geistiger Kraft. Düsseldorf 3. Aufl. 1986
Taniguchi, Masaharu: Die geistige Heilkraft in uns. Freiburg 1976
– : Leben aus dem Geiste. Freiburg 1976

Sonstige spezielle medizinische Gebiete

a) *Bach-Blütentherapie*:
Bach, Edward: Blumen, die unsere Seele heilen. Die wahre Ursache von Krankheit, Diagnose und Therapie. München o. J.
Scheffer, Mechthild: Die Bach-Blütentherapie. Theorie und Praxis. München 1981.
– : Erfahrungen mit der Bach-Blütentherapie. München 1985
b) *Fußreflextherapie*:
Marquardt, Hanne: Reflexzonenarbeit am Fuß. Heidelberg 1975
c) *Kartoffeldiät*:
Kusztrich, Imre: Kartoffeldiät. Die ideale Schlankheitskur. München 1980
d) *Kuhnesches Reibesitzbad*:
Backhaus, Anita: Heilen ohne Pillen und Spritzen. Freiburg 5. Aufl. 1973
e) *Liegen auf schiefem Brett*:
Rofidal, Jean: Do-in. Asiatische Selbstmassage zur vollständigen Regeneration von Körper und Geist. Freiburg 1980

Chakren

Johari, Harish: Das große Chakra-Buch. Freiburg o. J.
Johnston, Brenda: New Age Healing. Havant, Hants England 1983
Leadbeater, C. W.: Die Chakras. Eine Monographie über die Kraftzentren im menschlichen Ätherkörper. Freiburg 1965
Stangl, Marie-Luise: Die Welt der Chakren. Praktische Übungen zur Seins-Erfahrung. Düsseldorf 4. Aufl. 1986

Edelsteine

Hertzka, Dr. Gottfried und Strehlow, Dr. Wighard: Die Edelsteinmedizin der heiligen Hildegard. Freiburg 1985
Palmer, Magda: Die verborgene Kraft der Kristalle und der Edelsteine. München 1989
Schumann, Walter: Steine und Mineralien. Mineralien und Edelsteine, Gesteine, Erze. Über 300 Farbfotos. München 1982
–: Mineralien aus aller Welt. Mit Schnellbestimmungssystem. München 1990
Uyldert, Mellie: Verborgene Kräfte der Edelsteine. München 2. Aufl. 1985

Farbtherapie

Eberhard, L.: Heilkräfte der Farben. Engelberg-München 3. Aufl. 1974
Kaiser, Ursula: Das große Ravensburger Buch für Hobbymaler. Zeichnen, Malen, Erkennen, und ein Lexikon für Material, Technik und Fachbegriffe. Ravensburg 2. Aufl. 1973
von Langsdorff, Dr. med. Georg: Die Licht- und Farbengesetze und deren therapeutische Anwendung. Niedernhausen 1977
Riedel, Ingrid: Farben. In Religion, Gesellschaft, Kunst und Psychotherapie. Stuttgart 2. Aufl. 1983
Schiegl, Heinz: Colortherapie Heilung durch Farbenkraft. Wirksame Selbstbehandlung bei vielen Beschwerden. Freiburg 1979

Karma und Wiedergeburt

Bock, Emil: Wiederholte Erdenleben. Die Wiederverkörperungsidee der deutschen Geistesgeschichte. Frankfurt/Main 1981

Cerminara, Gina: Erregende Zeugnisse von Karma und Wiedergeburt. Freiburg 1978

Challoner, K. H.: Das Rad der Wiedergeburt. Ein Bericht über frühere Inkarnationen. München 1976

Humphreys, Christmas: Karma und Wiedergeburt. München 1974

Pryse, James Morgan: Reinkarnation im Neuen Testament. Interlaken 1981

Stevenson, Jan: Reinkarnation. Der Mensch im Wandel von Tod und Wiedergeburt. Freiburg 1977

Magnete

Holzapfel, Dr. Evelyne, Crépon, Pierre, Philippe, Claude: Magnettherapie. Eine neue Behandlungsmethode vereint die heilenden Kräfte von Magnetismus und Akupunktur. Freiburg 1982

Stark, Dr. Walter O.: Magnetismus in der Therapie. Magliaso 1980

Metalle

Huibers, Jaap: Gesund sein mit Metallen. Alternativ heilen – neue Mittel und Wege. Freiburg 1979

Pelikan, Wilhelm: Sieben Metalle. Vom Wirken des Metallwesens in Kosmos, Erde und Mensch. Dornach 4. Aufl. 1981

Sterben, Tod, Nachtod

Delacour, Jean-Baptiste: Aus dem Jenseits zurück. Berichte von Totgeglaubten. Düsseldorf 1973
Hampe, Johann Christoph: Sterben ist doch ganz anders. Stuttgart 1977
Jacobson, Nils-Olof: Leben nach dem Tod? Über Parapsychologie und Mystik. Düsseldorf o. J.
Kübler-Ross, Elisabeth: Interviews mit Sterbenden. Stuttgart 1977
– : Verstehen, was Sterbende sagen wollen. Einführung in ihre symbolische Sprache. Stuttgart 1981
Moody, Raymond A.: Leben nach dem Tod. Reinbek 1977
Steinpach, Dr. Richard: Wieso wir nach dem Tode leben und welchen Sinn das Leben hat. Stuttgart 6. Aufl. 1984
Wiesenhütter, Eckart: Blick nach drüben. Bielefeld 1974

Traum

Alt, Franz: C. G. Jung/Von Traum und Selbsterkenntnis. Einsichten und Weisheiten. Olten und Freiburg 1986
Doucet, Friedrich W.: Traum und Traumdeutung. Träume, nach den neuesten psychologischen Erkenntnissen gedeutet und erklärt. München 10. Aufl. 1982
von Franz, Marie-Louise: Traum und Tod. Was uns die Träume Sterbender sagen. München 1984
Garfield, Patricia: Kreativ träumen. Schwarzenburg 1980
Holzer, Hans: Träume und ihre Botschaft, München o. J.
Sechrist, Elsie: Cayce Traumbuch. Praktische Anleitung zur Trauminterpretation. München 1983

33 bewährte Pendeltafeln

Fehlerquellen ①

100 %-Skala ②

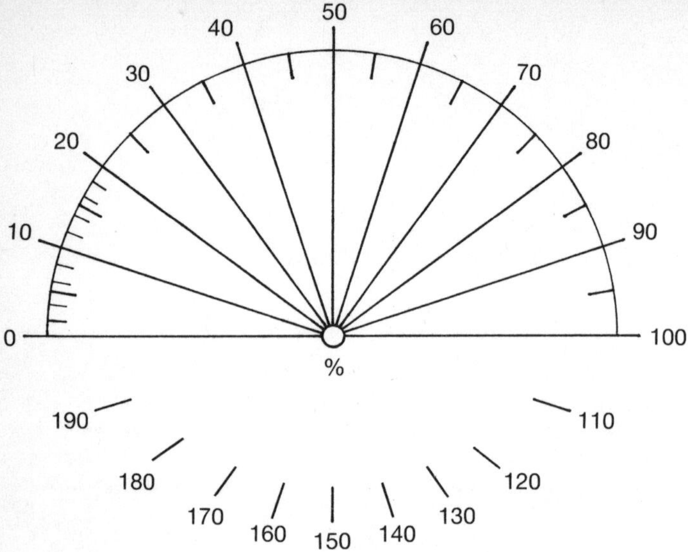

A-B-Schema ③

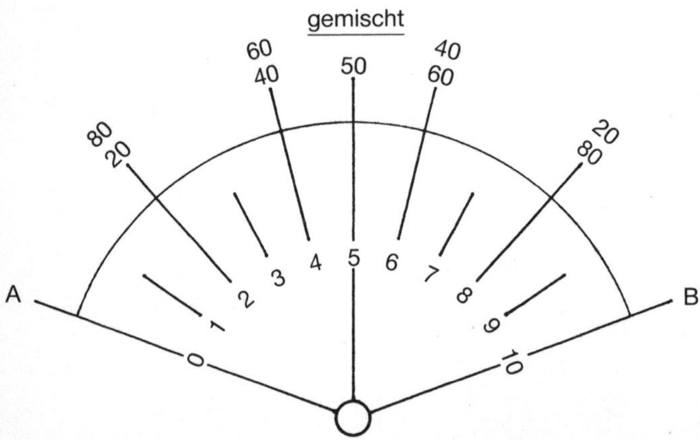

4 prinzipielle Menschentypen ④

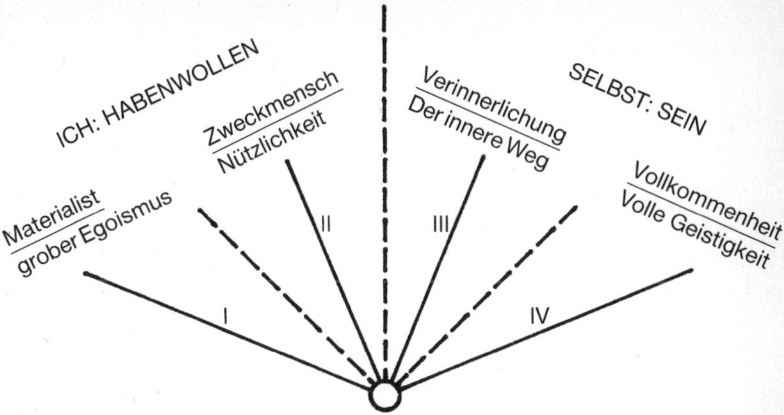

Seelisch-geistige Entwicklungsstufen ⑤

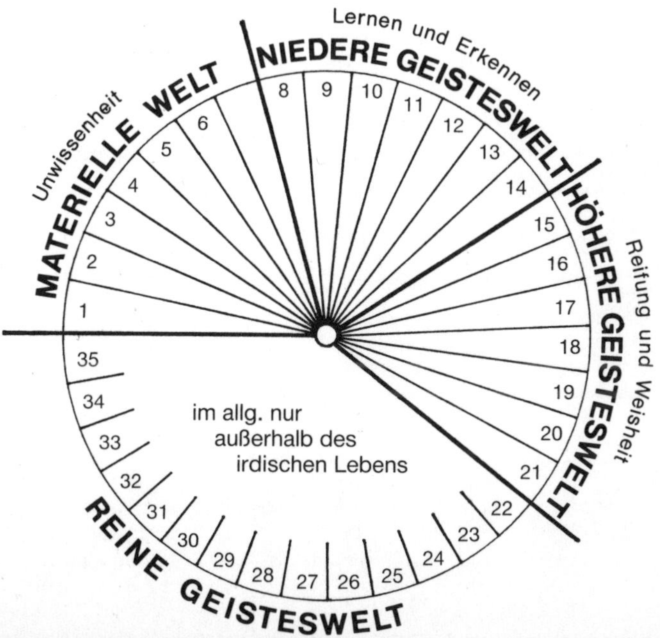

Die Chakren oder Energiezentren ⑥

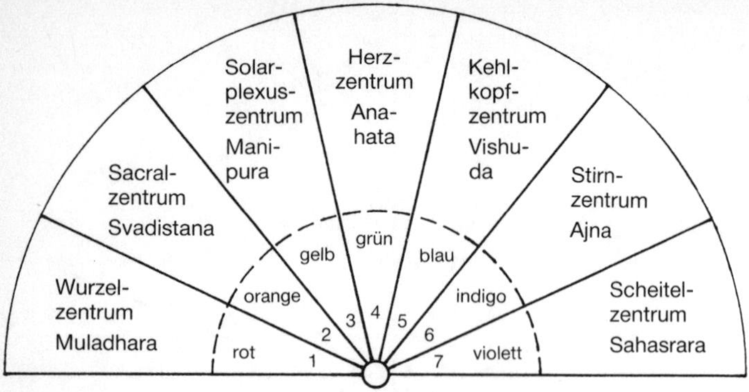

Die Kerneigenschaften des Menschen ⑦

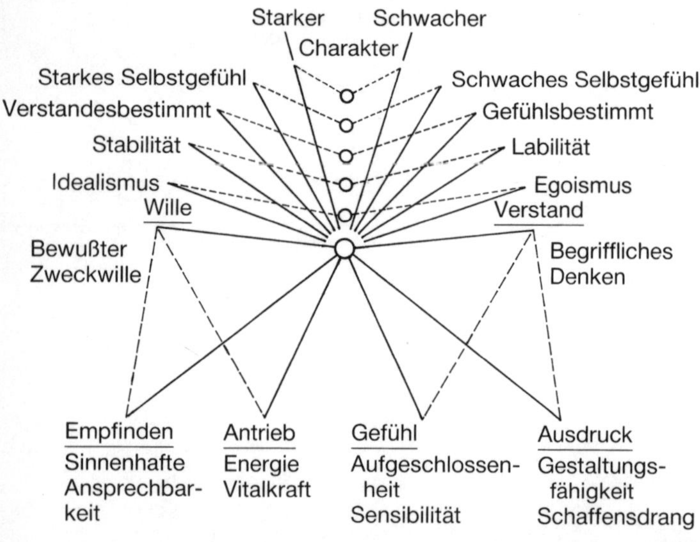

Auswertung von Träumen (u. Visionen) ⑧

1) Wie zu verstehen?

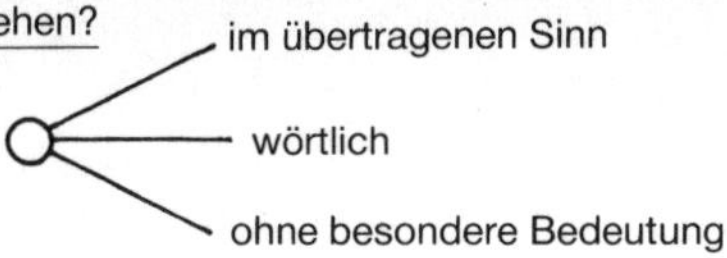

2) Welche Bedeutung?

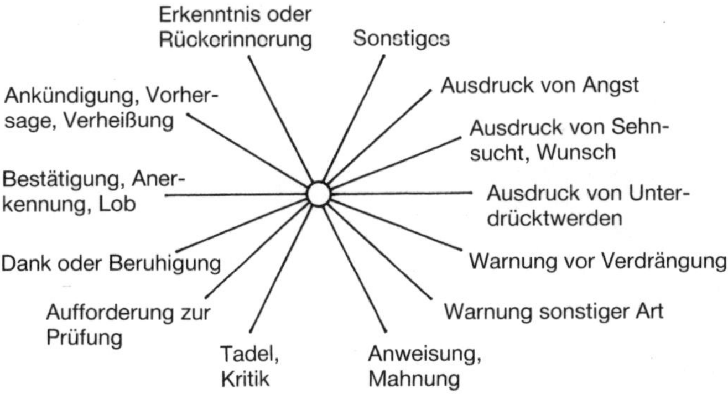

Kennworte für Meditation und Selbstbeeinflussung ⑨

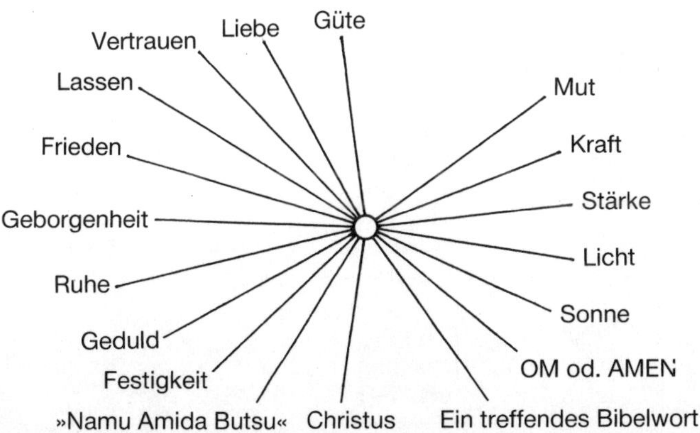

Schema: Das rechte Maß ⑩

YANG	%	YIN
Spannung bis Überspannung der Kraft		Lösung bis Auflösung der Kraft

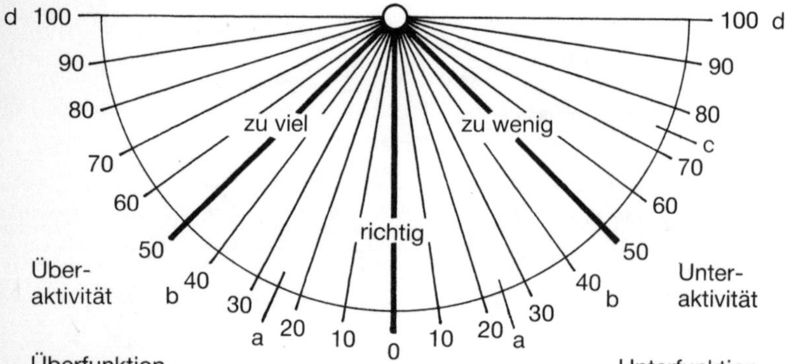

Überfunktion		Unterfunktion
Funktions-beschleunigung	SATTWA HARA	Funktions-hemmung
+		–
bewegt	Spannungs-ausgleich	beruhigt
regt an	Gleichgewicht	bremst
kräftigt	Harmonie	schwächt, löst
gibt Spannung	Höchste Verfügbarkeit aller Kräfte	gibt Ruhe
führt Energie zu	bei innerer RUHE	baut Energie ab
[sauer pH-Wert 0–6]	[normal neutral pH-Wert 7]	[basisch pH-Wert 8–14]
	a–d: zu I K	

Wo ist die organische Störung? ⑪

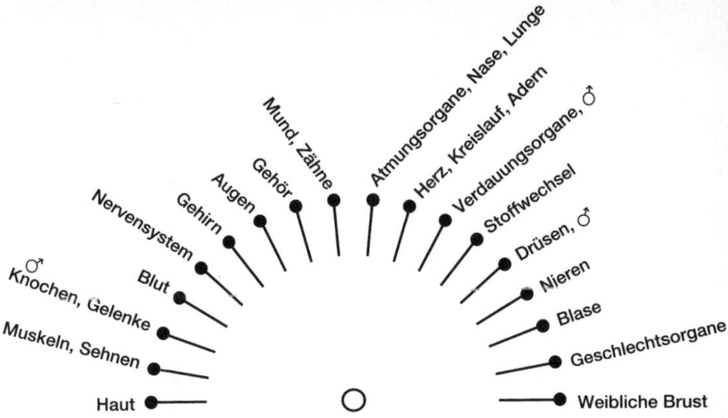

Art der organischen Störung ⑫

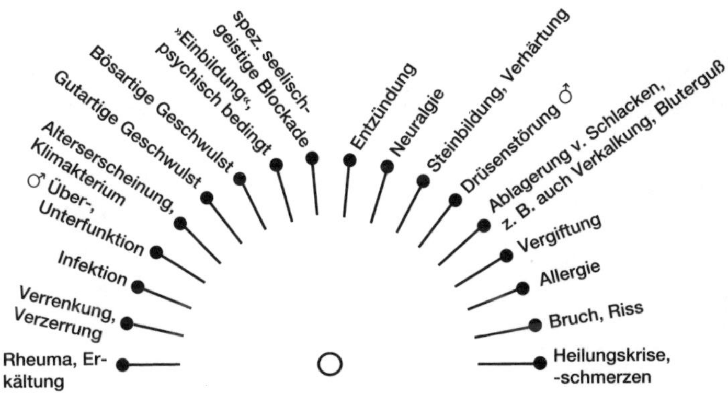

Tiefer liegende Ursachen ⑬

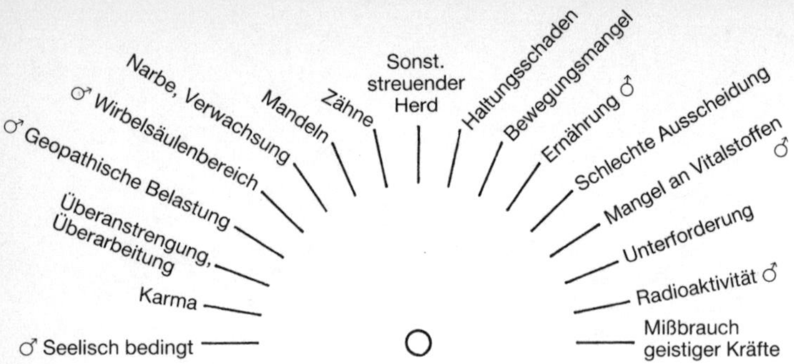

Skelett, Knochen, Gelenke ⑭

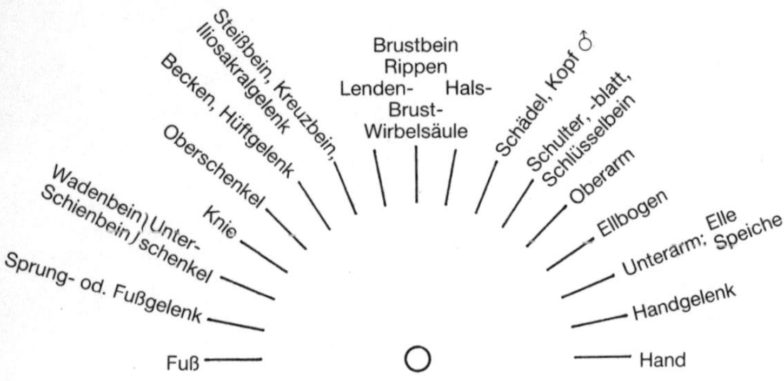

Bauch- und Verdauungsorgane ⑮

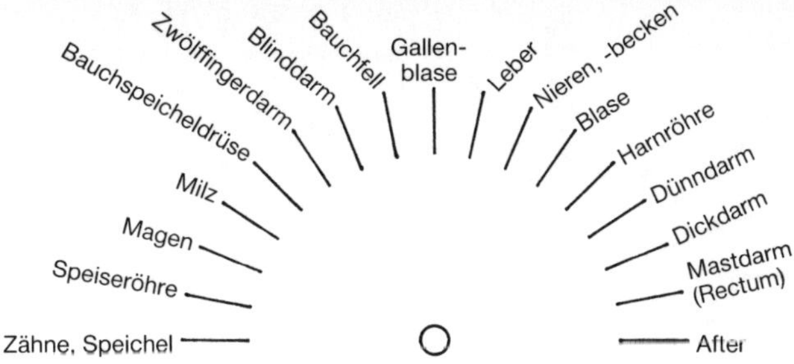

Drüsen ⑯

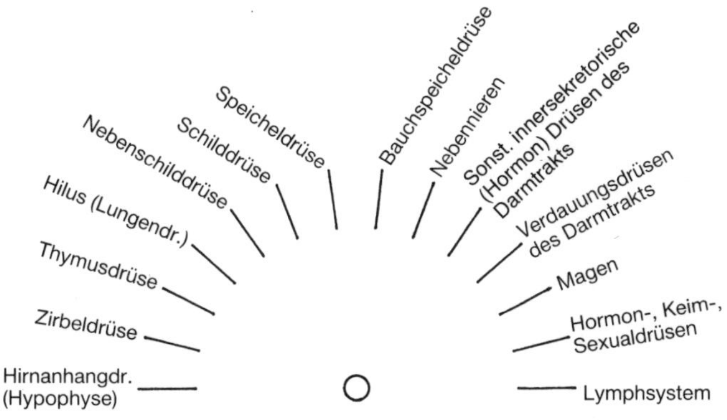

Kopf ⑰

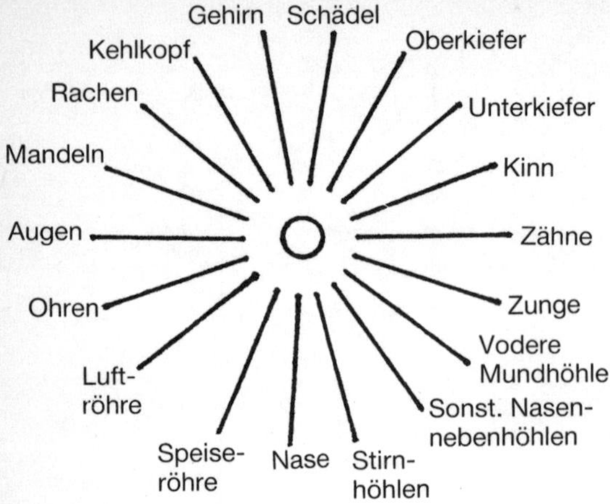

Hauptnährstoffe ⑱

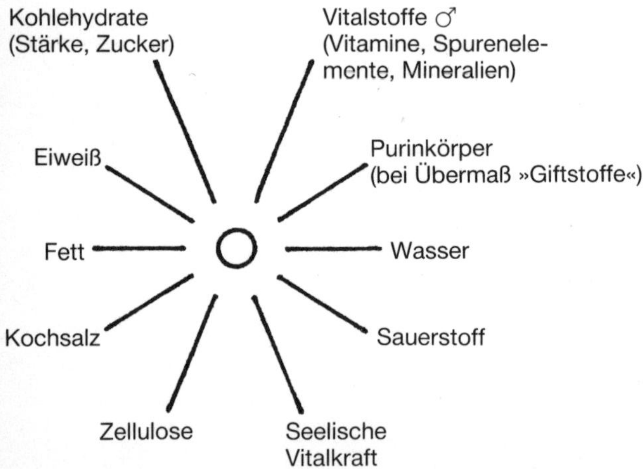

Ernährungsart/Diät ⑲

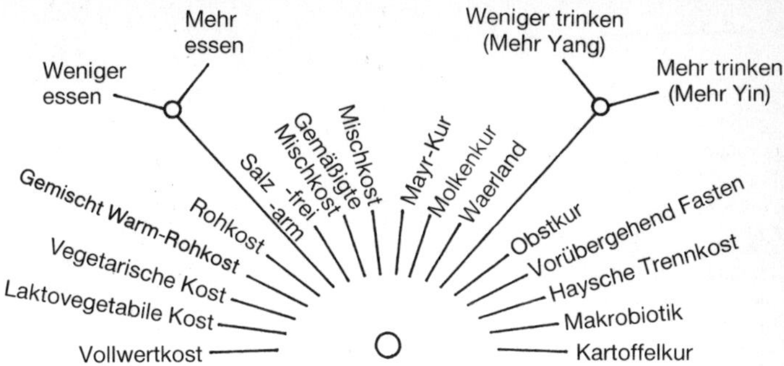

pH-Wert ⑳

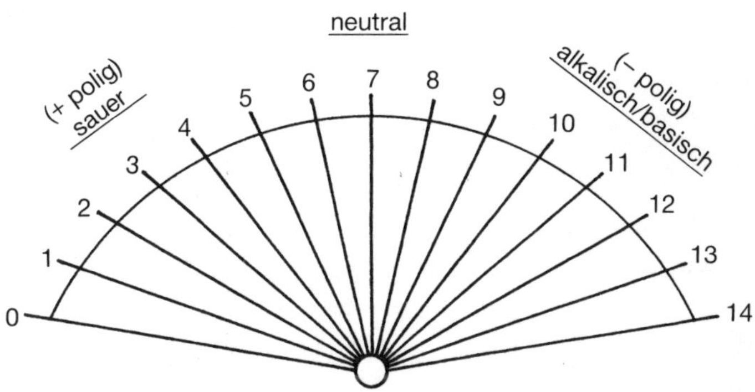

Seelisch-geistige Störungen (21)

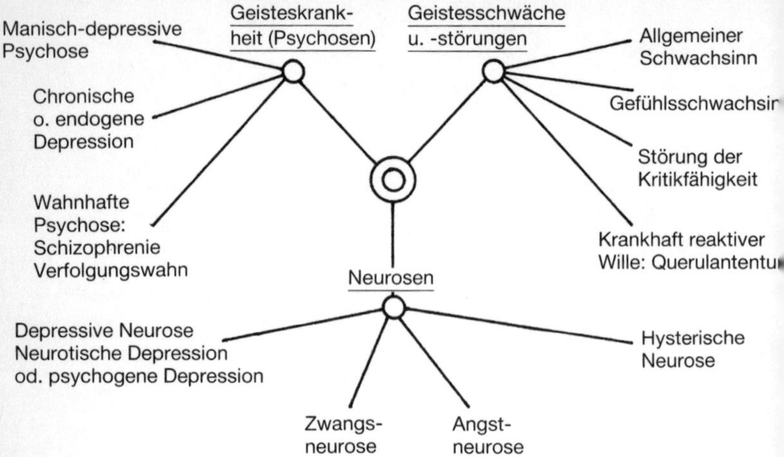

Ursache von seelisch-geistigen Störungen (22)

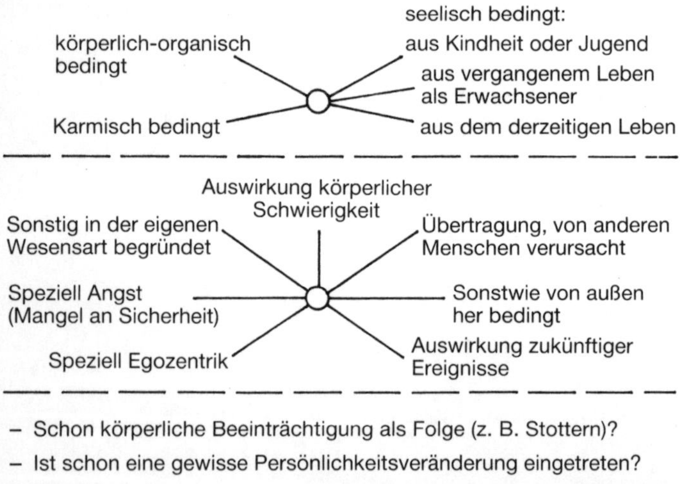

- Schon körperliche Beeinträchtigung als Folge (z. B. Stottern)?
- Ist schon eine gewisse Persönlichkeitsveränderung eingetreten?
- Ist Hilfe möglich: von der körperlichen, von der seelischen Seite?

Vitamine ㉓

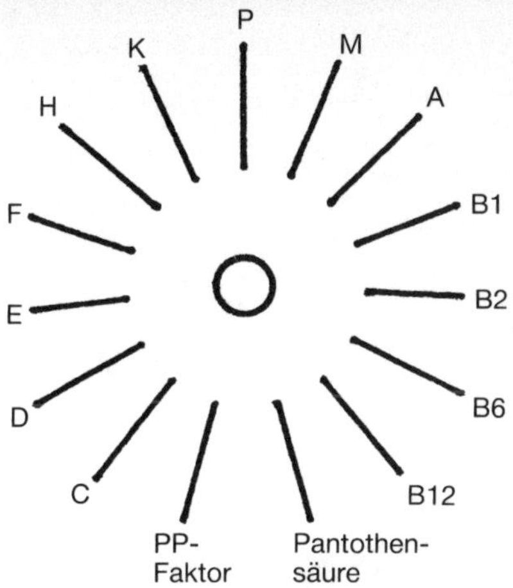

Spurenelemente ㉔

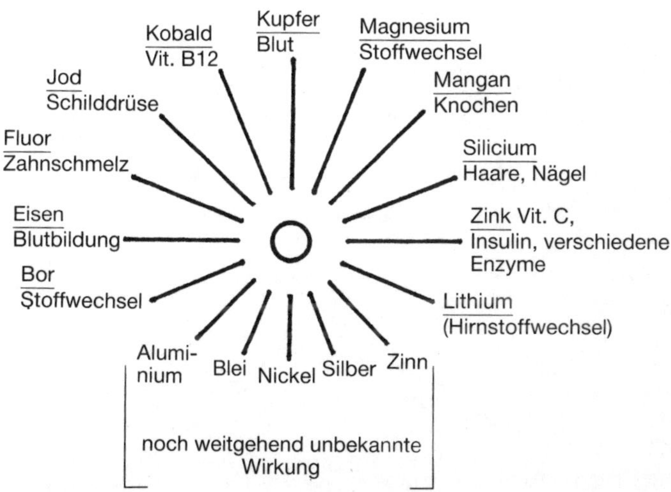

Mineralstoffe oder -salze gemäß Dr. Schüßler ㉕

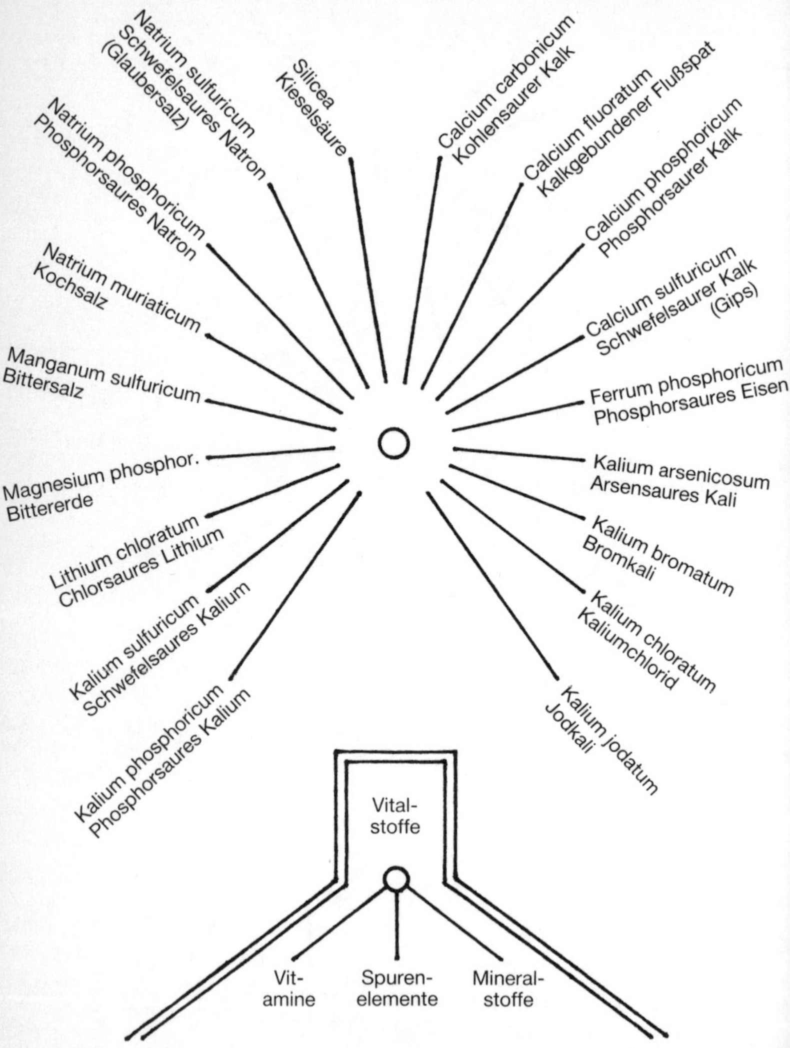

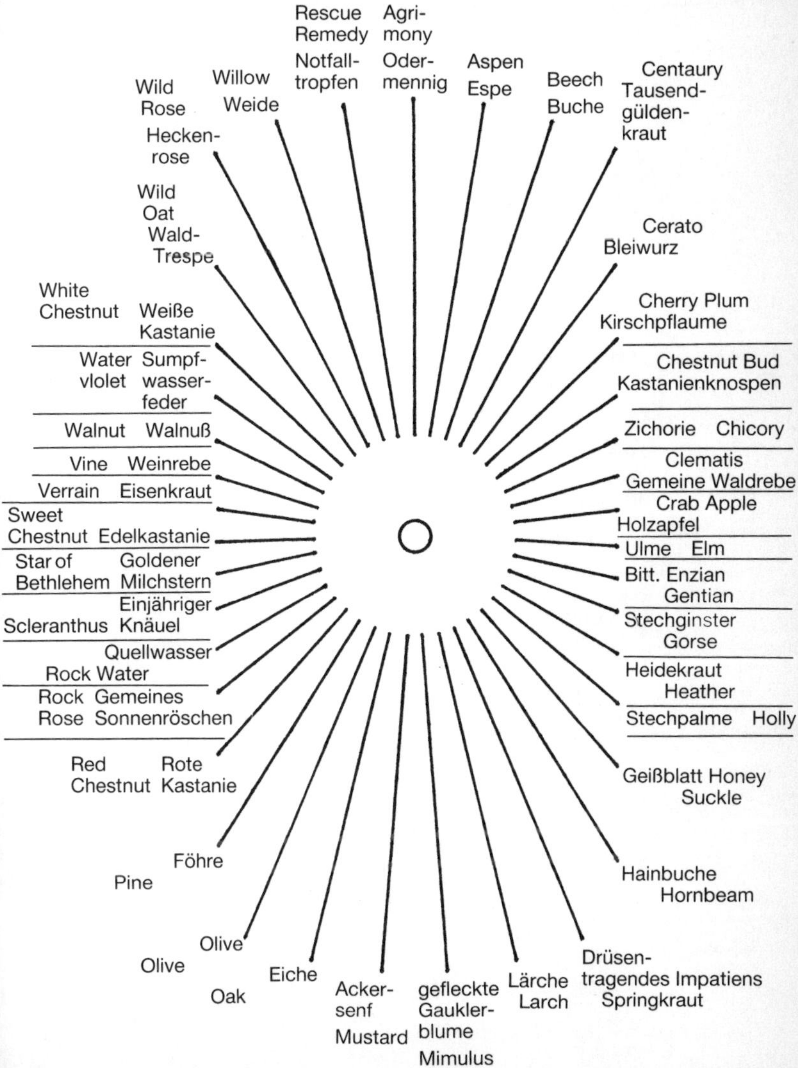
Rescue Remedy
Notfalltropfen
Agrimony
Odermennig
Aspen
Espe
Beech
Buche
Centaury
Tausendgüldenkraut
Cerato
Bleiwurz
Cherry Plum
Kirschpflaume
Chestnut Bud
Kastanienknospen
Zichorie Chicory
Clematis
Gemeine Waldrebe
Crab Apple
Holzapfel
Ulme Elm
Bitt. Enzian
Gentian
Stechginster
Gorse
Heidekraut
Heather
Stechpalme Holly
Geißblatt Honey Suckle
Hainbuche
Hornbeam
Drüsentragendes Springkraut
Impatiens
Lärche
Larch
gefleckte Gauklerblume
Mimulus
Ackersenf
Mustard
Eiche
Oak
Olive
Olive
Föhre
Pine
Red Chestnut
Rote Kastanie
Rock Rose
Gemeines Sonnenröschen
Quellwasser
Rock Water
Scleranthus
Einjähriger Knäuel
Star of Bethlehem
Goldener Milchstern
Sweet Chestnut
Edelkastanie
Verrain
Eisenkraut
Vine
Weinrebe
Walnut
Walnuß
Water Vlolet
Sumpfwasserfeder
White Chestnut
Weiße Kastanie
Wild Oat
Wald-Trespe
Wild Rose
Heckenrose
Willow
Weide

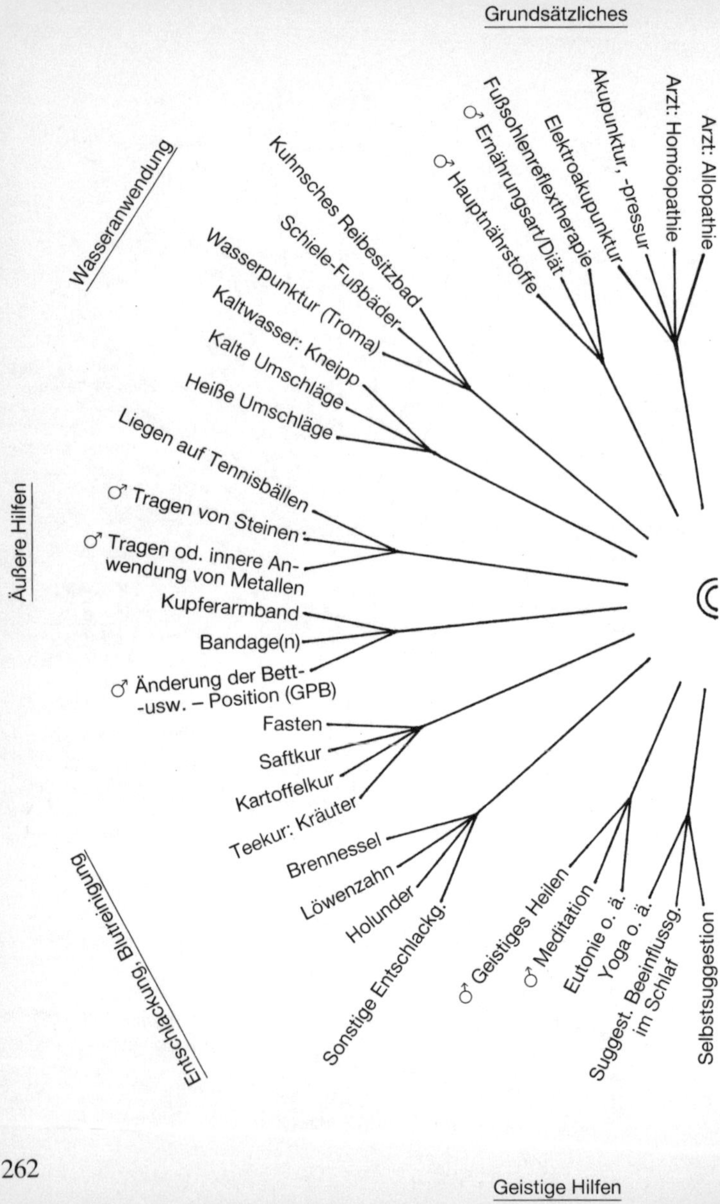
Grundsätzliches
Arzt: Allopathie
Arzt: Homöopathie
Akupunktur, -pressur
Elektroakupunktur
Fußsohlenreflextherapie
♂ Ernährungsart/Diät
♂ Hauptnährstoffe
Wasseranwendung
Kuhnsches Reibesitzbad
Schiele-Fußbäder
Wasserpunktur (Troma)
Kaltwasser: Kneipp
Kalte Umschläge
Heiße Umschläge
Äußere Hilfen
Liegen auf Tennisbällen
♂ Tragen von Steinen
♂ Tragen od. innere Anwendung von Metallen
Kupferarmband
Bandage(n)
♂ Änderung der Bett- -usw. – Position (GPB)
Entschlackung, Blutreinigung
Fasten
Saftkur
Kartoffelkur
Teekur: Kräuter
Brennessel
Löwenzahn
Holunder
Sonstige Entschlackg.
♂ Geistiges Heilen
♂ Meditation
Eutonie o. ä.
Yoga o. ä.
Suggest. Beeinflussg. im Schlaf
Selbstsuggestion
Geistige Hilfen

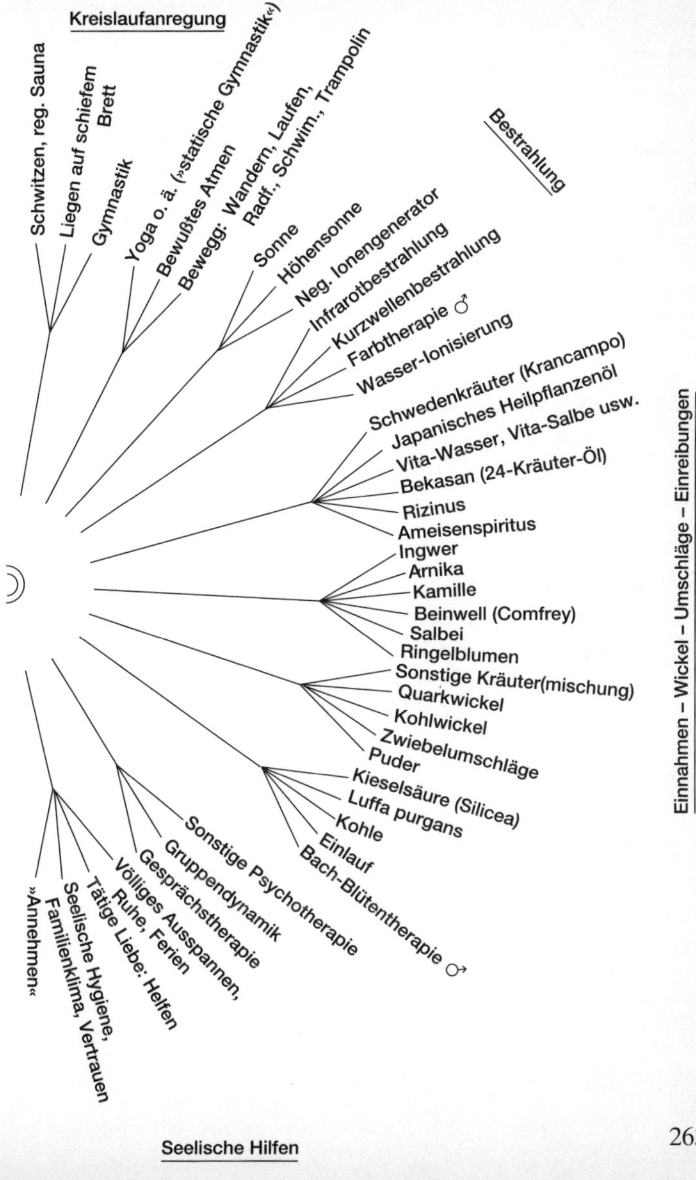
Kreislaufanregung
Schwitzen, reg. Sauna
Liegen auf schiefem Brett
Gymnastik
Yoga o. ä. (»statische Gymnastik«)
Bewußtes Atmen
Bewegg: Wandern, Laufen, Radf., Schwim., Trampolin
Bestrahlung
Sonne
Höhensonne
Neg. Ionengenerator
Infrarotbestrahlung
Kurzwellenbestrahlung
Farbtherapie ♂
Wasser-Ionisierung
Einnahmen – Wickel – Umschläge – Einreibungen
Schwedenkräuter (Krancampo)
Japanisches Heilpflanzenöl
Vita-Wasser, Vita-Salbe usw.
Bekasan (24-Kräuter-Öl)
Rizinus
Ameisenspiritus
Ingwer
Arnika
Kamille
Beinwell (Comfrey)
Salbei
Ringelblumen
Sonstige Kräuter(mischung)
Quarkwickel
Kohlwickel
Zwiebelumschläge
Puder
Kieselsäure (Silicea)
Luffa purgans
Kohle
Einlauf
Bach-Blütentherapie ♂
Sonstige Psychotherapie
Gruppendynamik
Gesprächstherapie
Völliges Ausspannen, Ruhe, Ferien
Tätige Liebe: Helfen
Seelische Hygiene, Familienklima, Vertrauen
»Annehmen«
Seelische Hilfen

Farbtherapie ㉘

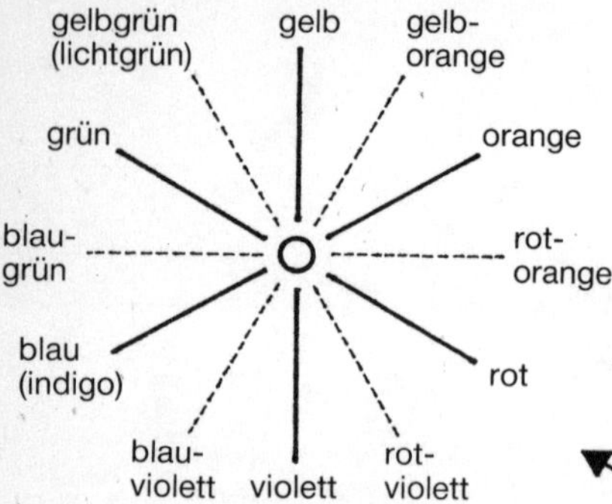

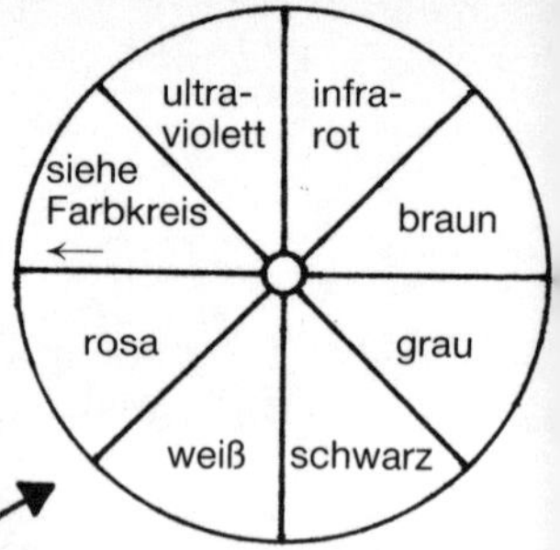

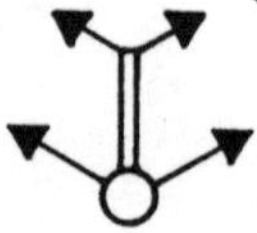

Geistiges Heilen ㉙

(29/1)

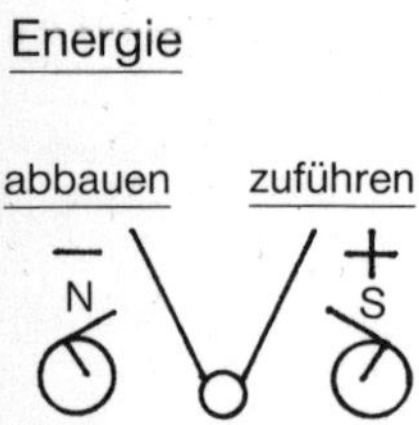

(29/2)

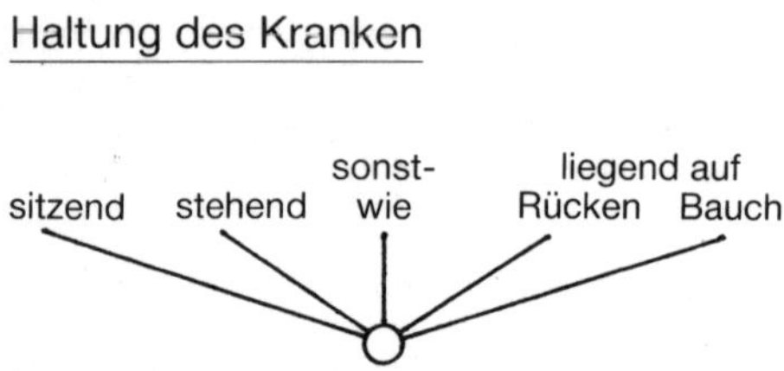

(29/3)

Einwirkung des Helfers von

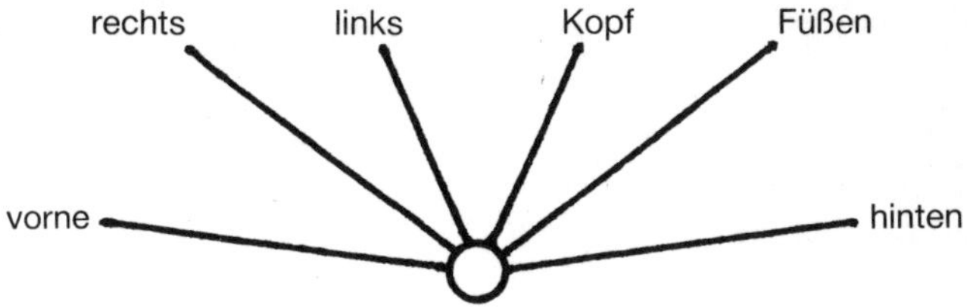

(29/5)

Genaue Handhaltung am/über Körper

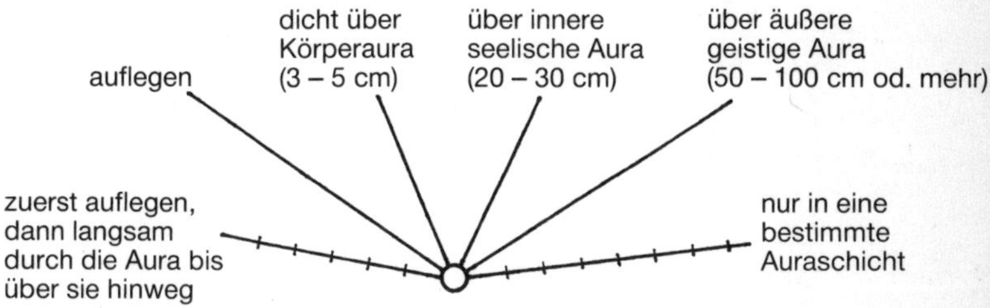

(29/4)

Beste Position der rechten und linken Hand

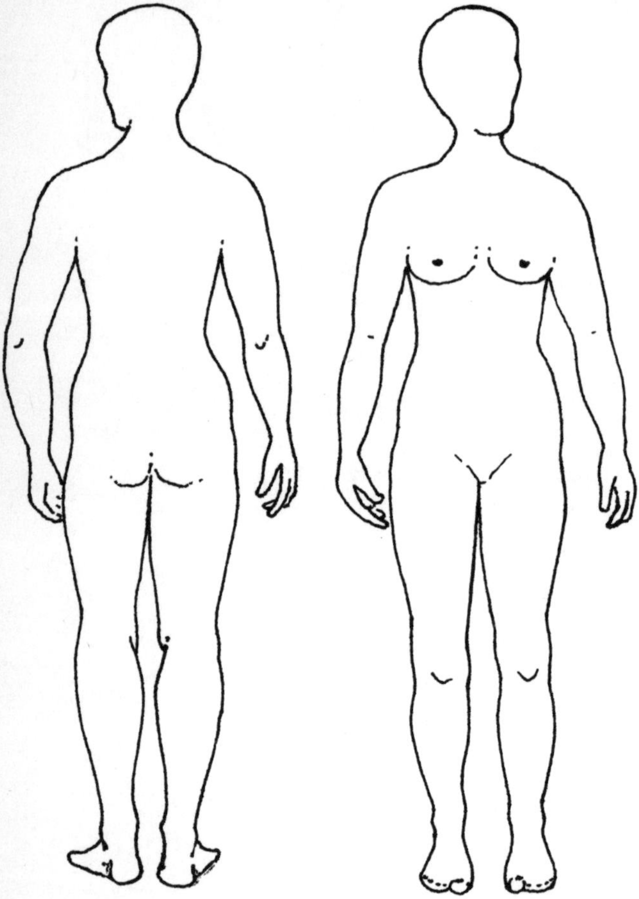

Gesuchtes finden (Schema) ㉚

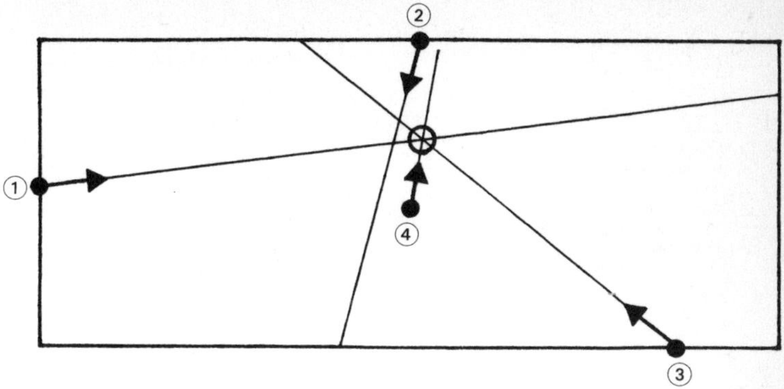

Alphabet ㉛

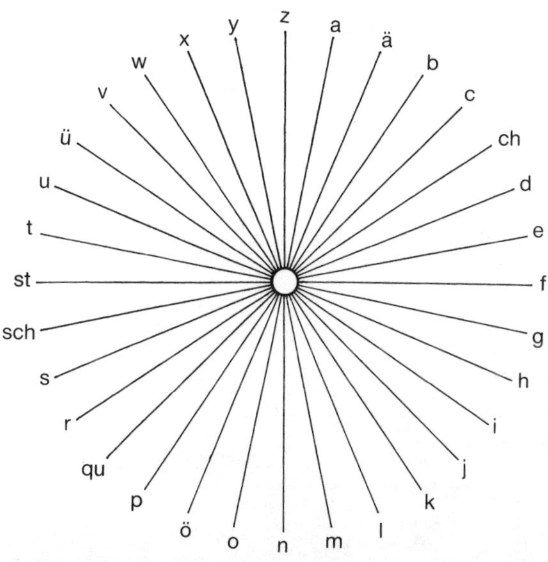

Geopathische Belastung ㉜

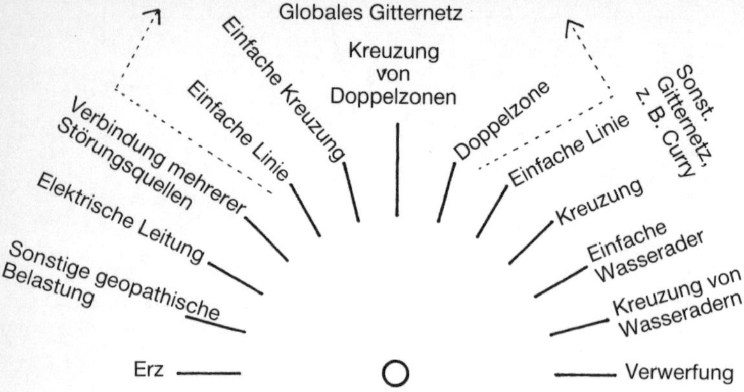

Ermitteln geopathischer Störfelder (Schema) ㉝

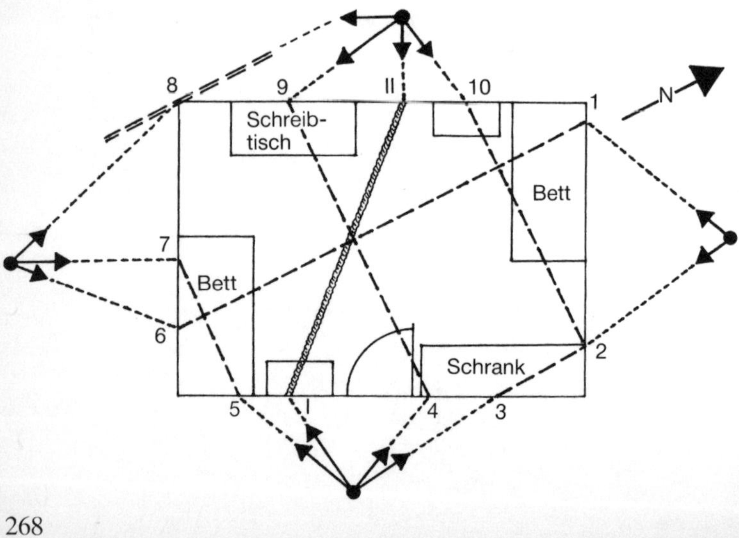